운곡집
雲谷集

허백집
虛白集

동국대학교 불교기록문화유산아카이브사업단(ABC)
본서는 문화체육관광부 지원으로 동국대학교 불교학술원에서 간행하였습니다.

한글본 한국불교전서 조선 45
운곡집·허백집

2018년 11월 10일 초판 1쇄 인쇄
2018년 11월 20일 초판 1쇄 발행

지은이 운곡 충휘 · 허백 명조
옮긴이 김재희 · 김두재
펴낸이 한태식
펴낸곳 동국대학교출판부

주소 04620 서울시 중구 필동로 1길 30
전화 02-2260-3483~4
팩스 02-2268-7851
Homepage http://dgpress.dongguk.edu
E-mail book@dongguk.edu
출판등록 제2-163(1973. 6. 28)
편집디자인 나라연
인쇄처 네오프린텍(주)

© 2018, 동국대학교(불교학술원)

ISBN 978-89-7801-935-4 93220

값 26,000원

이 책의 무단 전재나 복제 행위는 저작권법 제98조에 따라 처벌받게 됩니다.

한글본 한국불교전서 조선 45

운곡집
雲谷集

운곡 충휘 | 김재희 옮김

허백집
虛白集

허백 명조 | 김두재 옮김

동국대학교출판부

차례

운곡집雲谷集

운곡집 해제 / 9
운곡시고雲谷詩稿 소서小序 / 31

운곡집 ········ 35

후서 / 199
발문 / 200
간기 / 201

찾아보기 / 212

허백집虛白集

허백집 해제 / 217
허백당시집虛白堂詩集 서序 / 239

허백집 제1권 ········ 245
허백집 제2권 ········ 321
허백집 제3권 ········ 479

발문 / 504
간기 / 505

찾아보기 / 507

운곡집
| 雲谷集* |

운곡 충휘雲谷沖徽
김재희 옮김

---

* ㉠ 숭정 6년(1633) 처음 간행한 본(국립도서관 소장. 또 같은 본이 서울대학교 도서관에 있다. 다만 서문이 없고 권말에 발문이 있다.)

운곡집雲谷集 해제

이 종 찬
동국대학교 명예교수

1. 개요

『운곡집雲谷集』은 조선 중기의 스님인 충휘 선사沖徽禪師(?~1613)의 시집이다. 전하는 문집이 『운곡집』으로 되어 있으니, 시詩와 문文을 아우른 문집으로 보이나, 내용은 시로만 편집되어 있고 문이 없으니 시집이라 함이 옳을 듯하다. 서문을 쓴 계곡谿谷 장유張維(1587~1638)가 「운곡시고雲谷詩稿 소서小序」라 함도 이런 점에 유의한 듯하다.

2. 저자

운곡雲谷은 정관 선사靜觀禪師(1533~1608)의 법사로 알려져 있으나 자세한 행적에 대한 기록이 없다. 법휘는 충휘沖徽이니 운곡은 호인 셈이다. 서문을 쓴 장유와 수답한 시가 남아 있으니 평소부터 시인으로 여기고 있었던 것 같다. 문집 안에 계곡이 먼저 시를 보내어 운곡이 차운한 것이 있는 것을 봐도 평소에 소문으로 익히 알고 있었던 것을 알 수 있다. 계곡이 보낸 시는 다음과 같다.

충휘공이 탕혜휴¹ 스님과 같다 소리를 들었으니	聞說徽公似惠休
파란 구름 같은 좋은 글귀 남쪽으로 전해지네	碧雲佳句動南州
지금에 와서 새로운 집의 계획을 얻을 수 있다면	如今辦得新家計
누런 띠풀을 가지고 벌써 삿갓을 바꾸었겠지²	一把黃茅已盖頭

시로 유명했던 탕혜휴 스님에게 운곡을 견주면서 스님의 본분은 변함이 없지만 세속과의 시적 교류에는 일가견이 있다는 찬사를 한 것으로 보인다. 발문을 쓴 동양위東陽尉 신익성申翊聖(1588~1644)도 시집 중에 지봉芝峰 이수광李睟光(1563~1628)과 같은 분들이 그들의 지위를 잊고 서로 수창하였으니 뛰어난 시인임을 인정한다고 하면서, '선으로써 시를 한 이인가, 시로써 선을 한 이인가(禪而詩者乎。詩而禪者乎。)'라고 하여 시와 선에 구별이 없을 만큼 성공한 시인으로 보았다.

시집 중에는 당시에 이름 있는 문사와의 수창이 많으니, 오산五山 차천로車天輅(1556~1615), 지봉 이수광, 동악東岳 이안눌李安訥(1571~1637), 계곡 장유, 탄은灘隱 이정李霆(1545~?), 관해觀海 이민구李敏求(1589~1670)와 같이 당시에 이름을 날린 문인들이다. 이런 점으로 미루어도 대사의 시적 평가는 당시에도 인정되었다 해도 무리가 없다.

---

1 탕혜휴湯惠休 : 남조南朝시대 송宋의 승려로 성이 탕湯이고, 이름이 혜휴惠休이다. 송의 세조가 환속시켜 양주 종사揚州從事에 이르렀다. 두보杜甫의 〈大雲寺贊公房〉이란 시에 "탕혜휴가 나를 병에서 일으켜 미소 지으며 시 짓기를 요구하다(湯休起我病。微笑索題詩。)"라고 한 것이 있다. 시문에 능하여 포조 등과 동등하다 하였다.
2 삿갓을 바꾸었겠지(盖頭) : 개두盖頭는 개두환면盖頭換面의 줄임말이다. 외형을 바꾸되 내용은 바꾸지 않는다는 비유로 쓰인다.

3. 서지 사항

『운곡집』은 숭정崇禎 6년(1633)에 간행되었는데, 본 역서의 저본인 『한국불교전서』 제8책에 수록된 것도 이 판본을 저본으로 하였다. 계곡 장유가 쓴 서문은 숭정 기사己巳이니 1629년이고, 동악 이안눌의 발문은 숭정 계유癸酉이니 간행된 해인 1633년이다. 문집의 말미에 발문처럼 편집된 신익성의 글이 있는데, 신익성의 문집인 『낙전당집樂全堂集』에는 「운곡집서雲谷集序」로 되어 있으니 아마도 개간 당시에 착오를 일으킨 것 같다. 마모된 글자와 결락된 뒷부분도 『낙전당집』에는 완전한 글이 있는데, 『한국불교전서』에서는 수정되지 않았다.

4. 내용과 성격

편집 구성은 시의 형식별로 오언절구가 38편 42수이고, 칠언절구가 57편 69수이며, 오언 사운이 20편 23수이고, 칠언 사운이 32편 37수이다. 이렇듯 대사의 시는 당시의 문인들이 즐겨 창작했던 절絶·율시律詩로 이루어져 있으니, 이 점으로도 대사가 당시의 문인들과 수작함에 거리가 없는 작시 태도를 지녔다 하겠다. 시집의 편집이 차운시次韻詩일 때는 원시까지도 수록하고 있어 당시 교류하였던 시인들의 면면을 여실하게 볼 수 있으므로 문학사적으로도 좋은 자료라 할 수 있다.

유교를 사회적 이념으로 삼은 당시의 지식인들이 불가의 승려에 대하여 멸시하거나 홀대하는 경우가 많았던 것으로 이해하는 것이 일반적 경향이겠지만, 그와는 반대로 고승들의 법력에 종교적 이념의 벽을 허물고 방외자로서의 동도적同道的 동반자로 여긴 분들이 의외로 많았음을 운곡 충휘 선사에게서 알게 된다. 이런 점에서 대사의 문집이 170여 수밖에 안

되는 적은 분량의 시집이지만, 한 시대 지식 교류의 모습을 엿보기에는 좋은 자료임이 분명하다.

승속을 초월한 수창시酬唱詩

『운곡집』의 해제로 이 글을 씀에 있어서도 부득불 이러한 수창의 시를 더듬어 보는 것이 이 시집의 특질을 가리는 셈이 될 수 있을 것이다. 그러니 이러한 수창의 시를 살펴서 당시 유자儒者들이 스님을 대할 때는 시를 하나의 매개로 하여 동도자와 같은 우의를 지녔고, 스님 또한 입문立文을 기피하면서도 시로써의 대화에는 혐의스럽지 않게 여겼던 사정을 짐작하게 한다.

오뚝한 바위, 언 샘, 추운 골짜기	倚石凍泉寒峽裏
서리 지나 지는 잎 늦은 산마루	經霜落木晚山巓
돌문에 달 뜨자 새 날아 다하니	石門月出鳥歸盡
구름 밖에 전하는 맑은 풍경 소리	清磬一聲雲外傳
산사의 하룻저녁 함께 지내고	東臨一夜曾同宿
문을 연 새벽에 눈 쌓인 산마루	清曉開門雪滿巓
그림으로 남겨 준 강 위의 묵죽화	因畵數叢江上竹
잎과 잎 사이로 전하는 소리 듣는 듯	似聞風遞葉聲傳

탄은 이정과 수창한 시이다. 앞의 시는 탄은이 보낸 원운이고, 뒤의 시는 운곡이 차운한 시이다. 각기 2수 중 1수이다. 탄은은 왕족으로 세종의 5대손이며 석양군石陽君으로 봉해진 사람이다. 시·서·화에 두루 능하였고, 특히 대나무 그림이 유명하다. 운곡의 차운시에 강상에 두어 그루의

대를 그렸다 함도 탄은의 그림 솜씨를 기려 이 눈 풍경은 당신이 그린 그림이라는 은유이니 두 사람의 교분을 이해할 만하다.

주고받는 두 사람의 표현은 과연 이심전심의 묘라 하겠다. 탄은은 결구에서 산사의 풍경 소리를 구름 밖으로 전한다고 하고, 운곡의 답시에서는 이 설경이 그대가 그린 강상설죽도江上雪竹圖라서 바람 소리를 전하는 듯하다 했으니, 그림으로 소리를 전하는 것이라 '그림 속에 소리가 있고', '시로써 소리를 전하는' 묘수妙手들이다. 그러나 '구름 밖에 전하는 맑은 풍경 소리(淸磬一聲雲外傳)'는 사실로 존재하는 풍경 소리를 멀리 전한 것이니 존재하는 실상의 소리이지만, '잎과 잎 사이로 전하는 소리 듣는 듯(似聞風遞葉聲傳)'이라 함은 존재하는 소리가 아니라 그림으로 상상되는 숨은 소리의 감지이니, 시어로서의 상상이 한 수 위라 하겠다. 아무튼 처지가 다르고 길이 다르지만 마음으로의 지향에는 거리가 없음을 무성無聲의 소리로 전하고 있음은 사실이다.

스님이 동림의 깊은 곳 절에 있다가	師住東林深處寺
재 올리기 위하여 군수를 찾아오셨네	鈴齋爲訪使君來
도잠의 울타리에 서리 앞의 국화 시들고	陶籬已老霜前菊
사령운의 나막신은 비 온 뒤 이끼에 흔적 남겨	謝屐初痕雨後苔
뛰어난 행적이 우연히 달 따라 나타났다가	逸跡偶隨明月出
돌아갈 마음이 오히려 흰 구름에 재촉되네	歸心還被白雲催
남긴 시구에는 연하의 자연 색깔 넉넉하니	留詩賸得煙霞色
붓 아래의 봄볕에 잠든 우레를 울리네요	筆底陽春起蟄雷
홍주의 땅 궁벽하고 관가에 일이 없으니	洪陽地僻官無事
서풍의 바람에 닫힌 문 오는 손님도 없다	門掩西風少客來
거문고 가락은 항상 강 난간 달을 고르고	琴韻每調江檻月

이슬 꽃은 두루 관청 뜰 이끼를 적시네	露華偏濕訟庭苔
인간 세상의 한밤 외로운 등불에 잠들고	人間五夜孤燈宿
하늘 밖의 삼산에 하나의 꿈길 재촉해	天外三山一夢催
졸음에 깨어 이 몸 군청사에 있음 모르고	睡起不知身在郡
노랫소리가 은은한 맑은 날 우레로 오해되다	誤聞歌鼓殷晴雷

홍주 목사로 있는 이수광과 주고받은 시이다. 앞의 것은 이수광이 운곡에게 보낸 시이고, 뒤의 것은 운곡이 차운한 시이다. 운곡이 지방장관으로 있는 지봉을 위한 재를 올리기 위하여 찾은 것이다. 운곡 스님을 동진시대의 도잠陶潛이나 사령운謝靈運에게 견주고 있다. 도잠이 사랑한 국화와 사령운이 등산을 위해 즐겨 신던 나막신을 연상하여 스님의 시를 미화하고 있는 것이다. 그러면서 달을 따라 나타난 자취가 구름 따라 쉽게 돌아갈 것을 아쉬워한다. 결구에서의 붓 아래에서 울리는 우레를 듣는다 함이 스님의 시를 극찬함이다. 이에 대해 대답하는 스님은 가곡의 노래를 우레로 듣는 착각이라 하여 서로의 심금을 울리는 시의를 잘도 주고받고 있다 하겠다.

스님은 지방관의 평화로운 행적을 은근히 칭송하고 있는 셈이다. 일없는 관청의 한가함을 잘도 묘사하고 있다. 이슬 꽃이 이끼 뜰을 적신다 하니 관청에 얼마나 일이 없으면 뜰에 이끼가 돋았으며 이슬이 항시 맺혀 있는 것인가. 같은 시기에 지었던 것으로 보이는 또 한 수의 시에서 "하룻밤의 맑은 의미를, 응당 다시 산에 들면 알리라(一宵淸意。應復入峯知。)"라고 하여, 속세의 관청에서의 하룻밤 정담이 산에 들어도 더욱 간직되리라 하였으니, 두 사람의 교분을 알 만하다.

한유韓愈가 태전太顚을 관대한 것이 아니라면	不是昌黎款太顚
참료자參蓼子가 소동파를 만난 거라면 어떨까	如何蔘老遇坡仙

이제사 한적함 얼음이 한적 잃음을 알겠고	久知得適能忘適
바야흐로 선에 안주함은 선에 얽매임을 믿겠네	方信安禪可縛仙
조용한 밤 일천 강엔 허공의 달이고	夜靜千江空皓月
구름 개자 만 리에 툭 트인 허공	雲開萬里豁青天
『장자』의 우언도 통발과 덫에 갇혔으니	南華卮語筌蹄在
도 깨우쳐도 조용한 마음 자연과 맞아야	悟道冥心合自然

빗길에 산마루를 내리는 한 나그네	一笻疎雨下山巔
조각배 강어귀에 신선을 찾았네	江海扁舟訪謫仙
홍주 객관에 처음 만나 시구를 구했는데	洪館初逢仍乞句
다시 보는 공주에서 선도를 논의하네	公城重見更論禪
궁하고 통달함이 운명이 있으니 어찌 글로 쓰며	窮通有命那書字
나아감 물러남도 필연이 없는 것 어찌 하늘 원망해	出處無機不怨天
집은 옥경에 몸은 만 리 밖에 있으니	家在玉京身萬里
솔 국화 옛 정원은 참으로 쓸쓸하겠네	故園松菊定蕭然

오산 차천로의 시에 차운하였다. 앞의 시가 오산이 운곡에게 준 시이고, 뒤의 시는 운곡이 차운한 것이다. 오산은 자신을 승려 시인과 친했던 한유나 소식으로 대비하였다. 태전은 당나라의 한유와 매우 가까웠고, 소동파는 도잠道潛과 시의 벗으로 여겼다. 참료자參寥子는 도잠의 호다. 오산이 먼저 상대방을 뛰어난 시인인 승려로 견주면서 자신도 그들과 어울렸던 한유나 소동파에게 대비시켰으니, 이로 보아도 당시의 지식인들이 운곡 스님을 시승으로 인정하였던 것을 알 수 있다.

운곡이 당시의 사대부와 수창한 가운데 동악 이안눌과 주고받음이 가장 많다. 이안눌의 『동악집東岳集』에 승려로 보이는 이가 100여 명에 이를 만큼 많은데, 그중에서도 운곡과의 수창이 많다. 운곡집에 보이는 동악과의 수창도 17제題에 25수나 된다.

다음은 운곡과 동악이 수창한 시를 살펴보기로 한다.

대낮에도 군청의 청사는 조용하니	白日鈴齋靜
백성도 한가한 한 고을의 봄일세	民閑一境春
꽃마을에 개의 울음소리 들으니	花村聞犬吠
취해 돌아오는 이 있음을 알겠네	知有醉歸人
태수가 처음 고을에 이르자	太守初臨郡
백성들은 모두 밭을 일군다	黎民盡闢田
마을에 관리의 자취 없으니	里無官吏跡
외로운 개만 햇볕에 조는구나	孤犬向陽眠

제목이 〈근정금계명부동악이선생謹呈錦溪明府東岳李先生〉으로 금계錦溪(충남 금산) 군수로 가 있는 동악에게 보내는 시이다. 군의 청사에 할 일이 없음은 백성이 한가한 탓이다. 이 태수가 부임하여 백성들이 마음 놓고 생업에 종사하게 되었다. 삶을 간섭하는 관리가 마을에 이르지 않는다. 이따금 술 취한 이나 있어 동네의 개를 괴롭힐 뿐이다. 선정善政을 펼치는 태수를 잘도 묘사했다. 이에 화답하는 동악의 시는 다음과 같다.

흰 달은 비로봉의 눈이고	白月爐峯雪
누런 매화는 들 집의 봄일세	黃梅野館春
동천 골 안에 돌아갈 계략 늦으니	洞天歸計晚
센 귀밑머리가 스님께 부끄럽구나	華鬢愧山人

산골 마을에 매화 비를 맞이하고	峽縣迎梅雨
호수 마을에 수수밭을 가꾼다	湖鄉種秫田
태수 관아³ 한 베개의 꿈은	黃堂一枕夢
돌아가 백구와 동반하여 졸자	歸伴白鷗眠

《『동악집』 권10》

〈차운답충휘상인次韻答沖徽上人〉이라 하여, 위의 시에 대한 답시이다. 충휘는 운곡의 법명이다. 운곡이 보내온 시에 대한 답이다. 보내온 시는 일 없이 평화로이 다스리는 관장을 찬양했고, 답으로 보내는 시는 산인山人인 스님이 부럽다는 기림이다. 눈같이 흰 달이요 누런 매화의 아름다움이지만, 귀밑머리 희어지도록 굴레를 벗지 못하는 자신의 안타까움이다.

들 관사의 봄에는 비가 많으니	野館春多雨
시내 다리에 물이 밭으로 넘친다	溪橋水浸田
지팡이 하나로 오늘 이별을 하면	一筇今日別
어느 곳에서 침상 마주해 조나	何處對床眠

시의 제목이 〈안성사재용전운경정동악이사군安城社再用前韻敬呈東岳李使君〉이니, 안성에서 다시 동악에게 준 운곡의 시이다. 오늘 이별하면 언제 다시 만나느냐는 아쉬움이다. 이에 대한 동악의 대답은 이러하다.

들새는 초가집에서 울고	野鳥啼茅屋
산 구름은 보리밭을 덮다	山雲覆麥田

---

3 태수 관아(黃堂) : 황당黃堂은 고대 태수太守 관아의 정당正堂을 말한다. 그래서 태수를 지칭하는 말이기도 하다.

| 봄을 보내며 관가 일 없어 | 行春少官事 |
| 빈 청사에 해 대낮까지 졸다 | 虛館日高眠 |

《『동악집』 권10》

　제목이 〈부용충휘상인운제안성창復用沖徽上人韻題安城倉〉이니 운곡의 운에 따라 답한 시이다. 일이 없는 관청의 묘사이니, 은연중에 선정을 자랑하는 느낌이다. 일이 없어 관사에 해가 높도록 자고 있다는 것이다. 여기서 잠시 두 시인의 시의 수사적 기법을 훔쳐보아야 하겠다. 시의 전후 단락이 자연의 서경을 앞에 두고 지금의 사실을 뒤로 이어서 대상의 자연과 거기에 거처하는 주인공을 살며시 드러내고 있다. 들새, 산 구름의 한가로움이 이미 주인의 한가함을 암시하고 있다. 자연과 나의 물아일여적인 배치법이다. 두 사람은 이러한 시의 서사력에서 더욱 가까워진 것은 아닐까 하는 생각도 하게 된다.

말은 흐르는 물 따라 가고	馬隨流水去
지팡이는 옛 산 향해 온다	節向故山歸
늘어진 봉우리 깊은 눈 속에	亂峰深雪裏
쓸쓸한 정이 옷을 적시려 해	惆悵欲沾衣

　시의 제목이 〈금계이사군이윤경주노상음별봉주춘일용전운견시지작錦溪李使君移尹慶州路上吟別奉酬春日用前韻見示之作〉이라 하였으니, 금계 태수에서 경주 부윤으로 옮겨 가는 동악을 그리며 지은 시이다. 중앙에서 멀어지는 한 벼슬아치의 심정을 잘 묘사했다. 이에 대한 동악의 화답은 이러하다.

| 잘못 뜬 이름에 묶이게 되어 | 誤被浮名繫 |

물가[4]로 오래 돌아가지를 못해	滄洲久未歸
봄이 오면 낚싯배의 꿈으로	春來釣船夢
안개비가 도롱이 옷에 가득해	煙雨滿蓑衣

〈『동악집』 권10〉

뜬세상의 이름에 묶여 자연으로 돌아가지 못하는 자신은 항시 스님만 못한 처지이다. 말없이 상대방을 기리는 수법이다.

손에는 『능가경』을 가지고	手持楞伽經
웃으며 청산의 저녁으로 들다	笑入靑山暮
집은 몇째 봉우리에 있는지	家住第幾峰
구름이 깊어 길을 알 수 없네	雲深不知路

〈경차동악이상공송의선사운敬次東岳李相公送儀禪師韻〉이라 한 시이니, 상대방에게 그저 자신의 근황을 알리는 내용이다. 그야말로 산사람의 한가로운 일상사다. 스님이기에 이런 착상을 할 수도 있지만, 시인적 안목이 아니고서는 이렇듯 자연스러울 수가 없다. 왜 꼭 동악에게 이런 소식을 알려야 했을까. 백아伯牙의 거문고에 종자기鍾子期가 있어야 하는 어울림이다. 동악은 이러한 스님을 멀리서 상상한다.

가을바람은 바다 나무에 불고	秋風吹海樹
해가 지니 나루 정자도 저문다	日落津亭暮
동으로 가는 지팡이 경쾌하니	東歸一錫輕

---

4 물가(滄洲): 창주滄洲는 물가를 뜻하는데, 일반적으로 은사의 거처를 의미하는 말로 쓰인다.

풍악산의 산 앞의 길이네	楓岳山前路

『동악집』 권12

〈차휘사도중견기운次徽師道中見寄韻〉이라 하여, 산으로 돌아가는 스님을 연상한 것이다. 보내온 시에 대한 그대로의 화답이다. 나의 근황을 말하는 것이 아니라 상대방의 근황을 상상하여 동감이라는 응수이다. 서로 격의 없음의 표현이라 하겠다.

흰 물살에 배를 불러 건너고	白水呼船渡
푸른 산에 말에 맡겨 돌아가다	靑山信馬歸
골바람은 꾀꼬리 우는 저녁	谷風鶯語夕
꽃이슬에 연꽃 옷이 젖는다	花露濕荷衣
호계[5]에는 봄이 또 늦었는데	虎溪春又晚
공연히 늙은 중을 보내네	空送老僧歸
관리의 일 참으로 부끄러워	吏役眞堪愧
풍진 세속에 흰 옷 물들어	風塵染素衣

『동악집』 권10

〈환산도중각기동악이명부還山道中却寄東岳李明府〉라는 운곡의 시와 〈차휘사도중견기운次徽師道中見寄韻〉이라 한 동악의 시이다. 산의 자연으로 돌아가는 스님과 관직으로 자유롭지 못한 지방장관의 수창이다. 산인은 어디까지나 자유로움의 표현이요, 관리는 노역에 시달려 풍진의 먼지 속에 무젖음의 대조가 잘 보인다. 그러면서도 서로 시를 매개물로 하여 먼

---

5 호계虎溪 : 『東岳集』 권10 〈安城倉館喜沖徽上人袖詩來訪走筆酬贈〉에 보면 덕유산 아래에 있다(虎溪又在於德裕山下)고 하였다.

거리를 항시 이어 주고 있다.

지금까지는 운곡이 먼저 주고 동악이 수답하는 시를 살펴보았다. 이것도 역시 『운곡집』의 편찬에 따른 것이므로 운곡을 주인공으로 내세우려는 편찬의 의도도 있을 듯하고, 아무래도 제도 안에 있는 관리에게 방외자적 승려로서는 먼저 수작을 드리는 것이 자연스런 현상일 것이다.

다음은 동악이 먼저 수증하고 거기에 답하는 운곡의 시를 보자.

유명한 스님이 방외에 노닌다 들으니	聞說名僧方外遊
맑은 시 글귀마다 탕혜휴와 같구료	淸詩句句似湯休
봄바람에 구름 산 막혔다 말하지 말게	春風莫道雲山隔
한번 국화[6]를 꺾은 뒤로 군루에 기탁하오	一採金英寄郡樓
	〈『동악집』 권10〉

안성의 고을 안에서 군수님은 노니시며	安城縣裏使君遊
산과 물과 같은 중이라고 쉼 없이 말해	山水同僧說未休
박주의 술 석 잔으로 약간은 취했는데	薄酒三盃成小醉
발에 걸린 밝은 달 높은 누대에 자누나	一簾明月宿高樓

〈기증충휘상인寄贈冲徽上人〉이란 동악의 시와 〈안성사경차동악이사군견기지운安城社敬次東岳李使君見寄之韻〉이라 한 운곡의 시다. 남조南朝 송宋의 승려시인인 탕혜휴에 비유되는 운곡으로 대접한다. 멀다고 막힘이 아니라 시로 주고받음이 항시 서로 이어 주는 매개체이다.

동악 이안눌이 시로써 승려들과 격의 없는 사귐을 유지한 것은 조선조 사회에서 유가와 불가라는 벽을 허무는 도구가 바로 시의 수창이었음을

---

6 국화(金英) : 금영金英은 황금빛의 꽃. 국화를 말한다.

여실하게 보여 주는 한 예라 하겠으며, 유가적 사대부들은 배불이라 하여 불교를 모두 경원하였다고 단정할 수 없는 실례이다. 동악시단東岳詩壇이라 자서自署할 정도로 당시의 문단을 주도한 동악에게는 동도자로서의 유가 문인만이 아니라, 방외자로 인식되는 승려 문인도 많았고, 또 그들 승려와의 수창이 바로 시의 순수성을 더 드러낼 수 있었던 것으로 보인다. 그 하나의 예가 운곡 충휘와의 수답이라 하겠다.

5. 가치

이상에서 운곡이 유가와 주고받은 수답을 가려 보았다. 그중에서도 동악 이안눌과의 수답이 가장 많았다. 두 사람은 시를 통하여 승속을 초월한 지기의 벗이었음을 알 것이니, 이 점으로도 운곡의 시가 당시의 사대부에게 영향을 끼칠 만큼 성공작이었음이 입증된다. 계곡 장유가 서문에서 말한 '자못 당나라 사람의 풍치가 있다(頗有唐人風致)'고 함이 바른 지적이었음을 알겠고, 낙전당 신익성의 서문에서 "선禪이어서 시인인 것이냐, 시인이어서 선인 자냐(禪而詩者乎. 詩而禪者乎.)"라고 함도 승려이면서 시인이었음을 분명히 밝히고 있는 것이다.

따라서 조선조의 승려 중에서 운곡이야말로 누구보다도 시문에 뛰어난 분으로 보아도 별 무리가 없겠다.

6. 참고 자료

충휘沖徽, 『운곡집雲谷集』
장유張維, 『계곡집谿谷集』

신익성申翊聖, 『낙전당집樂全堂集』.

이안눌李安訥, 『동악집東岳集』.

이종찬, 『한국불가시문학사론韓國佛家詩文學史論』, 불광출판부, 1993.

차례

운곡집雲谷集 해제 / 9
일러두기 / 30
운곡시고雲谷詩稿 소서小序 / 31

주 / 33

운곡집雲谷集

오언절구五言絶句 - 38편
이 선옹이 온 것을 기뻐하며 喜李仙翁至 35
계암溪菴 36
산중에서 나무꾼을 만나다 山中逢樵叟 37
반 상사의 시를 차운하다 次潘上舍韻 38
양류정에서 입으로 불러 짓다 漾流亭口號 39
그윽한 흥취 幽興 40
길에서 태능 장로와 이별하며 途中別太能長老 41
금계 명부인 동악 이 선생에게 바침 謹呈錦溪明府東岳李先生 42
산으로 돌아가는 도중에 동악 이 명부에게 부치다 還山道中却寄東岳李明府 44
안성사에서 다시 전운을 써서 동악 이 사군~ 安城社再用前韻敬呈東岳李使君 45
동악 이 명부를 모시고 사군 계와 노닐다 奉陪東岳李明府遊使君溪 46
두문촌에서 동악 이 명부에게 드리다 斗文村奉呈東岳李明府 48
금계 이 사군이 경주로 이임하는 길에서~ 錦溪李使君移尹慶州路上吟別奉酬~ 49
법연 사미에게 주다 贈法演沙彌 50
구천동九千洞 51
법화 상인을 보내며 送法和上人 52
산사山寺 53
금산 시냇가에서 동악 이 명부가 경주로~ 錦山溪上重別東岳李明府赴慶州 54
늦은 봄 안심사에 노닐다 春晩遊安心寺 55

옥륜 장로에게 드리다 贈玉輪長老 56
성묵 스님에게 주다 寄性默師 57
복룡천에서 피리 소리를 듣고 伏龍川聞笛 58
도민 스님에게 보이다 示道敏師 59
늦은 봄 중봉사에 머물다 暮春宿中峯寺 60
영조 스님에게 보임 示靈照師 61
동악 이 상공이 의 선사를 보내는 시에 공경히~ 敬次東岳李相公送儀禪師韻 62
장난삼아 정 수재의 산거에 쓰다 戱題鄭秀才山居 63
두원 노스님에게 드림 贈斗元老師 64
각성 스님에게 부치다 寄覺性師 65
덕인 스님을 기다리며 待德忍師 66
산거 山居 67
여름날 夏日 68
산중의 가을밤 山中秋夜 69
홍 정랑과 함께 안심사에 노닐다 與洪正郞遊安心寺 70
이별하는 인희 스님에게 드리다 贈別印熙師 71
가규 사미를 곡하다 哭可規沙彌 72
송운 대사가 영진 상인에게 준 시에 공경히 차운함 敬次松雲大師贈靈眞上人韻 73
홍양 사군 지봉 이 상공에게 삼가 드림 謹呈洪陽使君芝峯李相公 74

칠언절구 七言絶句 – 57편

고란사에 쓰다 題高蘭寺 75
옥동 장로가 천축 상인에게 쓴 시에 차운함 次玉洞長老贈天竺上人韻 76
정 처사 산거 鄭處士山居 77
한가한 봄날에 春日閑居 78
신흥사 神興寺 79
안성사에서 동악 이 사군이 보낸 시에 공경히~ 安城社敬次東岳李使君見寄之韻 80
금계 군사에서 동악 이 명부에게 공경히 드림 錦溪郡舍敬呈東岳李明府 82
동악 이 사군이 전운을 거듭 써서 화답한~ 奉謝東岳李使君疊用前韻酬和之作 83
금계 이 사군 동악 선생에게 올리다 寄上錦溪李使君東岳先生 85
덕유산 동구 바위에서 동악 이 사군을~ 德裕山洞口石上奉陪東岳李使君坐詠~ 87

삼가 동악 이 상공의 운을 써서 설잠 스님의~ 題雪岑師詩軸謹用東岳李相公韻 ……… 89
각성 스님에게 부치다 寄覺性師 ……… 90
산중에서 민 상사를 만나 山中逢閔上舍 ……… 91
남궁 처사 시에 차운하다 次南宮處士韻 ……… 92
동림사에서 이 명재를 모시고 달을 보다 東林寺陪李明宰翫月 ……… 93
임씨의 아들을 곡하며 哭林氏子 ……… 94
대암사에서 운봉현 수령에게 주다 臺巖寺贈雲峯縣宰 ……… 95
집으로 돌아가는 사람을 보내며 送人歸家 ……… 96
풍악산 유람하고 지리산으로 돌아가는 스님을 보내며 送僧遊楓岳因歸智異山 ……… 97
강촌에 여숙하면서 천승 스님에게 부치다 旅宿江村寄天勝師 ……… 98
탄은 석양군이 보여 준 시에 차운하다 敬次灘隱石陽君垂示之韻 ……… 99
현 직강의 계정에서 玄直講溪亭 ……… 101
남계 어부의 피리 소리 南溪漁笛 ……… 102
동쪽 교외에서 해 질 무렵 바라보다 東郊晚望 ……… 103
서쪽의 늙은이 西隣老叟 ……… 104
백운암 白雲菴 ……… 105
석심 이 상국의 시에 공경히 차운함 敬次石心李相國韻 ……… 106
임 처사의 옛집을 지나며 過林處士故宅 ……… 107
장난삼아 설청 상인에게 주다 戲贈說聽上人 ……… 108
가을날 가야사에서 곽 도사의 시에 차운하다 秋日伽耶寺次郭都事韻 ……… 109
우연히 촌가에 숙박하며 장난삼아 절구를 읊조리다 偶宿村家戲吟一絶 ……… 110
현풍사 玄風寺 ……… 111
한산군 별장에서 심 수찬을 만나 하룻밤~ 韓山郡野庄逢沈修撰奉話一夜 ……… 112
가을날 보현암에서 배 도사의 시에 차운함 秋日普賢菴次裵都事韻 ……… 113
홀로 안성촌에서 자다 獨宿安城村 ……… 114
소생들에게 학문에 힘쓰게 하다 勉學小生 ……… 115
허 도사를 방문하여 도를 논하고 옛 산으로 돌아가다 訪許道士論道還舊山 ……… 116
송운 김 판서 운에 공경히 차운하다 敬次㠓雲金判書韻 ……… 117
독곡 산인의 운에 차운하다 次獨谷山人韻 ……… 118
벗을 기다리며 待友人 ……… 119
관해 이 방백의 운에 공경히 차운하다 敬次觀海李方伯韻 ……… 120

계곡 장 판서가 부쳐 온 시에 공경히 차운하다 敬次谿谷張判書見寄之韻 121
산중에서 권 처사를 만나다 山中逢權處士 122
자하정의 시에 차운함 次紫霞亭韻 123
송고산의 시에 공경히 차운함 敬次宋高山韻 124
화사인 이 판관에게 주다 贈畵師李判官 125
양동애의 시에 차운함 次梁東崖韻 126
또 又 127
학섬 교사에게 보이다 示學暹敎師 128
지리산으로 돌아가는 덕묵 스님을 보내며 送德默師歸智異山 129
태능 스님 시에 차운하다 次太能師韻 130
유 상사와 함께 적설루에서 취하다 與兪上舍同醉積雪樓 131
영대암에 쓰다 題靈臺菴 132
박 도사의 시에 차운하다 次朴都事韻 133
장난삼아 쓰다 戱題 134
남 처사 시에 차운하다 次南處士韻 135
선운 스님에게 보이다 示禪雲師 136
송운 김 판서 시에 공경히 차운함 敬次송雲金判書韻 137

오언 사운 五言四韻 – 20편

한음 이 상국의 시를 공경히 차운하여 성암~ 贈性諶和尙敬次漢陰李相國韻 138
또 又 139
혜원 스님에게 부치다 寄惠遠師 140
신안 스님에게 주다 贈信安師 141
혜천 스님에게 주다 贈惠天師 142
중흥사로 돌아가는 현밀 스님을 보내며 送玄密師歸中興寺 143
홍주 사군 지봉 이 상공의 시에 공경히 차운함 敬次洪州使君芝峯李相公韻 144
무주 한풍루 현판 동악 이 명부 시에~ 茂朱寒風樓敬次板上東岳李明府韻 146
금계 군관에서 동악 이 명부의 시에 공경히~ 錦溪郡館敬次東岳李明府韻 147
금산군을 떠나 경주부로 부임하는 동악~ 奉送東岳李使君發錦山郡赴慶州府 150
지리산에서 용계 김 방백이 보내 준 시에~ 智異山中敬次龍溪金方伯見寄之韻 151
청학동 靑鶴洞 152

동 태능 스님 東太能師 **153**
봄날 육화 대사의 방문을 기뻐하며 春日喜六和大士見訪 **154**
안심사에서 현판의 동악 이 명부의 시에~ 安心寺敬次板上東岳李明府韻 **155**
오산에서 전·정 두 수재를 이별하며 烏山別田鄭二秀才 **156**
명순 스님을 송별하며 送別明淳師 **157**
택휴 스님과 이별하며 남긴 시 留別擇休師 **158**
태 장로에게 보이다 示太長老 **159**
황폐한 절 廢寺 **160**
홀로 읊다 自詠 **161**

칠언 사운 七言四韻 - 32편

서산 대사가 설매 장로에게 준 시에 차운함 敬次西山大師贈雪梅長老韻 **162**
신흥사 神興寺 **164**
오산 차 교리의 시에 공경히 차운하다 敬次五山車校理韻 **166**
오산 차 교리의 시에 공경히 차운함 敬次五山車校理韻 **168**
오산 차 교리의 시에 차운하다 敬次五山車校理韻 **170**
홍주 공관에서 지봉 이 사군의 시에 차운하다 洪州公館謹次芝峯李使君韻 **171**
정 정랑의 화원에서 鄭正郞花園 **172**
육정 상인에게 드리다 贈陸淨上人 **173**
무주 한풍루 현판 동악 이 명부의 시에~ 茂朱寒風樓敬次板上東岳李明府韻 **174**
옥동 장로의 시에 차운하다 次玉洞長老韻 **175**
풍악산으로 돌아가는 이 선옹을 보내며 送李仙翁歸楓岳 **176**
거듭 오산 차 교리의 연연 자 운을 써서~ 再用五山車校理然字韻寄上錦溪~ **177**
제호 별업의 시에 차운함 次霽湖別業韻 **178**
송운 대사에게 드림 敬呈松雲大師 **179**
명석 거사에게 부치다 寄銘石居士 **180**
홍연 스님 시축에 차운하다 次弘演師詩軸韻 **181**
옥동 장로의 시에 차운하여 현 직강에게 드림 次玉洞長老韻贈玄直講 **182**
원적암에서 동악 이 명부가 처림 스님에게 준~ 圓寂菴敬次東岳李明府~ **183**
구천동 백련사에서 동악 이 명부의 시를~ 九千洞白蓮社敬次東岳李明府韻 **184**
중봉사에서 월성 대윤 동악 이 선생께 보내다 中峯寺寄上月城大尹東岳李先生 **185**

이 상사의 운을 써서 행정 장로에게 주다 用李上舍韻贈行靜長老 186
태상 총섭에게 주다 贈太常摠攝 187
상원사上院寺 188
김 상사와 이별하며 別金上舍 189
쌍계사雙溪寺 190
심 수찬의 유배지에 화답하여 보내다 酬寄沈修撰謫所 191
동악 이 상공이 풍악산으로 유람하는 의선~ 敬次東岳李相公送儀禪上人~ 192
안심사安心寺 193
송용계가 준 시에 삼가 차운하다 謹次宋龍溪見贈韻 194
동악 이 상공이 수초 스님을 보내는 시에 차운함 敬次東岳李相公送守初師韻 195
천진대에서 대제학 계곡 장 상공에게 보내~ 天眞臺寄上大提學谿谷張相公 197
동양위 신 상공의 시에 공경히 차운함 敬次東陽尉申相公韻 198

후서 / 199
발문 / 200
간기 / 201

주 / 202

찾아보기 / 212

일러두기

1 '한글본 한국불교전서'는 문화체육관광부의 지원을 받아 동국대학교 불교학술원에서 수행하고 있는 '불교기록문화유산아카이브(ABC)사업'의 결과물을 출간한 것이다.
2 이 책은 『한국불교전서』(동국대학교출판부 간행) 제8책의 『운곡집雲谷集』을 저본으로 하여 번역하였다.
3 번역문에 이어 원문을 병기하였다. 원문은 『한국불교전서』를 저본으로 하였으며, 문文의 원문에 간단한 표점 부호를 넣었다.
4 원문은 『한국불교전서』를 기본으로 하되 그 저본이 되는 목판본을 대교하여 제시하였다. 역자의 교감 내용에서 '저본'이라 함은 『한국불교전서』의 저본(목판본)을 말한다.
5 원문 교감 내용은 원문 아래에 표기하였다. ㉠은 『한국불교전서』의 교감 내용을, ㉡은 번역자의 교감 내용을 가리킨다.

운곡시고雲谷詩稿 소서小序

　내가 조정에 있을 때부터 남방에 시승詩僧 휘공徽公이 있다는 얘기를 듣고 가끔 편지를 전하여 소식을 부쳤으나 그 시편들을 널리 수집할 기회가 없음을 한스러워하였다. 금년 가을에 금성錦城(나주)으로 좌천되어 고을에 이른 지 한 달 남짓 만에 완산完山의 시승 회옥懷玉이 대둔大芚으로부터 내방하여 소매에서 운곡시편雲谷詩編을 꺼내 주니 운곡은 바로 휘공의 호다. 살펴보니, 여러 거공巨公(왕공·대신이나 큰선비)과 수창한 것이 많은데, 시조詩調가 맑고 다듬어져 자못 당인唐人의 풍취가 있었다. 내가 보니, 석문釋門에 시에 능한 자는 탕휴湯休,[1] 보월寶月[2]을 최초로 삼고 그 후에 당나라로부터 오계五季[3]에 이르기까지 교연皎然,[4] 영철靈徹,[5] 구승九僧[6]의 무리가 있었으며 송나라에는 도잠道潛,[7] 총수聰殊[8]의 무리가 있어 파공坡公[9]과 노닐어 마침내 세상에 이름났다. 그러나 능히 소순蔬筍의 기미[10]를 탈피한 자는 대개 드물었다. 우리나라는 전대에 시승이 많았으나 근래에는 매우 쓸쓸하여 서산西山과 송운松雲이 때때로 유희함이 있긴 하나 모두 시의 격조에 합당한 작품은 아니었다. 운곡雲谷과 같은 이는 거의 쉬이 얻을 수 없으니 참으로 칭찬할 만하다. 축전竺典(불경)에서는 기어綺語(꾸미는 말)를 구업口業으로 여긴다. 그러나 세상의 계율에 묶이고 공견空見에 탐착하는 자가 반드시 모두 참된 도리를 얻었다고는 할 수 없다. 사강락謝康樂[11]이 말하기를, 도를 얻으려면 반드시 혜업慧業을 닦아야 한다[12]고 하였다. 하물며 시로 (성정과 득실을) 볼 수 있고[13] 성령을 도야하는 오묘함이 있으니 마음 밝히는 선비가 어찌 시를 가벼이 여길 것인가?

내가 이 시권을 가려 뽑고 정리하여 가히 후세에 전하고자 하였으나 병으로 겨를이 없어 우선 서문을 지어 돌아가는 상인上人에게 부친다.

숭정崇禎 기사己巳(1629년, 인조 7년) 맹동孟冬에 병든 몸으로 계곡谿谷[14]이 금성군재錦城郡齋에서 쓰다.

雲谷詩稿小序

自余在朝時。聞南方有□□[1)]徽公。往往傳筒寄聲。恨無□[2)]博采其什。今年秋。貶官□□[3)]至州之月餘。完山韵□□□[4)]人[5)]自大芚□[6)]訪。袖出□□[7)]一編。雲谷乃徽公號也。□□[8)]多與諸巨公。酬唱詩調淸刻。頗有唐人風致。余觀釋門能詩者。以湯休寶月爲稱首。其後自唐至五季。有皎然靈徹九僧之流。宋有道潛聰殊輩。與坡公遊。遂以名世。然其能盡脫蔬筍氣者盖鮮矣。我東前代多詩僧。近頗寥落西山松雲。時有遊戲不盡合作。若雲谷者。殆不易得良可賞也。竺典以綺語爲口業。然世[9)]縛戒律耽空見者。未必皆眞得也。謝康樂有言曰。得道須慧業。文人況詩可以觀。有陶冶性靈之妙。明心之士惡[10)]薄詩爲哉。余欲刪次是卷。爲可以[11)]傳於後世。[12)]病未暇也。姑叙而付諸上人之歸。[13)]

崇禎己巳孟冬。谿谷病夫[14)]書于錦城郡齋。

---

1) ㉑ □□는 저본에 마멸되었다. 『谿谷集』에는 '詩僧'으로 되어 있다. 2) ㉑ □는 저본에 마멸되었다. 『谿谷集』에는 '因'으로 되어 있다. 3) ㉑ □□는 저본에 마멸되었다. 『谿谷集』에는 '錦城'으로 되어 있다. 4) ㉑ □□□는 저본에 마멸되었다. 『谿谷集』에는 '釋懷玉'으로 되어 있다. 5) ㉑ '人'은 『谿谷集』에는 없다. 6) ㉑ □는 저본에 마멸되었다. 『谿谷集』에는 '來'로 되어 있다. 7) ㉑ □□□는 저본에 마멸되었다. 『谿谷集』에는 '雲谷詩'로 되어 있다. 8) ㉑ □□는 저본에 마멸되었다. 『谿谷集』에는 '閱之'로 되어 있다. 9) ㉑ □는 저본에 마멸되었다. 『谿谷集』에는 '之'로 되어 있다. 10) ㉑ 『谿谷集』에는 '惡' 앞에 '又'가 있고 뒤에는 '可'가 있다. 11) ㉑ '以'는 『谿谷集』에는 없다. 12) ㉑ '世'는 『谿谷集』에 '者'로 되어 있다. 13) ㉑ '上人之歸'는 『谿谷集』에 '懷玉歸之'로 되어 있다. 14) ㉑ '病夫'는 『谿谷集』에 '張持國'으로 되어 있다.

주

1 탕휴湯休 : 탕혜휴湯惠休. 남조南朝 송宋의 시인이다. 생몰년 미상으로 일찍이 출가하여 '혜휴 상인惠休上人'이라 불렸다. 현재 11수의 시가 남아 있는데, 〈怨詩行〉이 가장 널리 알려져 있다.
2 보월寶月 : 송宋나라 승려 희백希白의 자字이다. 호는 혜조慧照. 호남 장사長沙 사람으로 서화에도 능통했다.
3 오계五季 : 당나라 멸망 후 송나라 건국 이전에 출현했던 후량後梁, 후당後唐, 후진後晉, 후한後漢, 후주後周의 오대五代를 말한다.
4 교연皎然 : 중당中唐 때의 저명한 시승詩僧으로 저작에 『儒釋交游傳』과 『內典類聚』 40권이 있다. 사영운謝靈運의 10대손이라 한다.
5 영철靈徹 : 당나라 승려로 교연皎然과 교유했던 도반이다. 저서에 『律宗行源』 21권이 있다.
6 구승九僧 : 시를 잘 지었던 9인의 승려를 총칭하는 말로서, 회남淮南의 혜숭惠崇, 검남劍南의 희주希晝, 금화金華의 보섬保暹, 남월南越의 문조文兆, 천태天台의 행조行肇, 여주汝州의 간장簡長, 청성靑城의 유봉維鳳, 강동江東의 우소宇昭, 아미峨眉의 회고懷古를 말한다. 『六一詩話』.
7 도잠道潛 : 송宋나라의 고승으로 자는 참료參寥이다. 『參寥子集』 12권을 남겼다.
8 총수聰殊 : 송나라의 시승이다.
9 파공坡公 : 소동파蘇東坡. 소식蘇軾(1037~1101)을 말한다. 북송 시대의 시인이자 문장가, 학자, 정치가이다. 자字는 자첨子瞻이고 호는 동파거사東坡居士이다. 시詩·사詞·부賦·산문散文 등 모두에 능해 당송팔대가의 한 사람으로 꼽힌다.
10 소순蔬筍의 기미 : 야채와 죽순만을 먹는 스님을 지칭하는데, 시에 꾸밈과 윤택함이 적다는 것을 일컫는다. 소식蘇軾이 일찍이 도잠道潛의 시를 평하여 "한 점 소순의 기미도 없다."고 일컬었다.
11 사강락謝康樂 : 남북조시대의 송나라 시인 사영운謝靈運을 말한다. 사영운은 주로 자연시인으로 알려져 있다. 멸망한 남조 귀족가문의 자제로, 동진東晉과 유송劉宋에서 벼슬하여 영가 태수永嘉太守를 지냈다. 그러나 파쟁으로 인하여 자주 면직당하다가 결국 유배 중에 사형을 당했다. 독실한 불교신자였던 그는 여산사廬山寺를 지원했는데 경전을 번역하고 불교적 시와 산수시山水詩를 썼다. 일찍이 비평가들은 그와 동향이자 같은 시대의 시인인 도연명陶淵明의 목가적 전원시와 그의 산수시를 견주어 높이 평가했다. 『文選』에도 그의 시는 다른 육조 시인의 시보다 많이 실려 있다.
12 도를 얻으려면~닦아야 한다 : 『南史』 권19에 "회계 태수會稽太守 맹의孟顗가 불교를 독실하게 신봉하였으나 사영운에게 경시를 당하였다. 영운이 일찍이 맹의에게 '도를 터득하려면 혜업을 쌓아야만 한다. 어르신이 천상에 태어나는 것은 나보다 먼저이지만 성불하는 것은 분명히 내 뒤일 것이다.(得道應須慧業. 丈人生天當在靈運前. 成佛必在靈運後.)'라고 하였다."라는 구절이 있다.
13 시로 볼 수 있고 : 『論語』 「陽貨篇」에 "시詩는 일으킬 수 있으며, 살필 수 있고, 무리 지을 수 있으며, 원망할 수 있다.(子曰. 詩可以興. 可以觀. 可以群. 可以怨.)"라고 하였다.

14 계곡谿谷 : 장유張維(1587~1638)의 호다. 본관 덕수德水. 자는 지국持國, 시호는 문충文忠이다. 판서 운익雲翼의 아들, 우의정 김상용金尙容의 사위이며, 효종 비 인선왕후仁宣王后의 아버지이다. 김장생金長生의 문인으로 1605년(선조 38) 사마시를 거쳐 1609년(광해군 1) 문과에 급제하였다. 1636년 병자호란 때는 공조판서로서 최명길崔鳴吉과 함께 강화론을 주장했다. 이듬해 우의정에 임명되었으나 모친상으로 끝내 사직했으며 장례 후 과로로 죽었다. 천문·지리·의술·병서 등에 능통했고 이정구李廷龜·신흠申欽·이식李植 등과 더불어 조선 중기 한문학의 4대가로 불린다. 많은 저서가 있었으나 정묘호란 때 거의 분실되고 『谿谷漫筆』·『谿谷集』·『陰符經注解』가 전한다. 신풍부원군新豊府院君에 진봉되었으며 영의정에 추증되었다.

오언절구
五言絶句[1)]

이 선옹이 온 것을 기뻐하며
喜李仙翁至

연객[1]은 난새를 타고 이르렀는데 　　　鍊客駿鸞至
산인은 학을 벗 삼아 잠이 들었네 　　　山人伴鶴眠
서로 만나 무엇을 말하는가 　　　　　　相逢語何事
양자의 태현편[2]이라네 　　　　　　　　楊子太玄篇

---

1) 원 '五言絶句'는 편자가 보충해 넣은 것이다.

계암
溪菴

운산의 나무를 잘라	斫却雲山木
시냇가에 암자 한 칸을 지었더니	溪菴作一間
창에 기대어 잠깐 졸 때마다	倚窓長少睡
숲 밖 여울물 소리 들리네	林外咽飛湍

산중에서 나무꾼을 만나다
山中逢樵叟

눈 밟으며 맑은 시내를 따라서	踏雪沿淸澗
지팡이 울리며 푸른 산 내려오네	鳴筇下翠微
홀연히 나무꾼 만나 얘기 나누매	忽逢樵叟語
동쪽 고개에 아침 해가 떠오르네	東嶺上朝曦

반 상사[3]의 시를 차운하다
次潘上舍韻

차가운 눈이 산머리를 뒤덮어	凍雪藏山頂
둥지의 까마귀 옛 숲을 잃었네	棲鴉失舊林
그리운 사람 만나지 못하니	相思人不見
밤마다 꿈속에서 찾는다네	夜夜夢中尋

양류정에서 입으로 불러 짓다
漾流亭口號

풀로 엮은 정자는 강가를 굽어보고   草閣臨江渚
솔문은 푸른 산을 마주하였네   松門對翠岑
나는 듯 처마 그림자 밖에는   翩翩簷外影
새들이 짝지어 모래톱에 내려앉네   兩兩下沙禽

그윽한 흥취
幽興

땅 그윽하니 구름이 난간에 머물고	地幽雲宿檻
시냇물 급히 흘러 모래를 쓸어 내리네	溪急浪淘沙
얄밉구나! 새끼와 어미 사슴이	生憎子母鹿
밤마다 파초 꽃잎을 먹는구나	夜夜喫蕉花

길에서 태능 장로와 이별하며
途中別太能長老

슬프게 시냇물 마주하여	惆悵臨溪水
은근히 이별을 이야기하네	殷勤話別離
그대 □□사로 돌아가면	君歸□□寺
달 밝을 때 나를 생각해 주오[4]	念我月明時

금계[5] 명부[6]인 동악 이 선생[7]에게 바침
謹呈錦溪明府東岳李先生

[1]

대낮에도 영재[8]는 고요하고	白日鈴齋靜
백성들 한가로워 온 고을 봄빛이네	民閑一境春
꽃피는 마을에 개 짖는 소리 들리니	花村聞犬吠
취하여 돌아가는 사람이 있는 듯	知有醉歸人

[2]

태수가 처음 군에 부임하니	太守初臨郡
백성들 모두 밭을 일구고 있네	黎民盡闢田
마을엔 관리의 자취가 없어	里無官吏跡
개 한 마리만 볕 받으며 졸고 있네	孤犬向陽眠

【머리의 두 구절은 어떤 판본에는 "문을 닫고 항상 허물을 생각하니, 백성들이 토란밭을 다투는 것을 부끄러워하네."라고 되어 있다.(首二句。一作閉閣常思過。民羞訟芋田。)】

부. 차운 附次韻

[1]

밝은 달은 노봉의 눈을 비추는데	白月爐峯雪
황매화 핀 객사에는 봄이 들었네	黃梅野舘春
골짜기로 돌아갈 계획 늦어진 채	洞天歸計晚
머리만 희어지니 스님께 부끄럽네	華鬢愧山人

[2]
산 고을에 매화 비 내리고　　　　　　　峽縣迎梅雨
호숫가 마을에선 차조를 심네　　　　　　湖鄉種秫田
황당[9]에 잠깐 누워 꿈을 꾸는데　　　　黃堂一枕夢
□에 돌아온 흰 갈매기도 함께 잠드네　　歸□白鷗眠
【동악東岳】

산으로 돌아가는 도중에 동악 이 명부에게 부치다
還山道中却寄東岳李明府

사공 불러 맑은 강 건너	白水呼舡渡
말 걸음 따라 청산으로 돌아가네	靑山信馬歸
동풍[10]불어 꾀꼬리 지저귀는 저녁	谷風鶯語夕
꽃이슬이 하의[11]를 적시네	花露濕荷衣

부. 차운 附次韻

호계[12]에 봄빛이 또 저무니	虎溪春又晚
돌아가는 노승 속절없이 보내네	空送老僧歸
관리 생활 참으로 부끄러운데	吏役眞堪愧
풍진에 흰옷만 더럽혀지네	風塵染素衣

【동악東岳】

안성사에서 다시 전운을 써서 동악 이 사군[13]에게 공경히 드리다
安城社再用前韻敬呈東岳李使君

들 객사에 봄비 많이 내려	野館春多雨
다리 밑 냇물에 밭이 잠기네	溪橋水浸田
지팡이 짚고 오늘 이별하면	一筇今日別
언제나 침상 함께하여 잠잘까[14]	何處對床眠

부. 차운 附次韻

들새는 초가집에서 울고	野鳥啼茅屋
산 구름은 보리밭을 덮었네	山雲覆麥田
저무는 봄 공무도 적어	行春少官務
빈 공관에서 낮잠을 자네	虛館日高眠

【동악東岳】

동악 이 명부를 모시고 사군 계와 노닐다
奉陪東岳李明府遊使君溪

[1]
산은 맑은 개울물에 잠기고	山浸淸溪水
단풍나무 숲은 온통 붉어라	楓林上下紅
스님 불러 넓은 바위에 앉으니	呼僧坐磐石
마치 그림 속에 앉으신 듯	疑是畫圖中

[2]
태수의 신세 한가하고	太守身無事
산인의 마음 또한 공적하네	山人心亦空
서로 함께 개울가에 앉으니	相携溪上坐
가을바람에 낙엽이 떨어지네	黃葉落西風

부. 차운 附次韻

[1]
이내에 젖어 한산은 더욱 푸르고	嵐潤寒山碧
노을은 석양에 붉게 물들었네	霞明夕照紅
괜스레 바위를 흐르는 시냇물 소리도	無端石溪響
작은 시 속으로 함께 들어오네	併入小詩中

[2]
골짜기 깊으니 바위엔 구름 일고	洞僻雲生石
숲이 성그니 물은 허공을 비추네	林踈水暎空

시내와 산 본래 더없이 수려하더니	溪山本奇麗
낙엽은 가을바람에 또다시 떨어지네	黃落又秋風

【동악東岳】

두문촌에서 동악 이 명부에게 드리다
斗文村奉呈東岳李明府

해 질 무렵 여산[15]을 내려와	日暮廬山下
수레 멈추고 두문 마을에 머물렀네	停車宿斗文
아침에 들에서 함께 밥을 먹고	朝來同野飯
시내 남쪽 마을을 서둘러 지나가네	催過水南村

금계 이 사군이 경주로 이임하는 길에서
봄날 전운을 써서 보여 주신 작품에 화답하여 이별하다
錦溪李使君移尹慶州路上吟別奉酬春日用前韻見示之作

말은 흐르는 물 따라 떠나가고	馬隨流水去
지팡이는 옛 산 향해 돌아가네	筇向故山歸
어지러운 산 깊은 눈에 덮였는데	亂峯深雪裏
슬픔으로 눈물이 옷을 적시네	惆悵欲沾衣

부. 전운을 거듭 써서 휘 스님에게 보이다 附疊前韻示徽師

헛된 명성에 그릇 얽매여서	誤被浮名繫
오래 창주[16]에 돌아가지 못했네	滄洲久未歸
봄날 낚싯배를 꿈꾸니	春來釣舡夢
안개비가 도롱이에 가득 젖네	烟雨滿簑衣

【동악東岳】

법연 사미에게 주다
贈法演沙彌

그대의 풍골을 어여삐 여기니	吾憐爾風骨
닭 무리 가운데 한 마리 학인 듯	孤鶴出雞羣
하물며 그대 나이 이제 겨우 열여섯	況今年十六
『주역』도 잘하고 문장에도 능하구나	能卜亦能文

구천동
九千洞

맑은 물소리 앞 시내에 울리고	白水鳴前澗
향기로운 바람 계수나무 숲에서 불어오네	香風生桂林
산새는 또 무슨 일로	山禽亦何事
푸른 넝쿨 깊은 곳에서 지저귀나	啼在綠蘿深

법화 상인을 보내며
送法和上人

시내에 차가운 물소리 울리고	澗底鳴寒水
솔가지에는 흰 구름이 걸렸구나	松梢帶白雲
명산을 두루 편력하고자	名山行欲遍
석장 하나로 기원[17]을 나서네	一錫出祇園

산사
山寺

수많은 산 회나무 숲 밤이 깊었는데	古檜千峯夕
한 그루 배꽃 나무에 봄이 들었네	梨花一樹春
스님은 상방[18]의 달빛 받으며 돌아가	僧歸上方月
경쇠 울리며 부처님께 예배하네	鳴磬禮金身

금산 시냇가에서 동악 이 명부가 경주로 가는 것을 거듭 이별하며
錦山溪上重別東岳李明府赴慶州

상공은 경주로 부임해 가고	相公移郡日
참선하는 늙은이는 산으로 들어가네	禪老入山時
어지러운 바람 잔설 흩날리는 새벽	亂風殘雪曉
시냇가 이별은 더디기만 하다네	臨水去留遲

늦은 봄 안심사에 노닐다
春晩遊安心寺

밤부터 내리던 비 아침에 그치니	夜雨朝來歇
푸른 노을은 지는 꽃잎에 젖어드네	靑霞濕落花
산승은 나그네 머물게 하여	山僧留野客
손수 새 찻잎을 달이네	手自煮新茶

옥륜 장로에게 드리다
贈玉輪長老

가고 머무름 구름과 같고	去住雲相似
생애는 학처럼 한가로워라	生涯鶴共閑
마음은 극락정토에 귀의하여	歸心極樂國
일념으로 금산[19]을 생각하네	念念想金山

성묵 스님에게 주다
寄性默師

가랑비 차가운 시냇가를 지나고	踈雨過寒渚
새벽 까마귀 먼 숲에서 울어 댄다	早鴉啼遠林
벗은 강과 바다 저 멀리 있는데	故人江海隔
천 리 먼 길에 저녁 구름만 깊구나	千里暮雲深

복룡천에서 피리 소리를 듣고
伏龍川聞笛

[1]
골짜기 해 지니 구름은 피어나고	洞暝雲初起
연못이 공활하니 물 또한 맑아라	潭空水亦淸
석양은 지는데 수풀 밖 피리 소리	夕陽林外笛
바람결이 실어 오는 두 가락 세 소리	風送兩三聲

[2]
산의 기운은 구름 어우러져 은밀하고	山氣和雲密
시내에 흐르는 물 햇살 받아 맑아지고	溪流帶日淸
그중에 그려 내기 어려운 것은	箇中難畫處
가을바람에 들리는 외로운 피리 소리	孤笛起秋聲

도민 스님에게 보이다
示道敏師

[1]
해 저물자 구름은 골짜기로 돌아가고	日落雲歸壑
차가운 날씨에 눈은 소나무를 덮었네	天寒雪壓松
서로 만나 별다른 말도 없이	相逢無別語
자리에 함께 앉아 종소리를 듣누나	一榻坐聞鍾

[2]
창밖엔 대나무 바람 소리	窓外風鳴竹
섬돌 앞에는 소나무에 걸린 달	階前月掛松
공空을 논하느라 밤은 다해 가는데	談空欲夜盡
동자가 새벽 알리는 종을 치네	童子報晨鍾

늦은 봄 중봉사에 머물다
暮春宿中峯寺

중봉사에 하루를 머무르니 　　　　一宿中峯寺
산 깊어 빗장도 닫지 않았네 　　　　山深不掩扃
봄은 다하고 바람도 약하여 　　　　春歸風力弱
꽃잎이 석단에 가득 쌓였네 　　　　花積石壇平

영조 스님에게 보임
示靈照師

골짜기 그윽하여 구름 항상 머물고	洞僻雲長在
숲 깊은 곳 물이 콸콸 흐르네	林深水亂流
끊어진 다리에서 이별을 마치고	斷橋相送罷
걸음걸음마다 고개를 돌아보네	十步九回頭

동악 이 상공이 의 선사를 보내는 시에 공경히 차운함
敬次東岳李相公送儀禪師韻

손에는 『능가경』을 지니고	手持楞伽經
웃으며 저무는 청산으로 들어가네	笑入靑山暮
머무는 곳은 몇 번째 봉우리인가	家住第幾峯
구름 깊어 길도 보이지 않네	雲深不知路

부. 원운 附原韻

가을바람 바닷가 숲으로 불어오고	秋風吹海樹
해 지니 나룻가 정자 어둑해지네	日落津亭暮
동쪽으로 돌아가는 석장도 가벼워	東歸一錫輕
발걸음은 풍악산으로 향하누나	楓岳山前路

【동악東岳】

부. 동악 상공의 운에 공경히 차운하여 선도인에게 증별한 시 附敬次東岳相公韻
贈別禪道人

스님을 보내려 시내를 나서니	送師出溪頭
온 골짜기에 가을빛이 저물어 가네	萬壑秋光暮
솔바람도 참으로 다정하여	松風亦有情
숲길에 이슬을 뿌려 주네	露洒林間路

【금강산인金剛山人 응상應祥】

장난삼아 정 수재의 산거에 쓰다
戱題鄭秀才山居

백사[20]가 깊은 곳에 있으니	白社居偏穩
강촌에서 찾아오는 이 점점 드물어	江村入漸踈
문은 닫혔는데 산봉우리엔 온통 눈	閉門千嶂雪
밤에는 노군[21]의 책을 읽는다네	夜誦老君書

두원 노스님에게 드림
贈斗元老師

산에는 사철에 복령(茯苓)이 있고	山有周時茯
숲에는 여름 넝쿨이 드리웠네	林垂夏日藤
노승은 세월의 흐름도 모른 채	老僧年不記
소나무 아래서 『전등록』[22]을 읽는다네	松下讀傳燈

각성 스님에게 부치다
寄覺性師

공문[23]엔 속세의 일 적어	空門少人事
돌을 베고 차가운 물소리 듣는다네	枕石聽寒流
이별한 지 그 몇 해나 되었던가	別離頻甲子
이는 빠지고 머리 뒤덮은 하얀 눈	齒缺雪蒙頭

덕인 스님을 기다리며
待德忍師

장맛비 석 달이나 이어지더니	宿雨連三月
모래톱 도랑의 언덕마저 무너졌네	沙渠缺岸崩
벗을 기다려도 오지 않으니	故人期不至
근심스레 등나무 가지에 기댄다	愁倚一枝藤

산거
山居

구름 사이 솟아난 여린 죽순을 따고	嫩折穿雲笋
이슬에 젖은 살진 푸성귀를 캔다네	肥收浥露葵
재 뒤적여 계수나무 잎을 불살라	撥灰燃桂葉
수저를 바쁘게 뒤집으며 익히네	爛熟滑翻匙

여름날
夏日

더위 피하여 시내에 내려가니	避熱下溪去
솔바람도 때맞춰 기다렸던 듯	松風如有期
두건 벗고 그윽한 바위에 앉으니	脫巾坐幽石
이끼의 푸른빛이 옷에 달라붙네	苔蘚綠粘衣

산중의 가을밤
山中秋夜

밤 차가워 벌레가 자리에서 울고   夜冷虫喧席
빈산에 잔나비가 밤을 훔치네   山空猿盜栗
서쪽 숲에 깃든 새가 놀라고   西林鳥驚栖
동쪽 고개에 달이 막 떠오르네   東嶺月初出

홍 정랑과 함께 안심사에 노닐다
與洪正郞遊安心寺

낙수교 지나는 나그네	洛水橋邊客
안심사에 와서 머물었네	安心寺裏留
꽃 아래 한 동이 술에 취하니	一樽花下醉
고향 그리는 시름 다 사라지네	消盡故園愁

이별하는 인희 스님께 드리다
贈別印熙師

골짜기 입구 날아가는 외로운 새	峽口孤飛鳥
먼 하늘가 홀로 길 떠나는 저 스님	天涯獨去僧
봉래[24]에도 아마 절 있을 것이니	蓬萊應有寺
그대 그곳에서도 희미한 등불 대하리	知爾對殘燈

가규 사미를 곡하다
哭可䂓沙彌

새벽이슬 같은 덧없는 삶 다하니	曉露浮生盡
봄 서리처럼 하던 일도 부질없구나	春霜事業空
너를 화장하던 곳에 오니	朅來焚葬地
바람에 흩날리는 지전[25]만 있을 뿐	唯有紙錢風

송운 대사가 영진 상인에게 준 시에 공경히 차운함
敬次松雲大師贈靈眞上人韻

모후산은 신선이 사는 곳	母后仙山也
사람들은 말하길 신선이 많다 하네	人言多羽人
도인의 거처 뜰과 처마 깨끗하고	道家庭宇淨
요초[26]도 티 없이 곱기만 하여라	瑤草細無塵

홍양 사군 지봉 이 상공[27]에게 삼가 드림
謹呈洪陽使君芝峯李相公

숲속에 깃든 새가 있어	有鳥林間宿
푸른 하늘로 훨훨 날아오르네	翩翔入翠空
열흘에 한 번을 쪼아 먹더라도[28]	十旬雖一喙[1)
새장 속에 갇힌 것보다 낫구나	猶勝閉樊籠

---

1) 역 '喙'는 '啄'의 오자인 듯하다.

고란사에 쓰다
題高蘭寺

[1]
스님의 경쇠 소리 잠든 학을 깨우고	僧敲踈磬起眠鷗
수많은 어선 불빛에 강촌의 가을 깊어 가네	千點漁燈水國秋
서늘한 달빛에 주렴 거니 날은 밝으려는데	涼月掛簾天欲曉
노 젓는 소리 이어지며 창주로 내려가네	櫓聲搖曳下滄洲

[2]
바닷가의 배 같은 작은 집	小屋如舟近海湄
높은 가을 물결이 솔문에 부딪치네	接空秋浪打松扉
노승은 온종일 기심機心을 잊고 앉았는데[29]	老僧盡日忘機坐
모래 위의 새는 짝지어 물 위를 나르네	沙鳥雙雙掠水飛

---

1) ㉮ '七言絶句'는 편자가 보충해 넣은 것이다.

옥동 장로가 천축 상인에게 쓴 시에 차운함
次玉洞長老贈天竺上人韻

[1]
붉은 지팡이 하의로 홀로 산을 나서니	赤藤荷衣獨出山
곡기 끊은 모습 노을빛 받아 수척하네	休粮形帶烟霞瘦
눈썹 위의 옥호는 서리같이 하야니	眉上玉毫白如霜
스님의 도 황매[30]를 계승한 줄 알겠네	知師道繼黃梅後

[2]
선록[31]의 가는 글씨 늙어 읽기 어렵고	仙籙細書妨老讀
하의는 작게 지으니 몸 수척함을 알겠네	荷衣製窄知身瘦
청산 마주하고 누워 샘물 소리 듣노라니	坐對靑山臥聽泉
솔방울이 때때로 침상 전후로 떨어지네	松鈴時落床前後

부. 차운 附次韻

그대 집은 어디에 있나 맑은 시냇가	君家何在淸溪濱
오솔길은 꽃과 마른 대에 가려지려 하고	一逕欲迷花竹瘦
바위 위에 무심히 발 뻗고 누우니	巖上無心箕踞眠
달은 어느새 층층 봉우리 뒤로 휘영청	不知月吐層峯後

【옥동玉洞】

정 처사 산거
鄭處士山居

취하여 모자 기운 채 석양에 앉으니 　　　　醉欹烏帽坐斜暉
바람 불어 송홧가루 옷에 가득 떨어지네 　　風動松花落滿衣
주렴 밖 어지러운 산 눈에 가득 들어오니 　　簾外亂山多在眼
석 달 봄 내내 작은 사립문 닫지 않았네 　　三春不掩小柴扉

한가한 봄날에
春日閑居

높은 숲 비 온 뒤에 푸른빛 감돌아   喬林雨後綠成圍
산새 지저귈 때 돌문을 열었네   山鳥啼時啓石扉
선정에 들어 봄 저무는 줄도 몰랐는데   入定不知春又晚
주렴 밖 뜰엔 흰 배꽃만 날리네   半庭梨雪隔簾飛

신흥사
神興寺

신흥교 가에 내리는 비 이제 막 그치니	神興橋畔雨初收
물결이 빈 담 치며 적막히 흐르네	水打空墻寂寞流
돌아서 교목 멀리 흰 구름 바라보니	回望白雲喬木外
석양의 산 빛은 예년 가을 그대로	夕陽山色舊年秋

안성사에서 동악 이 사군이 보낸 시에 공경히 차운함
安城社敬次東岳李使君見寄之韻

[1]
사군께서 안성현에 이르러	安城縣裏使君遊
스님과 산수 이야기에 그침이 없네	山水同僧說未休
약한 술 석 잔에 살짝 취하는데	薄酒三盃成小醉
높은 누각 주렴에 밝은 달빛 비추네	一簾明月宿高樓

[2]
맑은 시내 흰 바위 채진[32] 놀이 즐기니	淸川白石采眞遊
신선골의 차가운 봄 빗발도 그쳤네	仙洞春寒雨脚休
명부는 오마[33]를 재촉하지 말지어다	明府不須催五馬
석양의 누각에 산승의 흥 넘치나니	山僧興在夕陽樓

부. 원운 附原韻

[1]
듣자니 명승이 방외에 노닐어	聞說名僧方外遊
맑은 시 구절마다 탕휴[34]와 비슷하네	淸詩句句似湯休
봄바람에 운산 멀리 있다 하지 말고	春風莫道雲山隔
한번 금영[35] 캐어 군루에 부치소서	一採金英寄郡樓

[2]
붉은 지팡이로 흰 구름 따라 노닐어	赤藤行逐白雲遊
연화세계 두루 돌아 온 생각 쉬었네	一遍蓮華萬慮休

잠시 설봉에서 내려와 게송 남기고 떠나니   暫下雪峯留偈去
석계만 옛 관루를 감돌아 흐르네   石溪流繞古官樓
【동악東岳】

금계 군사에서 동악 이 명부에게 공경히 드림
錦溪郡舍敬呈東岳李明府

산인은 산을 사랑하여 산을 나오지 않고	山人愛山不出山
노을 속에서 풀잎 옷에 나무뿌리 먹는다네	草衣木食烟霞間
삼세의 습기와 업연業緣 다 없어지지 아니해	三世習緣消未盡
군성에서 하룻밤 자고 시를 구해 돌아가네	郡城一宿求詩還

부. 차운 附次韻

성곽 서쪽 북쪽이 모두 청산인데	郭西郭北皆靑山
촉백[36]이 한낮에 구름 낀 숲에서 우네	蜀魄晝啼雲樹間
이곳은 사람 한가롭고 경계 또한 고요하니	此地人閑境亦靜
스님은 일찍 돌아가기를 서둘지 마소서	禪公不必催早還

【동악東岳】

동악 이 사군이 전운을 거듭 써서 화답한 작품에 사례함
奉謝東岳李使君疊用前韻酬和之作

[1]
어제 인연 따라 한번 산에서 내려오니 　　　　昨日隨緣一下山
소나무 사립문만 푸른 산기슭에 닫혀 있으리 　松扉空掩翠微間
아마도 홀로 바위에 깃든 저 학이 　　　　　　遙知獨宿巖邊鶴
내 오래도록 돌아오지 않음을 탓하리라 　　　嗔我雲蹤久不還

[2]
공무 끝나 관청 문은 산으로 열렸는데 　　　　衙罷官扉開向山
맑은 이내 작은 누각으로 들어오네 　　　　　　晴嵐飛入小樓間
꽃 마주하며 종일 앉아 거문고 연주하는데 　　對花終日鳴琴坐
때때로 먼 하늘에 새만 홀로 돌아오네 　　　　時見長空鳥獨還

부. 차운 附次韻

[1]
금계 동쪽으로 여산이 보이는데 　　　　　　　錦溪東望是廬山
절은 푸른 구름과 이내에 덮였구나 　　　　　　寺在雲嵐紫翠間
부끄럽구나! 벼슬을 버리지 못하여 　　　　　　慙愧銅章抛未得
봄바람에 스님만 보내고 돌아왔네 　　　　　　春風獨送衲衣還

[2]
산 밖은 맑은 시내 시냇가엔 산이라 　　　　　山外淸溪溪上山
오솔길은 소나무 숲 사이로 굽이져 있네 　　　一蹊高下萬松間

구름 좇아 꽃 찾는 것도 지쳐서　　　　　尋花倦逐孤雲出
달 아래 늙은 학 따라 바삐 돌아오네　　　帶月忙隨老鶴還
【동악東岳】

금계 이 사군 동악 선생에게 올리다
寄上錦溪李使君東岳先生

[1]
산 깊은 곳 봄눈 녹지 않았는데	春雪山深積未消
달빛 아래 누가 사립문을 두드리나	柴門誰向月中敲
주렴 앞에는 다만 매화나무 있어	簾前只有梅花在
맑은 향기 풍기어 쓸쓸함 위로하네	時送淸香慰寂寥

[2]
노승의 마음 봄날 더욱 쇠잔해지니	老僧魂向一春消
차마 달 아래 차가운 종소리 들으랴	忍聽寒鍾對月敲
바닷가 절 시 쓰인 곳을 생각하니	仍思海利題詩處
한밤중 외로운 등불만 쓸쓸히 비추네	半夜孤燈照寂寥

【가규 사미를 그리워하여(右有懷可規沙彌)】

부. 차운 附次韻

[1]
한낮 관청엔 인적 없고 전연³⁷조차 사라져	午堂人靜篆烟消
대나무 숲 건너 다구³⁸ 소리만 들리네	茶臼唯聞隔竹敲
이때 여산에서 은근히 소식 전하니	廬岳此時勤寄訊
매화 읊은 새 시가 참료³⁹보다 뛰어나네	詠梅新偈倒參寥

[2]
지는 해와 함께 한낮의 꿈에서 깨어나	白日都將一枕消

앉아서 시구 읊조리며 부질없이 퇴고하네	坐哦詩句謾推敲
관청의 문 오는 이 없어 한낮에도 닫혀 있고	官扉晝掩無人到
몇 그루 나무 남은 꽃잎만 쓸쓸함을 벗하네	數樹殘花伴寂寥

【동악東岳】

덕유산 동구 바위에서 동악 이 사군을 모시고 앉아 절구 두 수를 읊조리다
德裕山洞口石上奉陪東岳李使君坐詠二絶

[1]

남여[40] 타고 푸른 산 올랐다는 말 듣고	聞道藍輿陟翠微
홀로 금빛 지팡이 들고 석양에 내려왔네	獨携金策下斜暉
마주 앉아 가을 산 바라보며 이야기하니	相逢坐對秋山話
콸콸 흐르는 찬 시내의 푸른빛 옷을 비추네	決決寒流綠暎衣

[2]

가고 또 가서 빈산에 들어서니	行行步入空山裏
세찬 여울물 소리 곳곳에서 들려오네	激激飛湍處處聞
바위 쓸고 앉아 아름다운 시구 읊조리니	掃石坐來吟麗句
모르는 결에 가을 구름 옷 위로 젖어드네	不知衣上濕秋雲

부. 차운 附次韻

[1]

첩첩 봉우리 좁은 협곡 사이의 작은 돌길	峯攢峽束石蹊微
비단 잎 흐드러져 석양빛에 은은하네	錦葉爛斑隱夕暉
푸른 바위 걸음마다 다리 펴고 앉으니	十步蒼巖九箕踞
선비 한 사람에 스님 둘이 벗하였네	一綸巾對兩緇衣

[2]

높은 바위 먼 하늘에 돌아가는 새 보이고	巖高天逈歸禽見

고요한 골짜기 찬바람에 낙엽 소리 들리네 洞閴風凉落葉聞
봉우리 건너 절로 가는 길 찾을 수 없으니 隔峯有寺尋無逕
반은 넝쿨이요 반은 구름에 가려졌네 半是藤蘿半是雲
【동악東岳】

삼가 동악 이 상공의 운을 써서 설잠[41] 스님의 시축에 쓰다
題雪岑師詩軸謹用東岳李相公韻

스님이 되려면 모름지기 묘향산 스님 되어	爲僧須作妙香僧
가사 한 벌로 혜능慧能[42]을 이어야지	一衲傳心繼老能
봄날 새벽 시내 길 홀로 돌아가며	春日獨歸溪路曉
꽃 더미에 떨어지는 붉은 이슬 웃으며 보네	笑看紅露滴花層

부. 원운 附原韻

다 늙어 무슨 일로 스님 만나기 좋아하나	老來何事喜逢僧
가고픈 명산 이제는 병으로 가지 못한다네	欲訪名山病未能
낮은 처마에 꽃잎 떨어지고 봄날은 긴데	花落矮簷春晝永
묘향산과 개골산은 층층이 푸르리라	妙香皆骨碧層層

【동악東岳】

각성 스님에게 부치다
寄覺性師

임궁[43]은 고요하고 물 졸졸 흐르는데   琳宮寂寂水漣漣
주렴 걷으니 시내 바람 『법화경』 연설하네   簾捲溪風演妙蓮
하늘에 꽃비 내려 아침 되고 저녁 되니   天上雨花朝又暮
흰 잔나비 법석에 와서 설법을 듣네   白猿來聽講時筵

산중에서 민 상사를 만나
山中逢閔上舍

산중에 서리 내려 잎이 막 시드는데	山中霜薄葉初黃
선객이 마침 석양빛에 오셨구나	仙客來時正夕陽
우연히 만나 선비와 스님 신분 잊고	邂逅忽忘儒與釋
함께 듣는 가랑비 소리 긴 회랑에 울리네	共聞踈雨響長廊

남궁 처사 시에 차운하다
次南宮處士韻

[1]
남궁 도사는 홀로 빼어나　　　　　　　　南宮道士獨超羣
이슬에 주사 갈아 『주역』에 방점 찍네　　滴露研朱點易文
반평생 생활은 학처럼 고고하여　　　　　半世行裝鶴一隻
속세의 번복을 뜬구름처럼 보더라⁴⁴　　　人間翻覆視如雲

[2]
늙을수록 마음 한가로워 사슴과 짝하고　　年老心閑鹿作羣
찬 경쇠 두드리며 홀로 금문⁴⁵에 예배하네　獨敲寒磬禮金文
석양에 문은 닫혀 있고 인적은 없는데　　　門掩夕陽人不見
시내 건너 붉은 잎만 가을 구름을 비추네　　隔溪紅葉暎秋雲

동림사에서 이 명재明宰[46]를 모시고 달을 보다
東林寺陪李明宰翫月

중추라 밝은 달은 서리같이 흰데	中秋明月白如霜
이슬 젖은 노란 국화 술조차 향기롭다	露濕黃花酒正香
〈죽지사竹枝詞〉[47] 다투어 부르는 소리 쉼 없는데	爭唱竹枝歌未歇
퉁소 소리 비파 소리에 섞여 멀리 퍼지네	洞簫聲雜瑟聲長

임씨의 아들을 곡하며
哭林氏子

그대 인간 세상에 머문 지 19년	爾住人間十九年
효도와 우애로 선현을 이었네	當時孝友繼先賢
죽고 사는 것은 천명에 달린 것	存亡自是關天命
내생엔 학을 탄 신선이 되어라	徐待來生化鶴仙

대암사에서 운봉현 수령에게 주다
臺巖寺贈雲峯縣宰

산은 높아 백 리라 오르는 이 없는데	山高百里絶攀躋
돌 많은 산골짜기 아름다운 절 놓여 있네	中有琳宮枕石溪
태수는 스님이 선정에 든지도 모르는 채	太守不知僧入之
채필綵筆[48]로 먹물 적셔 시 지으라고 재촉하네	綵毫濡墨促詩題

집으로 돌아가는 사람을 보내며
送人歸家

낮게 깔린 푸른 안개 위로 새벽별 떠오르고	曉星初上綠烟低
시내 다리 위에 말 세우고 어린 종 재촉하네	立馬溪橋促小奚
팔을 잡고 먼 이별 차마 하지 못하는데	把臂不堪成遠別
자규새는 무슨 일로 가까이 와 울어 대나	子規何事近人啼

풍악산 유람하고 지리산으로 돌아가는 스님을 보내며
送僧遊楓岳因歸智異山

[1]
청려장으로 채진⁴⁹ 놀이 하렸더니	靑藜欲作采眞遊
차가운 밤비가 쉴 줄 모르고 부슬부슬	寒雨蕭蕭夜未休
그대 가서는 외로운 새 바라보라	君去試看孤鳥外
백운 서른여섯 봉우리에 가을 깊어 가리	白雲三十六峯秋

[2]
가을바람에 스님 홀로 남쪽 향해 돌아가니	秋風一衲向南還
천산을 도느라 지팡이 한가롭지 못했네	歷遍千山杖未閑
그대 떠나거든 청학동 한번 가 보게나	君去試看靑鶴洞
오래된 비석에 푸른 이끼만 아롱아롱	古碑應有綠苔斑

강촌에 여숙하면서 천승 스님에게 부치다
旅宿江村寄天勝師

연잎으로 만든 옷[50] 오경 추위 못 견뎌	荷衣不耐五更寒
근심스레 시 바랑 베고 밤 새길 기다리네	愁枕詩囊待夜闌
아마도 벗님은 번다한 일 하나 없어	遙想故人無一事
잔나비 학과 함께 가을 산에 잠들었으리	獨隨猿鶴宿秋山

부. 차운 附次韻

강가 객관에 서리 젖어 이불도 차가운데	霜侵江館布衾寒
화로에 불씨 뒤적이며 온밤을 지새우네	坐撥爐灰夜未闌
사공은 외로운 나그네의 한 알지 못하고	舟子不知孤客恨
밝은 달빛 아래 피리 불며 서산을 지나네	月明吹笛過西山

【희안希安】

탄은 석양군이 보여 준 시에 차운하다
敬次灘隱石陽君垂示之韻

[1]
동림사에서 하룻밤을 함께 머물며	東林一夜曾同宿
맑은 새벽 문 여니 산마루엔 눈이 가득	淸曉開門雪滿巓
강가의 대나무 몇 그루 그려 보니	因畫數叢江上竹
흡사 바람이 잎 소리를 전하는 듯	似聞風遞葉聲傳

[2]
스님과 선비 어느덧 노년을 맞았으니	白衲綸巾各暮年
취중 좋은 시구 화답할 인연 없어라	醉中佳句和無緣
한 폭 대나무 숲엔 봄 여전히 남았으니	一幅竹林春尙在
비단 주머니에 항상 구의산九疑山[51]을 담으리	錦囊常貯九疑巓

부. 차운 附次韻

[1]
차가운 계곡 바위 곁 샘조차 얼어붙고	倚石凍泉寒峽裏
늦은 산마루엔 나뭇잎이 서리에 지네	經霜落木晩山巓
석문에 달 뜨자 새들마저 다 돌아가니	石門月出鳥歸盡
맑은 경쇠 소리 구름 밖에 울려 퍼지네	淸磬一聲雲外傳

[2]
동림사에서 이별한 지 어느덧 한 해	東林一別已經年
금리에서 다시 만나니 이 아니 기쁜 인연	錦里重逢喜有緣

골짜기에서 함께 지낸 그 밤을 기억하니 憶向洞天携被宿
흰 구름 산마루에 울려 퍼지는 경쇠 소리 磬聲初發白雲巓
【탄은灘隱】

현 직강의 계정에서
玄直講溪亭

[1]
대나무 잘라 서까래 만들고 흰 띠로 덮으니	斫竹爲椽蔭白茅
밝은 달 아래 꽃 떨어지자 밤 더욱 적막하다	月明花落夜寥寥
두건 벗고 등나무 평상에 기대 단잠에 빠지니	脫巾斜倚藤床睡
정원 가득 부는 솔바람에 술기운도 사라지네	滿院松風酒力消

[2]
초당을 새로이 산기슭에 엮으니	草堂新結翠微腰
솔바람 소리에 취기 쉬 사라진다	醉聽松風酒易消
다만 조정에서 벼슬길 재촉하여	祗恐九霄催入覲
낚시와 나무하며 늙지 못할까 두려워라	一竿無計老漁樵

남계 어부의 피리 소리
南溪漁笛[1]

남계의 봄물 빛 푸르기가 비단 같고	南溪春水碧[2]如羅
버들가지 바람에 날려 언덕을 스치네	楊柳風絲拂岸斜
안개 속 어부의 한 곡조 피리 소리	漁父一聲烟裏笛
놀란 새들 날아오르는 석양의 모래톱	渚禽驚起夕陽沙

---

1) ㉯ '漁笛' 두 글자는 저본의 필사筆寫이다.
2) ㉯ '水碧' 두 글자는 저본의 필사이다.

동쪽 교외에서 해 질 무렵 바라보다
東郊晚望

맑은 시내 건너 향기로운 들 넓은데	芳郊地闊隔淸溪
불탄 곳 봄기운 들어 온통 푸르른 풀빛	春入燒痕草色齊
뽕나무 그림자 지는 해에 길어지고	桑柘影斜天又暮
두견화 활짝 피어 자고새 지저귀네	杜鵑花發鷓鴣啼

서쪽의 늙은이
西隣老叟

선경에 이웃한 곳 세상 어지러움 멀리해　　地接仙源隔世紛
한 언덕에 열 가구로 마을을 이루었네　　一丘分作十家村
두레박은 종일토록 텅 빈 밭에 걸렸는데　　桔橰盡日懸空圃
노인은 꽃그늘 속에 어린 손자 안고 있네　　白首花陰抱稚孫

백운암
白雲菴

백운암은 흰 구름 꼭대기에 있어서	白雲菴在白雲巓
경쇠 소리 맑게 하늘에 울려 퍼지네	淸磬冷冷出半天
동자가 바위틈의 물 길어 돌아오니	童子汲歸巖罅水
정오의 향기론 부엌 차 연기 일어나네	香厨日午起茶烟

석심 이 상국의 시에 공경히 차운함
敬次石心李相國韻

[1]
한밤 산사엔 이제 막 종소리 들리고	山寺初聞半夜鍾
달빛 밝아 구름 흩어지니 텅 빈 석루	月明雲散石樓空
요단[52]엔 『묘법연화경』 강좌가 끝나니	瑤壇講罷蓮華典
주렴 밖 하늘 꽃 미풍에 흩날리네	簾外天花颺細風

[2]
붉은 난간 허공에 솟고 강물 맑은데	朱檻凌虛江水淸
밝은 달밤 삼경을 알리는 종소리	鍾聲夜報月三更
호승은 참선에서 깨어 말없이 일어나	胡僧出定初無語
등불 심지 돋우니 눈 덮인 집 밝구나	起剪燈花雪屋明

임 처사 옛집을 지나며
過林處士故宅

대나무 절로 푸르고 국화 절로 노란데	竹自靑靑菊自黃
얽힌 가지 그림자가 연못에 드리웠네	交柯倒影浸池塘
찬 구름 가득한 골짜기 주인은 어디에	寒雲滿洞人何處
몇 이랑 지초밭은 절반쯤이 황폐하네	數畝芝田一半荒

장난삼아 설청 상인에게 주다
戱贈說聽上人

설청 스님 취하여 청산에 누우니	聽公醉臥靑山裏
한 잎 한 잎 지는 꽃 시냇가에 날리네	片片落花溪上飛
솔바람 맞으며 두 다리를 드러내니	松風拂面露雙脚
서쪽에 해는 지고 구름은 옷에 가득	西日漸低雲滿衣

가을날 가야사에서 곽 도사의 시에 차운하다
秋日伽耶寺次郭都事韻

가야산 빛은 있는 듯 없는 듯 아득한데	伽耶山色有無中
차가운 매미 소리 저녁 바람에 울려 퍼지네	蟬曳寒聲度晚風
웃으며 느티나무에 기대니 하늘은 저물어	笑倚古槐天日暮
숲속의 가을 잎만 붉게 사람을 물들이네	一林秋葉照人紅

우연히 촌가에 숙박하며 장난삼아 절구를 읊조리다
偶宿村家戲吟一絶

산중에 단사[53]를 만들 계책이 없어	山中無策化丹砂
두건과 신발로 훌쩍 푸른 노을 내려왔네	巾舃飄然下碧霞
꿈결에도 티끌세상의 괴로움 알았는지	魂夢亦知塵世苦
깊은 밤에 먼저 옛 산 언덕 올랐네	夜深先到舊山阿

현풍사
玄風寺

절은 노을 아득한 곳에 자리하여　　　　　　　寺在烟霞縹緲中
나그네 귀에 광한전廣寒殿[54] 종소리 들리는 듯　遊人耳聽廣寒鍾
취하여 다시 솔뿌리에 기대어 웃노라니　　　　醉來更倚松根笑
한 조각 석양빛이 뭇 봉우리를 비추네　　　　　一片斜陽照數峯

한산군 별장에서 심 수찬을 만나 하룻밤 이야기를 나누다
韓山郡野庄逢沈修撰奉話一夜

외딴 마을 밤 매화와 대나무로 이야기꽃 피우니　　談梅說竹孤村夜
사해의 습착치習鑿齒요, 하늘 가득 미친 도안道安　　四海彌天習與安
이라[55]
아침 햇살에 향기로운 안개 가득 피어오르려는데　　朝日欲生香霧合
그대는 서울 향해 나는 산을 향해 돌아간다네　　一歸京洛一歸山

가을날 보현암에서 배 도사의 시에 차운함
秋日普賢菴次裵都事韻

시내 푸르고 산은 비어 돌길 가느다란데	水碧山空石徑微
말발굽 가벼이 골짜기 구름 밟으며 돌아가네	馬蹄輕踏洞雲歸
어젯밤 차가운 서리 얼마나 내려 쌓였나	昨夜寒霜深幾寸
온 숲의 붉은 잎이 일시에 휘날리네	萬林紅葉一時飛

홀로 안성촌에서 자다
獨宿安城村

어젯밤 온 마을에 비 부슬부슬 내리더니   昨夜霏霏雨一村
새벽 오자 구름 자욱해 꽃동산 못 찾겠네   曉來雲合失花園
매죽이 울타리 둘러싸 뜰에는 향기 가득   梅竹擁籬香滿院
인간 세상 깊은 곳에 도화원이 예 있구나   人間深處有桃源

소생들에게 학문에 힘쓰게 하다
勉學小生

삼월도 어느덧 삼십일을 맞이하니[56]	三月正當三十日
봄바람도 힘없어 들꽃이 시드네	東風無力野花殘
아이들은 단지 계절 바뀌는 줄만 알 뿐	兒輩只知時序改
홍안을 재촉하는 줄은 모르는구나	不知時序巧催顔

허 도사를 방문해 도를 논하고 옛 산으로 돌아가다
訪許道士論道還舊山

청담 실컷 들어 마음이 하나 되었더니	飽聽淸談合道機
잔 띄워 석장 하나로 강 건너 돌아가네[57]	浮杯一錫渡江歸
가을 봉우리에 비 갠 뒤 구름 그늘 깊은데	秋峯霽後雲陰重
산사람의 벽려옷[58] 물기만 가득 젖어 드네	濕盡山人薜荔衣

송운 김 판서 운에 공경히 차운하다
敬次崟雲金判書韻

평생의 살림 계획 푸른 산에 살면서   平生計活一靑山
대나무 아래 사립문 밤에도 활짝 여는 것   竹下柴扉夜不關
작은 누각에 올라 고을 성곽을 바라보라   試上小樓看郡郭
몇 사람이나 구름 속 머문 이의 한가함 알까   幾人能識住雲閑

독곡 산인의 운에 차운하다
次獨谷山人韻

독곡 산인은 도의 기틀 무르익어	獨谷山人道機熟
숲속 골짜기 은거해 오두막에 몸 누이네	退藏林壑臥蝸廬
손님 솔문에 이르니 술 없는 것 부끄러워	客至松門愧無酒
향기로운 밥 짓고 시내 물고기 굽는다네	軟炊香飯煮溪魚

벗을 기다리며
待友人

쓸쓸한 초당 봄 구름 낮게 깔리고	草堂寥落春雲低
바위 위 배꽃에는 달빛이 비치네	岩上梨花月正午
한두 번 울리는 자규의 울음소리	一聲兩聲子規啼
문 드나들 때마다 그대 몹시 그리워지네	出門入門思君苦

관해 이 방백의 운에 공경히 차운하다
敬次觀海李方伯韻

노스님의 머무는 곳 해서산에 있으니	老禪家在海西山
하늘 멀리 외로운 구름 밤에 홀로 돌아가네	天外孤雲夜獨還
어느 때 돌 의자에 다시 앉아 선정에 들까	石榻幾時重入乏
뜰 가득한 꽃 그림자 솔 빗장도 열리라	滿庭花影啓松關

부. 원운 附原韻

지팡이 짚고 인연 따라 옛 산 이별하여	杖錫隨緣別故山
속세에 봄이 와도 돌아갈 줄 모르네	春來塵土不知還
향기로운 구름 가득한 골짜기 인적이 없고	香雲滿壑無人到
꽃 너머 선방의 사립문은 종일 닫혀 있네	花外禪扉盡日關

【관해觀海】

계곡 장 판서[59]가 부쳐 온 시에 공경히 차운하다
敬次谿谷張判書見寄之韻

이 몸 쉬는 곳에 이 마음도 쉬니	此身休處此心休
한밤 금부[60]에 향 사르며 조주[61]를 생각하네	夜爇金鳬念趙州
요즈음 세상 사람들이 이름을 알아보니	近被世人知姓字
병석[62] 챙겨 우두산으로 들어가려네	欲將瓶錫入牛頭

부. 원운 附原韻

듣자니 휘공의 글이 혜휴[63]와 비슷하여	聞說徽公似惠休
벽운 같은 시구 남쪽 고을 감동시켰다네	碧雲佳句動南州
이제 새로이 머무를 곳 마련하여	如今辦得新家計
누런 띠풀 한 주먹 지붕을 이었다네	一把黃茅已盖頭

【계곡谿谷】

산중에서 권 처사를 만나다
山中逢權處士

옥검에 금 채찍 지닌 흰 얼굴의 사내	玉劍金鞭白面郞
사슴 가죽옷에 베 버선 신고 풍설을 무릅쓰네	鹿裘布韈衝風雪
산중에서 만났으나 서로를 알지 못해	山中相見不相知
말없이 마주 앉으니 하늘은 저물어 가네	坐對無言天欲夕

자하정의 시에 차운함
次紫霞亭韻

긴 강물 도도히 마을 안아 흐르고	長江滾滾抱村流
강물 위 새 정자는 고을의 으뜸이라	江上新亭冠一州
매화와 버드나무 봄 맞아 그늘 짙으니	梅柳當春陰結晝
뜨거운 더위 빈 누각에 다가오질 못하네	亢陽無地逼虛樓

송고산의 시에 공경히 차운함
敬次宋高山韻

가을 산 빈 초당에 학을 벗 삼아	秋山伴鶴草堂空
차가운 석경 소리 바람에 멀리 사라지고	石磬聲寒落遠風
강 위에 끊어진 다리에 가랑비가 지나가자	江上斷橋踈雨過
산 중턱 석양빛이 바위 등진 단풍을 비추네	半峯殘照背巖楓

화사인 이 판관에게 주다
贈畫師李判官

정건[64]이 죽은 뒤로 그대만이 남아	鄭虔死後君猶在
손 펴면 구름 되고 뒤집으면 안개 이네	翻手爲雲覆手烟
금정의 산수화를 생각해 보노라니	因憶琴亭山水畫
모래 위에 잠든 백로 연달아 날아오르네	沙頭宿鷺起聯拳

양동애의 시에 차운함
次梁東崖韻

동애정은 물과 구름 사이에 있는데	東崖亭在水雲間
장생을 배우려 구환[65]을 시험하네	欲學長生試九還
방장의 도인이 와서 머무르며	方丈道人來借宿
가을밤 등불 아래 명산을 이야기하네	一燈秋夜說名山

또
又

강가의 길은 집에 가까운 곳   江路去家咫尺間
아이 보내 밤중에 금린어 잡아 돌아오네   敎兒夜刺錦鱗還
얼큰히 술에 취해 냇가 바위에 누우니   酒酣斜枕溪邊石
한 조각 외로운 구름 산 절벽에 피어나네   一片孤雲出斷山

학섬 교사에게 보이다
示學暹教師

바닷가에서 처음 만났을 땐 소년이었지	海上初逢正少年
마음은 맑기가 추수 같고 모습은 신선이었네	空心秋水貌神仙
깊은 산에서 몇 번이나 밝은 달 함께하며	深山幾度同明月
매화나무 기대어 돌샘 물소리 들었나	斜倚梅花聽石泉

지리산으로 돌아가는 덕묵 스님을 보내며
送德默師歸智異山

봄은 일러 쌍계에 꽃 아직 붉지 않았는데	春早雙溪花未紅
산 중턱에 기우는 해 석문은 고요하네	半峯斜日石門空
그대 아마 멀리 삼신동에 들어서면	懸知路入三神洞
노을빛 속에서 적송자赤松子[66]께 예배하리	立在烟霞禮赤松

태능 스님 시에 차운하다
次太能師韻

이르는 곳 청산마다 자줏빛 영지[67] 기르고
가고 옴에 흰 구름과 서로를 기약하네
봄 깊어 작은 뜰에 꽃 희기가 눈과 같고
새 시구 짓느라 밤에도 늦게 자네

到底靑山長紫芝
去來相與白雲期
春深小院花如雪
手寫新篇夜臥遲

유 상사와 함께 적설루에서 취하다
與兪上舍同醉積雪樓

선가의 항아리에 솔잎 술 익어 가는데	仙家一瓮松醪熟
손님과 마주하여 서너 잔 기울이네	對客頻傾三四盃
주인이 취한 후에 손님은 돌아가고	主人醉後客歸去
고개 중턱 석양빛에 산새만 돌아오네	半嶺夕陽山鳥廻

영대암에 쓰다
題靈臺菴

깊은 가을 낙엽은 차가운 허공에 흩날리니　　深秋亂葉落寒虛
훤히 드러난 임궁[68] 그림보다 아름답네　　露出琳宮畫不如
산수 좋은 곳에 신선도 있는 줄 아노니　　靈境始知仙侶在
하늘 바람이 오운거[69]를 날려 보내네　　天風吹送五雲車

박 도사의 시에 차운하다
次朴都事韻

마음의 사귐은 육체에 있지 않으니	神交不在形骸內
신선과 범부 세계 다르다 하지 말라	莫道仙凡兩地違
동림사 꽃 흐드러지게 필 때 기다려서	直待東林花爛熳
한가로이 백록 타고 시내 건너가리라	閑騎白鹿渡溪歸

장난삼아 쓰다
戲題

만년에 병이 많아 장방[70]을 사모하여　　　　晚年多病慕長房
연단 태워 불로의 비방을 배우려 하네　　　　欲學燒丹却老方
우습다 장주는 가벼이 혀 놀리더니　　　　可笑莊周輕掉舌
살아선 먼 나그네 되고 죽어서야 고향 갔네　　生爲遠客死歸鄕

남 처사 시에 차운하다
次南處士韻

젊어서 모산[71]에 들어가 북극성에 예배하고　　少入茅山禮北星
노을 마시며 저녁에 『예주경』[72]을 읊조리네　　餐霞夜誦蕊珠經
속세의 마음은 진흙에 떨어진 버들강아지 같으니　世情已作添泥絮
괴안의 꿈[73] 속 헛된 명성을 좇지 않으리라　　不逐槐安夢裏名

선운 스님에게 보이다
示禪雲師

달 밝은 고요한 절 불경을 논하는 밤　　月明蕭寺談經夜
맑은 경쇠 소리 찬 등불 나무 그림자 비추네　淸磬寒燈樹影間
길 갈 때도 풀 밟을까 서두르지 않거니　　行徑不曾忙踐草
책 말릴 때에 차마 어찌 책벌레 죽이랴　　曝書何忍蠹魚乾

송운 김 판서 시에 공경히 차운함
敬次崧雲金判書韻

바위틈 맑은 샘 수맥이 길어	巖竇靈泉細脉長
물결 튀어 올라 연못으로 흘러오네	跳波流入小池塘
산골 아이 잠에서 깨어 다구를 치니	山童睡起敲茶臼
한 줄기 가벼운 연기 석양빛에 너울거리네	一抹輕烟逗夕陽

오언 사운
五言四韻[1)]

한음 이 상국[74]의 시를 공경히 차운하여 성암 화상에게 주다
贈性諳和尙敬次漢陰李相國韻

스님께서 머무는 가람 도성의 사찰	師住藍城刹
산천을 생각하는 그리운 마음	山川寄所思
바람 부는 숲 새벽 잎 지는 소리	風林鳴曉葉
계수나무 가지엔 가을 이슬 맺혔네	露桂泣秋枝
대나무를 사랑하여 문을 일찍 열고	愛竹開門早
구름을 보느라 발을 더디 내리네	看雲下箔遲
품속에 감추어 둔 빛나는 야광주	袖中藏夜玉
상국 한음이 품고 있는 시	相國漢陰詩

---

1) ㉮ '五言四韻'은 편자가 보충해 넣은 것이다.

또
又

어려서는 글과 역사를 배웠고	自少學書史
만년에는 글짓기에 능하였다	晚年能綴文
고담은 속인의 귀를 놀라게 하고	高談駭俗聽
아름다운 시구 사람을 감동시켰네	佳句動人聞
석장을 떨치니 차가운 숲의 흰 눈	振錫寒林雪
발우 높이 드니 장해[75]의 구름 가득	擎盂瘴海雲
시냇가 임하여 그대 취하지 말게나	臨溪君莫醉
나의 마음 이별이 더욱더 애석타네	儂意惜相分

혜원 스님에게 부치다
寄惠遠師

스님 홀로 불경 논하는 곳에	師獨談經處
잔나비 응당 발우 씻고 돌아가리	猿應洗鉢回
병에 물 뜨니 시내 달빛 담기고	汲瓶分澗月
가사 말리니 강가 매화 떨어지네	晒衲落江梅
짚신으로 아침 눈을 헤치며 걷고	草屨朝穿雪
저녁나절 화로에 불씨 뒤적이네	金爐夜撥灰
절에서 함께한 밤 멀리 생각하곤	緬思同寺宿
베개에 기대어 천태산을 꿈꾸네	欹枕夢天台

신안 스님에게 주다
贈信安師

세상에 번뇌가 많으니	世界多煩惱
홀로 화성[76]에 살리라	宜居獨化城
산은 모래톱 끝에 끊어지고	山從沙際斷
물은 돌 모서리 부딪쳐 우네	水到石稜鳴
밥 버리자 물고기 다투어 먹고	抛食魚爭咂
마음 담박하니 새도 놀라지 않네	忘機鳥不驚
아이 불러 새 찻잎 달이고	呼兒煮新茗
푸른 산봉우리 보며 시를 읊조리네	吟對亂峯靑

혜천 스님에게 주다
贈惠天師

세월 가니 머리는 하얗게 세는데	歲去頭全白
봄이 오니 낮은 한창 길기만 하네	春來晝正長
시와 서는 흐르는 물에 맡겼지만	詩書付流水
늙고 병드니 지는 석양 아쉬워라	老病戀殘陽
노을은 화로 연기 어울려 푸르고	靄雜爐烟碧
샘물 부드러워 차 맛이 향기롭네	泉和茗味香
하룻밤을 강가의 가람에서	一宵江上寺
청아한 이야기로 밤을 지새우네	淸話廢眠床

중흥사로 돌아가는 현밀 스님을 보내며
送玄密師歸中興寺

쌍계사에서 한번 이별할 제	一別雙溪寺
서로 손잡고 훗날을 기약하네	相携話後期
잔나비 울음소리 길손을 재촉하고	猿聲催客路
꽃 그림자는 나그네 옷 타고 오른다	花影上行衣
바람 잦아들자 외로운 구름 가늘고	風之孤雲細
산이 높으니 석양빛도 미미하네	山高夕照微
중흥사는 읍내 저자와 가까우니	中興近城市
납의 걸어 놓고 돌아오기 잊지 말게	掛衲莫忘歸

홍주 사군 지봉 이 상공[77]의 시에 공경히 차운함
敬次洪州使君芝峯李相公韻

홍주 성곽으로 다시 와 뵈옵고	洪郭重來謁
등불 걸고 잠시 눈썹을 펴 보네	懸燈蹔展眉
사람은 오늘 비 내릴 때 만났는데	人逢今日雨
꽃은 옛날 가지에 피어 있구나	花發舊年枝
산승의 시는 소순의 맛[78]이 가득한데	蔬筍山僧偈
태수의 시는 경거[79]처럼 아름다워	瓊琚刺史詩
오늘 밤의 맑은 이 뜻을	一宵淸意味
산에 들어가서도 잊지 않으리	應復入峯知

부. 원운 附原韻

영재[80]의 밤 모포를 끌어안고	擁褐鈴齋夜
등불 아래 흰 눈썹의 스님 대하다	靑燈對雪眉
누각의 구름 옛 성첩에 머물고	樓雲眠古堞
창가의 비에 차가운 가지 소리	窓雨響寒枝
세밀히 경중의 문자 토론하고	細討經中字
한가로이 바랑의 시 찾는구나	閑尋橐裡詩
마음과 성품을 얼핏 보고 나니	遙看心性處
말하지 않아도 두 마음 통하네	不語兩心知

【지봉芝峯】

부. 충휘 상인이 덕유산 백련사로 돌아가는 것을 보내며 지봉 이 참판 수광이 시권에 쓴 운을 쓰다 附贈別沖徽上人還德裕山白蓮社用芝峯李參判晬光題詩卷韻

여산의 모임을 맺으려 하니	要結廬山社
도연명의 이마를 찡그리게 하랴	寧攢栗里眉
꽃향기 천계에 가득하고	花香滿天界
선학은 고요한 가지에 깃들었네	仙鶴宿禪枝
술로 마음 미치는 줄 경계하였고	已戒狂因酒
시도 부질없는 줄 알아 부끄럽네	方慙妄是詩
벼슬 버리고 돌아가 은거할 계책	掛冠歸隱計
고개 위 구름에게 알리네	說與嶺雲知

【동악東岳】

무주 한풍루 현판 동악 이 명부 시에 공경히 차운함
茂朱寒風樓敬次板上東岳李明府韻

협곡 솟아 하늘이 가까운 듯하고	峽峻天疑近
누각 높아 땅은 절로 평평하네	樓高地自平
고갯마루 흰 구름 난간 짙게 깔리고	嶺雲依檻重
솔 이슬은 섬돌에 맑게 떨어지네	松露滴階淸
술잔 대하니 꽃도 속삭이는 듯	對酒花如語
창문 열어젖히니 달님도 정겨워라	開窓月有情
앉아서 성곽 사방을 바라보니	坐看城四畔
몇몇 인가의 등불 빛만 밝아라	燈火數家明

부. 원운 附原韻

길은 아름다운 산으로 이어지고	路入千峯秀
누각은 넓은 들녘으로 펼쳐졌다	樓開一野平
마음은 조각구름과 함께 흐르는데	斷雲心共遠
그대의 다스림 시내처럼 맑아라	流水政俱淸
누가 알리오, 현가[81] 하는 곳에	誰識絃歌地
은자의 마음을 품은 줄을	仍懷丘壑情
여남[82]에서도 이은[83]을 겸했으니	汝南兼吏隱
꼭 도연명을 배울 필요 없어라	不必學淵明

【동악東岳】

금계 군관에서 동악 이 명부의 시에 공경히 차운함
錦溪郡館敬次東岳李明府韻

[1]

교목은 평야를 둘러 있고	喬木圍平野
높은 누각은 허공에 솟았다	危樓出半空
시냇물 소리 빗속에 들려오고	溪聲片雨外
산 빛은 구름 속에 어른거리네	山色亂雲中
땅 궁벽하니 조화의 힘이요	地僻天公力
처마 높은 것은 장인의 솜씨	簷高匠伯功
이제 와서 한번을 오르나니	今來試一陟
다시 사군과 함께하였네	更與使君同

[2]

두건 높이 쓰고 보배 누각에 오르니	岸巾躋寶閣
남쪽 고을 모두 다 맑기가 그지없네	晴望盡南州
묵은 안개는 가벼이 소매에 젖어 들고	宿霧輕侵袂
꽃은 어지러이 누각에 날려 오네	飛花亂入樓
가을 아직 먼데 꽃부채를 거두고	未秋收畫扇
술 없어 괜한 시름 풀 길 없어라	無酒寫閉[1]愁
이곳은 신선 세계로 이어지는 곳	地與仙源接
시내에 낚싯배 하나 오고 가네	溪通一釣舟

---

1) ㉠ '閉'는 '閑'의 오기인 듯하다.

[3]

서재에 누웠어도 백성은 송사 없어[84]	臥閤民無訟
공무 한가로워 낮에도 시를 읊조리네	官閑晝咏詩
전원에서 늙을 계획을 세우니	田園存晩計
새와 물고기도 그윽이 기다리는 듯	魚鳥待幽期
달빛은 봄 성곽의 밤에 가득하고	月滿春城夜
꽃들은 들 주막에 피어 있네	花開野店時
문장은 참으로 작은 기예	文章眞小技
성현의 도에 흠이 될까 하노라	於道恐磷磁

부. 원운 附原韻

[1]

아전들 흩어지니 겹문도 닫히고	吏散重門閉
봄 깊어 가니 작은 뜰 휑하게 비었네	春深小院空
새는 산 그림자 멀리 돌아오고	鳥回山影外
꽃은 빗소리 가운데 떨어지네	花謝雨聲中
눈으론 부생의 이치를 보고	眼看浮生理
마음으로 조물주의 솜씨 알아	心知造物功
산승이 문 두드려 찾아 주니	岳僧能剝喙
아마도 마음이 하나이기 때문	應爲道情同

[2]

깊은 협곡에 이내 피어오르는데	瘴嵐窮峽內
이름난 옛 고을은 쓸쓸하기만	寥落古名州
맑은 물은 성곽을 깊이 둘러 있고	白水深圍郭

청산은 누각 가까이 마주하였네	靑山近對樓
스님과 여러 날 이야기 하노라니	與僧三日語
나그네의 봄날 시름만 더해 가네	爲客一春愁
훗날 서쪽으로 돌아가는 꿈 꾸며	後夜西歸夢
동강에 배 한 척 마련하리라	東江有小舟

[3]

태수는 본디 도를 좋아하고	太守本好道
상인은 참으로 시를 사랑하여	上人偏愛詩
풍진 세상에 자취는 다르나	風塵異名迹
운수의 마음만은 함께한다네	雲水一襟期
옛 고을에서 서로 만나고	古縣相邀地
봄날 성곽으로 방문하였네	春城枉過時
이제 지·허의 친분[85]을 맺었으니	卽今支許契
늙을 때까지 변하지 않으리	終老不磷磁

【동악東岳】

금산군을 떠나 경주부로 부임하는 동악 이 사군을 보내며
奉送東岳李使君發錦山郡赴慶州府

산인이 떠나 돌아가는 길	山人歸去路
사군과 함께하기 어렵구나	難與使君同
그대 구름 천 리 길 말 달려 떠나고	驅馬雲千里
나는 눈 덮인 산 석장으로 떠나네	飛筇雪萬峯
얼어붙은 깃발 바다 햇빛 비치고	凍旗翻海日
차가운 가사엔 시내 바람이 스친다	寒衲拂溪風
이별 뒤 꿈에도 그리워하는 마음을	別後相思夢
북으로 가는 기러기 보며 알리라	懸知趁北鴻

지리산에서 용계 김 방백이 보내 준 시에 공경히 차운하다
智異山中敬次龍溪金方伯見寄之韻

예전 첫 만남을 생각하니	憶昔初相見
온 산이 석양빛에 물들었지	千峯住晚暉
난초 향은 시내 길에 풍겨 오고	蘭侵凇澗路
꽃은 구름 낀 사립문을 덮었네	花壓倚雲扉
넝쿨 장막 등불 아래 함께 자고	蘿幌懸燈宿
시냇가 집 범종 들으며 돌아갔네	溪堂聽梵歸
어느 때 다시 서로 마주앉아서	何年更對榻
그대와 나의 마음 무심해질꼬	儒釋各忘機

청학동
青鶴洞

푸른 산 정사가 걸려 있어	翠岳懸精舍
산하가 한눈에 바라보이네	山河一望通
가을빛 속에 주렴 걷으니	捲簾秋色裏
석양에 경쇠 소리 울리네	鳴磬夕陽中
빈 땅엔 이슬 젖은 죽순 솟고	露竹生閑地
샘 소리 바람에 먼 하늘 퍼져	風泉吼遠空
신선 찾아 바다를 건너는 이 누군가	尋眞誰涉海
이곳이 바로 선궁인 것을	即此是仙宮

동 태능 스님
東太能師

스님은 청량한 터에 계시니	師在淸凉地
한 점 티끌도 없으리라	應無一點塵
안개와 노을은 옛 절에 어울리고	烟霞宜古寺
송죽은 한가로운 사람의 몫	松竹屬閑人
스님의 마음 물속의 달처럼 고요하고	水月禪心靜
꾀꼬리와 꽃의 시구 새롭구나	鶯花句法新
나도 이제 물병과 발우 지니고	吾今執甁鉢
함께 시냇가에서 늙으리라	相伴老溪濱

봄날 육화 대사의 방문을 기뻐하며
春日喜六和大士見訪

비 온 뒤 실바람 불어와	雨後微風起
밤 사이 남은 꽃잎 다 떨어졌네	殘花一夕空
새는 산 빛 속에 날아오르고	鳥飛山色裏
시냇물 속에 스님의 이야기 소리	僧語水聲中
소나무 위에 차가운 안개 쌓이고	松上寒烟積
숲속엔 작은 길 열려 있구나	林間小逕通
다정하게도 육화 대사께서	慇懃和大士
고개 너머 늙은이를 찾아 주었네	隔嶺訪衰翁

안심사에서 현판의 동악 이 명부의 시에 공경히 차운함
安心寺敬次板上東岳李明府韻

길손 경쇠 울리는 절 찾아오니	客尋鳴磬寺
스님은 꽃비 내리는 누각으로 인도하네	僧引雨花樓
매실은 익어 향기 멀리 전하고	梅熟傳香遠
샘물은 대나무를 따라 흐르네	泉甘架竹流
창문은 넓어 푸른 바다 마주하고	窓臨青海闊
오솔길은 흰 구름 속 깊이 이어져	徑入白雲幽
뛰어난 시구로 화답하고자	欲和驚人句
퇴고[86]하다 홀로 부끄러워하네	推敲獨抱羞

부. 원운 附原韻

홀로 안심사 찾아와	獨訪安心寺
맨 먼저 적설루에 오르니	先登積雪樓
산봉우리엔 돌이 삐죽하고	一峯差石勢
골짜기엔 시내 소리 세차네	雙壑殷溪流
달 떠오르니 하늘이 가까운 듯	月上天疑近
구름 피어나니 땅 더욱 그윽해라	雲生地轉幽
관마 타고 별빛 받으며 돌아가노라니	官驂戴星發
들에 사는 스님에게 부끄럽네	翻向野僧羞

【동악東岳】

오산에서 전·정 두 수재를 이별하며
烏山別田鄭二秀才

오악 산속 한 절간에서	烏岳山中寺
시를 논하고 선을 이야기하네	論詩又說禪
공을 관하는 한 노승	觀空一老釋
옥 같은 시 토해 내는 두 신선	嚼玉二飛仙
골짜긴 따스하여 꽃은 눈처럼 희고	洞暖花如雪
교외는 맑게 개어 풀은 안개 깔린 듯	郊晴草似烟
한스러운 것은 그대와 나	共君還有恨
아침이면 각각 먼 하늘로 떠나는 것	明曉各天邊

명순 스님을 송별하며
送別明淳師

남쪽 나라엔 산은 첩첩 둘러싸고	南國山重疊
가을바람에 밤은 일찍 서늘해져	秋風夜早凉
고향은 자주 꿈속에 보이는데	故園頻入夢
먼 나그네 저녁부터 양식을 찧네	遠客宿舂粮
산에 핀 구름 이제 막 흩어지고	出嶠雲初散
둥지 떠난 제비도 바쁘기만 한데	辭巢燕又忙
어느 때나 강북의 절에서	何年江北寺
함께 웃으며 향을 피울까!	一笑共焚香

택휴 스님과 이별하며 남긴 시
留別擇休師

외로운 구름처럼 자취가 없고	孤雲無之迹
오고 가는 것 인연 따라 행하네	去住即隨緣
봄 오면 노봉의 눈을 밟고	春踏爐峰雪
가을이면 낙사의 샘물 소리 듣네	秋聽洛寺泉
거문고 소리에 마음을 알고[87]	琴心知曲譜
남종선 조사[88]의 뜻을 이었네	祖意繼南禪
이별 후에 서로가 그립거든	別後如相憶
시를 지어 먼 산으로 부치소서	題詩寄遠巓

태 장로에게 보이다
示太長老

태 장로는 부처님의 제자	太老浮屠者
구름 낀 산에 이 삶을 의탁했네	雲山托此生
대발 내걸어 노을 바라보니	竹簾看靄捲
소나무 문은 꽃들 곁에 닫혀 있네	松戶傍花扃
기개는 가을 하늘처럼 높고	氣與秋天杳
마음은 물속의 달빛인 듯 맑다네	心隨水月明
긴 밤 등불 켜고 앉았노라니	懸燈坐永夜
드문드문 들려오는 경쇠의 소리	疎磬兩三聲

황폐한 절
廢寺

홀로 청려장 짚고서	獨把靑藜杖
옛 절 앞을 찾아왔네	來尋古寺前
버려진 연못엔 목마른 잔나비 엿보고	廢池窺渴猿
높은 나무엔 매미가 시끄러이 운다	喬木噪寒蟬
차 부엌은 구름으로 닫아걸고	茶竈雲爲鎖
선방 계단은 풀이 융단처럼 깔렸네	禪階草作氈
시를 짓노라니 솟아오르는 온갖 감회	題詩生百感
고개 돌려 석양빛을 바라본다	回首夕陽天

홀로 읊다
自詠

속세에 사는 몸 번뇌만 일더니	處世身爲惱
산에 돌아갈 계획에 절로 편해져	歸山計自安
노을 마시니 환골탈태하고	餐霞知換骨
음식을 절제하니 홍안이 머무는 듯	節食覺留顔
비 개인 봉우리엔 구름이 아직 자욱하고	霽嶠雲猶合
그늘진 골짜기엔 흰 눈 아직 남아 있네	陰崖雪未殘
지팡이 짚고 물가를 굽어보며	杖藜臨水岸
종일토록 한가로이 날을 보내리	終日念經閑

칠언 사운
七言四韻[1)]

서산 대사가 설매 장로에게 준 시에 차운함
敬次西山大師贈雪梅長老韻

서호에 한번 떠나간 임군복[89]	西湖一去林君復
깨끗한 얼음 같은 자태[90] 아는 이 없구나	皎皎氷姿人未識
바람 불자 약절구 따라 향기 맑게 퍼지고	風來香逐藥杵淸
달그림자 차 솥에 하얗게 드리우네	月出影蘸茶鐺白
섬세한 가지는 티끌 기운 하나 없고	纖柯不帶塵埃氣
기이한 뿌리는 눈서리 골짜기에 기쁘게 의탁하네	異根喜托霜雪壑
얄밉구나, 사나운 바람 땅을 휩쓸며 불어와	赤憎狂飇捲地號
수많은 꽃잎 날려 진흙 속에 떨어지네	萬片飄向泥中落

부. 원운 附原韻

서호 안개로 뒤덮이니 마을은 황량한데	西湖烟鎖後村荒
오백 년 이래 아는 이는 한 사람뿐	五百年來一知識
인간이 사는 세상 화택[91]이요 큰 꿈속	人間火宅大夢中
매화만이 눈처럼 차갑고 청백하네	梅雪俱寒淸且白
새 한 마리 외로운 구름 함께 나는데	飄飄獨鳥與孤雲
천봉과 만학은 아득하기만 하여라	杳杳千峯更萬壑

---

1) ㉿ '七言四韻'은 편자가 보충해 넣은 것이다.

사바세계 두루 밟고 금강산에 누우니   踏盡婆娑臥金剛
달빛에 솔방울만 머리맡에 떨어지네   月中松子頭邊落
【서산西山】

신흥사
神興寺

[1]

층층 누각은 백 척이나 높이 솟아	層樓百尺起崔嵬
푸른 문 아름다운 창 차례로 열리네	綠戶瓊窓次第¹⁾開
한 조각 흰 구름은 석탑에서 피어나고	一片白雲生石榻
맑디맑은 경쇠 소리 화대에서 울려 퍼지네	數聲淸磬出花臺
산 앞 사향노루 지나니 향기 길에 스미고	山前麝過香侵逕
연못 위로 물고기 뛰자 이끼에 물 흩뿌리네	池面魚跳水濺苔
정신 팔려 옥봉을 보노라니 푸른빛 물이 든 듯	貪看玉峯靑似染
이 몸이 끊어진 다리에 다다른 줄도 몰랐다네	不知身在斷橋隈

[2]

박달나무 계수나무 베어 선궁을 세우니	刳檀斲桂起仙宮
화려한 기둥 붉은 난간 푸른 하늘에 아롱지네	畫棟朱闌暎碧穹
수놓은 문 저 멀리 난저⁹²의 달빛 열리고	繡戶迥開蘭渚月
주렴 높이 거니 불어오는 귤주⁹³ 바람	珠簾高捲橘洲風
수풀 두른 오솔길 찾아봐도 끊어진 듯	縈林小逕尋疑斷
돌 씻는 차가운 샘물 그 소리 끊임없어	漱石寒泉聽不窮
나도 이제부터 속된 생각일랑 접어 두고	吾亦卽今塵慮少
맑은 범패 소리 들으며 진공⁹⁴을 배우리	誓陪淸梵學眞空

---

1) ㉯ '苐'는 '第'와 통용된다.

[3]

맑은 시냇물은 청송원을 감싸 돌고	淸川環抱靑松院
굽이굽이 난간은 시내 흐름 굽어보네	曲曲闌干壓水流
세이암 앞에는 산 그림자 떨어지고	洗耳巖前山影落
능파교 위에는 풍겨 오는 계수나무 향	凌波橋上桂香浮
넝쿨 걸린 푸른 절벽 조각구름 흐르는데	蘿懸翠壁孤雲細
이슬 젖은 노란 국화 굽은 오솔길 그윽해라	露濕黃花曲逕幽
오래도록 앉아서 날 저무는 줄 몰랐더니	坐久不知天又暮
차가운 까마귀 소리 가을 산에 흩어지네	寒鴉啼散亂峯秋

오산 차 교리[95]의 시에 공경히 차운하다
敬次五山車校理韻

[1]

태평 시대 뜻밖에 강담에 유배되어	淸時無妄江潭謫
동림사 이웃해 항상 홀로 오셨네	路接東林每獨來
가 태부[96]의 집 곁은 구름도 검은 듯	賈傅宅邊雲似墨
원공[97]의 연못물은 이끼처럼 푸르네	遠公池面水如苔
봄에 돌아가니 비로소 느끼는 임금 은혜	春歸始覺乾坤惠
늙어 가니 바야흐로 세월 재촉하는 줄 알았네	老去方知歲月催
문 닫고 칩거하니 해서의 고향 소식 끊기고	門掩海西鄕信斷
더운 구름 이슬비에 우레와 같은 모기 소리	瘴烟微雨聽蚊雷

[2]

지팡이 하나로 가랑비 속 산꼭대기 내려와	一笻踈雨下山巓
조각배로 강해의 적선[98]을 방문하네	江海扁舟訪謫仙
홍주 공관에서 처음 만나 시를 청하였고	洪館初逢仍乞句
공성[99]에서 다시 만나 선을 논했었지	公城重見更論禪
빈궁과 영달 천명인데 허공에 글자 쓰랴[100]	窮通有命那書字
출처에 거짓 없으니 하늘 원망치 않는다네	出處無機不怨天
집은 서울에 있는데 몸은 만 리나 밖	家在玉京身萬里
고향의 소나무 국화도 분명코 쓸쓸하리	故園松菊之蕭然

부. 원운 附原韻

[1]
열사는 모년에도 마음 변치 않거든	烈士暮年心尚爾
어찌 유배 때문에 홀로 슬퍼만 하랴	可堪流落獨悲來
『음부경』101엔 거미줄과 먼지 뒤덮이고	陰符虫網塵侵字
웅웅 울리던 보검도 이끼 끼어 무뎌졌네	寶劍龍鳴繡澁苔
자취 끊은 지 오래라 황곡 따라 날려 했더니	絶迹久從黃鵠擧
흐르는 세월은 빠르기가 백구라102	流光還恨白駒催
어찌하면 천 길 산에 말 멈추고 서서	若爲立馬岡千仞
발아래 속세의 시끄러움 굽어볼까	俯聽人間脚底雷

[2]
창려103와 태전104의 만남 아니라면	不是昌黎欵太顚
참료 노인105과 소동파의 친분이라	何如蓼老遇坡仙
자적하면 자적함도 잊는다 알았으나	久知得適能忘適
선에 안주하면 선에 속박됨을 비로소 알겠네	方信安禪可縛禪
고요한 밤 천 강에 밝은 달빛 공활하고	夜靜千江空皓月
구름 걷히니 만 리에 푸른 하늘 드러나	雲開萬里豁靑天
『남화』106의 치어107와 전제108 있으니	南華卮語筌蹄在
도 깨달아 마음은 자연과 하나 되리	悟道冥心合自然

【오산五山】

오산 차 교리의 시에 공경히 차운함
敬次五山車校理韻

[1]

봄은 깊어 하얀 나비 뜰 안 가득 날아올라	春深粉蝶滿園飛
초가는 쓸쓸한데 나그네 잠시 의탁하네	茅屋蕭然客暫依
이끼 낀 오솔길 홀로 걸어 발자취 남지 않고	苔逕獨行無履跡
향기론 차 자주 들이켜니 마음마저 깨끗하다	香茶頻啜淨心機
처마 앞산 비 지나니 대발엔 바람이 일렁일렁	簷峯雨過風生簟
뜰 안 나무 구름 덮자 이슬 옷에 떨어지네	庭樹雲來露滴衣
야인 성품 높은 발자취 항상 모셔 기뻤더니	野性每欣陪妙躅
내일이면 이별하는 이 마음 어이하리	不堪明日意多違

[2]

허명을 부러워 않고 독경조차 않으며	不羨虛名不讀經
초당에 베개 높이 베고 잠들었다 깨었다	草堂高枕睡還醒
진흙 속에 대 심어 성긴 그림자 바라보고	穿泥種竹看疎影
비 맞으며 솔 심어 여윈 모습 마주하네	冒雨栽松對瘦形
늙어 가니 비로소 참선의 맛 알겠고	老去始知禪有味
병들자 바야흐로 백약의 무효 깨닫네	病來方覺藥無靈
아이 불러 방초 우거진 모래톱 나서니	呼兒步出芳洲立
바람에 날리는 춘란 향기 코끝을 찌르네	風獵春蘭撲鼻馨

부. 원운 附原韻

[1]
만학천봉을 석장 하나로 날아오르니　　　　萬壑千峯一錫飛
구름 같은 자취는 본래 의지함 없어라　　　　孤雲蹤跡本無依
손에 책을 집으니 일 도리어 많아지고　　　　手提緗帙還多事
마음 깨끗하기 연꽃 같아 거짓이 없네　　　　心淨靑蓮解息機
잠시 강한의 나그네 좇아 시구를 묻더니　　　問字蹔從江漢客
산에 돌아가 다시 벽라 옷[109] 터는구나　　　歸山更拂薜蘿衣
탕휴[110]가 혹시라도 명원[111]을 그린다면　　湯休倘識懷明遠
금빛 꽃 꺾어 보내 나를 저버리지 말게나　　　折贈金英莫我違

[2]
스님의 손에는 『칠원경』[112]을 들고　　　　桑門手把溱園經
냄새 좇아[113] 은근히 홀로 깬 나 방문했네　　逐臭慇懃訪獨醒
어찌 금비가 있어 두 눈을 밝혀 주리　　　　　豈有金篦能刮眼
괜히 병석 지니고 멀리 몸만 수고로웠네　　　謾攜瓶錫遠勞形
몸은 버려 토목으로 여기고 마음조차 잊어　　身拚土木忘心迹
말씀엔 노을이 가득 타고난 성품 즐기네　　　語帶烟霞適性靈
이제부터 마음엔 막힘도 없을 것이요　　　　可是從今無滯碍
또한 용맹하고도 기특함을 알리라　　　　　　也知雄猛得寧馨
【오산五山】

오산 차 교리의 시에 차운하다
敬次五山車校理韻

조정의 득실을 누구에게 말할까	朝廷得失向誰言
선옹의 소전문[114]이나 배우려 한다네	欲學仙翁小篆文
강직한 도 지금은 알아주지 않지만	直道當時人未許
훌륭한 시 솜씨는 훗날 역사가 논하리	能詩他日史應論
풀섶에 귀뚜라미 울어 찬 이슬 재촉하고	蛩鳴草際催寒露
기러기 모래톱에서 일어나 구름에 들어간다	鴈起沙汀入亂雲
사면 후에는 각건 쓰고 영수에 돌아가	赦後角巾歸潁水
자식 안고 산울타리에 눕는 것도 좋으리	不妨携子臥山樊

부. 원운 附原韻

장생의 십만 언을 읽으려 하거든	欲讀莊生十萬言
적치 오천 문[115]을 먼저 알아야지	須知赤幟五千文
글씨는 천하에 으뜸 광염이 넘치고	筆[1])雄宇宙餘光焰
도는 천인을 꿰뚫어 토론이 오묘하네	道貫天人妙討論
동해의 물결에 육오[116]의 섬이 일렁이고	東海波翻六鰲島
북명의 바람에 대붕[117]의 구름도 멈추었네	北溟風立大鵬雲
이제 귀로 듣는 것 모두 높고도 깊으니	至今耳食皆河漢
뉘라서 감히 그 경지에 들어가리오	獨我何人敢入樊

【오산五山】

---

1) ㉾ '笔'은 '筆'과 통용된다. 다음도 같다.

홍주 공관에서 지봉 이 사군[118]의 시에 차운하다
洪州公館謹次芝峯李使君韻

홍양 땅 궁벽하니 관청엔 일이 없어	洪陽地僻官無事
서풍에 문 닫으니 오는 손님도 적어라	門掩西風少客來
거문고 소리는 강 난간 달빛과 어울리고	琴韵每調江檻月
이슬은 관청 뜰 이끼에 흠뻑 젖어 아름답네	露華偏濕訟庭苔
속세의 밤 외로운 등불 밑에 자노라니	人間五夜孤燈宿
하늘 밖 삼산[119]은 꿈에서도 간절하네	天外三山一夢催
잠에서 깨어나 군청에 있는 줄 몰랐는데	睡起不知身在郡
노래와 북소리 맑은 날 우렛소리 들리듯	誤聞歌鼓殷晴雷

부. 원운 附原韻

스님은 동림사 깊은 곳에 계시다	師住東林深處寺
사군 방문하러 영재[120]에 오셨네	鈴齋爲訪使君來
울타리엔 서리 맞은 국화 시드는데	陶籬已老霜前菊
비 온 후 이끼에 나그네의 짚신 자국	謝屐初痕雨後苔
은자의 발자취 우연히 밝은 달과 오더니	逸跡偶隨明月出
돌아가고픈 마음 흰 구름이 재촉하네	歸心還被白雲催
남겨 놓은 시에는 노을빛 가득하고	留詩賸得烟霞色
붓 아래 봄볕은 벌레 깨우는 우렛소리	筆底陽春起蟄雷

【지봉芝峯】

정 정랑의 화원에서
鄭正郞花園

화원의 온갖 꽃나무들 보노라	爲看園裏花千朶
종일 주렴 걸고 각건 높이 썼네	長日鉤簾岸角巾
바람 그치지 않아 약한 가지 애처로우나	枝弱自憐風未芝
비 고루 내려 잎 무성하니 기쁘구나	葉繁偏喜雨初勻
섬돌 두른 서리 인 꽃향기 자리에 풍겨 오고	霜葩擁砌香飄席
난간 스며든 환한 꽃 그림자 사람을 비추네	錦蕚侵欄影射人
나그네는 벼슬아치의 집인 줄 알지 못하고	野客不知郞吏宅
모두 와 무릉도원의 봄빛을 이야기하네	到來皆說武陵春

육정 상인에게 드리다
贈陸淨上人

신선 같은 자태 상왕루에서 처음 뵈었는데	仙姿初見象王樓
손가락 굽혀 헤아려 보니 어느덧 십 년	屈指相離歲十周
만나고 헤어짐 땅에 흩날리는 잎인 양 기약 없고	聚散無期飄地葉
세월은 여울 따라 내려가는 배처럼 잡기 어렵네	光陰難繫下灘舟
맑은 창가에는 『연업경』[121]이 천 권이라	晴窓鍊業經千卷
옛 전각에서 등불 켜고 밤을 지새우네	古殿懸燈夜五籌
육정 스님의 간곡한 마음 참으로 고마우니	多謝淨公心鄭重
한평생 속세의 헛됨을 분명히 깨달았구나	一生明悟世虛浮

무주 한풍루 현판 동악 이 명부의 시에 공경히 차운하다
茂朱寒風樓敬次板上東岳李明府韻

무주성은 적천 가에 놓여 있는데	茂朱城在赤川濱
금각의 차가운 봄 술맛도 일품이라	琴閣春寒酒味眞
가랑비 흡족히 내려 꽃이 모두 피고	細雨足時花盡發
따스한 바람 부는 곳 풀잎도 새롭구나	暖風多處草偏新
얕은 모래 여울에 물고기가 이끼를 물고	沙灘水淺魚吞餌
안개 깊은 갈대숲엔 백로도 정겹구나	柳浦烟深鷺狎人
오는 손님 없고 공사도 드문데	車馬不來公事少
사군은 종일토록 누구 때문에 짜증 내리	使君終日爲誰嗔

부. 원운 附原韻

일찍 적천 가 고을에 산다 들었는데	縣居曾說赤川濱
이제야 신선의 참모습을 마주하네	今對飛仙面目眞
군수는 본래 마음 씀이 오묘하여	明宰本來心匠妙
옛 누각 중건하자 주위 풍광 산뜻해져	舊樓重建地形新
난간 높아 산들이 문 앞에 펼쳐지고	檻高剩許山排闥
처마 낮아 달빛도 사람 가까이 비추네	簷短偏敎月逼人
새벽 돌아가는 길 재촉함 부끄럽구나	却愧歸驂催曉發
좌어[122] 버리지 못해 갈매기도 멀리하리라	左魚應被白鷗嗔

【동악東岳】

옥동 장로의 시에 차운하다
次玉洞長老韻

동헌 앞은 푸른 산 책상에 이슬 젖는데	翠岫當軒露滴床
봄빛은 쉼 없이 흘러 귀밑머리엔 서리만	春光冉冉鬢添霜
산꽃은 절로 피어 강 언덕을 불태우는데	山花自發燃江岸
바다제비 이제 돌아와 석양에 지저귀네	海燕初歸語夕陽
불초한 몸 기르기엔 초가도 좁지 않고	養拙不嫌茅店窄
가난에 안주하니 들 채소도 향기롭네	任貧偏覺野蔬香
계단에 서서 가만히 솔 옮긴 날 상기하며	臨階暗記移松日
비 온 뒤 길게 돋아난 새 가지를 기뻐하네	喜見新梢雨後長

풍악산으로 돌아가는 이 선옹을 보내며
送李仙翁歸楓岳

적선의 발자취 티끌세상 벗어나	謫仙蹤跡出塵沙
일찍 구름 숲에 들어 세월을 보내네	早入雲林度歲華
저녁엔 묘향봉의 달빛을 밟고	夕踏妙香峯上月
아침엔 풍악골의 노을을 마시네	朝餐楓岳洞中霞
죽장 쥐고 집에 머무르는 일 드물어	手携竹杖留家少
하의 걸치고 먼 나그넷길 오르네	身被荷衣作客賒
묻노라 무릉도원이 그 어드메뇨	試問武陵何處在
내년엔 나도 또한 단사를 만들리라	明年我亦煉丹砂

거듭 오산 차 교리[123]의 연然 자 운을 써서
금계 태수 동악 이 선생[124]에게 올리다
再用五山車校理然字韻寄上錦溪太守東岳李先生

절은 여산 최고봉에 있는데	寺在廬峯最上巓
반평생 향불 피워 부처님께 예배했네	半生香火禮金仙
젊어선 술이 도에 해롭지 않다 여겼는데	少時謂酒何妨道
늘그막엔 시조차 선禪에 맞지 않음을 알았네	晚歲知詩不合禪
짚신으로 향기로운 풀길의 구름 밟고	雙屨踏雲芳草路
꽃 지는 하늘 석장 짚고 달빛 맞이하네	一筇邀月落花天
아름다운 산수는 본디 속세와 멀어	林泉本與人間隔
홀로 평상에 기대어 호연지기 기르네	獨倚香床養浩然

제호 별업의 시에 차운함
次霽湖別業韻

만년에 죽림 좋아 강가 정자 지으니	晚卜江亭愛竹林
그윽한 거처 때마침 초심을 이루었네	幽居正得遂初心
오솔길 이끼 자국에 사슴 갖옷 젖어들고	苔痕一逕鹿裘濕
산집의 창문에는 꽃 그림자 깊구나	花影半窓山舍深
높은 절개는 관록 따라 변치 않고	高節不隨官祿改
훌륭한 명성은 들사람도 흠모하네	英聲偏使野人欽
작은 뜰 때때로 지나가는 아이들 보면	小庭時見兒孫過
촌음 아껴서 시서 읽어라 훈계하네	誡讀詩書惜寸陰

송운 대사에게 드림
敬呈松雲大師

우리 스님 흰 구름 이는 곳 꿈을 접고	吾師夢斷白雲區
몸은 옥새[125]의 만리장성[126]이 되었네	身作長城玉塞頭
눈 깊은 들판의 진지에서 복수를 다짐하고	野壘雪深嘗越膽
조수 지는 바닷가 군영에서 오구[127]를 뽑아 드네	海營潮落拔吳鈎
호각 소리는 새벽부터 저녁까지 계속되고	角聲自曉還連暮
봉화 횃불은 봄부터 가을로 이어지는구나	烽火從春又到秋
스님의 가슴속에 온갖 무기를 지니셨으니	想得胷中藏萬甲
간과에 피 묻히지 않고 신주[128]를 평정하리	干戈不血之神州

명석 거사에게 부치다
寄銘石居士

그리운 이 만나지 못해 하루가 일 년인 듯	相思不見日如年
위북, 강동의 길[129] 아득하기만 하네	渭北江東路杳然
나비의 꿈은 명석의 달빛이 그리웁고	蝴蝶夢勞銘石月
잉어의 편지[130]는 검성의 시내에 끊겼네	鯉魚書斷劒城川
부럽구나, 그대의 명성 천하에 자자한데	羨君海內名偏重
나는 숲속의 참선 어설프니 부끄럽네	愧我林中芝未圓
묻노라 남계의 옛 놀던 그 자리에	爲問南溪舊遊地
이별 뒤 뉘와 함께 꽃 앞에서 취할까	別來誰與醉花前

홍연 스님 시축에 차운하다
次弘演師詩軸韻

일찍 병석 지니고 고향을 이별하여	早携甁錫別鄕園
동림사 자주 들러 노군[131]을 찾아뵈었네	頻訪東林謁老君
주머니 텅 비어 가난은 뼈에 사무치나	囊乏一錢窮到骨
가슴엔 천 권의 책 기개가 구름을 능멸하네	宵蟠千卷氣凌雲
자호필[132] 아래에는 용과 뱀 같은 글씨	紫毫筆下龍蛇字
대나무 간책엔 비단에 수놓은 듯한 문장	靑竹編中錦繡文
나도 스님 따라 정사 하나 엮어서	我欲從師結精舍
누워서 경쇠 소리 듣고 향불을 사르리	臥聽踈磬蓺爐薰

옥동 장로의 시에 차운하여 현 직강에게 드림
次玉洞長老韻贈玄直講

별장으로 돌아가 시끄러움 끊었다 들었더니	聞歸別墅絶塵囂
병든 몸으로 찾아와 쓸쓸함을 위로해 주네	力疾相尋慰寂寥
외로운 길손 지팡이 가엔 구름이 아득하고	孤客杖邊雲杳杳
냉관[133]의 문밖에는 풀만 무성하구나	冷官門外草蕭蕭
시심은 가만히 봄꽃 좇아 일어나고	詩心暗逐春花發
근심 어린 귀밑머리 병든 잎 따라 세어 가네	愁鬢翻隨病葉彫
어찌하면 그대와 함께 진계를 찾아	安得同君訪眞界
천태산 서쪽 길 적란교로 가 볼까	天台西路赤闌橋

원적암에서 동악 이 명부가 처림 스님에게 준 시에 공경히 차운하다
圓寂菴敬次東岳李明府贈處林師韻

손수 흰 구름 산마루에 금빛 사찰 열고	手開金刹白雲巓
용면거사[134]의 그림 병풍을 걸었네	宛把龍眠畫障懸
햇빛은 섬돌에 짙은 그림자 드리우고	日送繁陰生暗砌
폭포는 긴 비단인 양 높은 하늘에 걸렸네	瀑垂長練掛高天
골짜기 이끼에 덮여 길 찾기 어렵고	苔封絶壑難尋徑
빈 단에 누운 소나무 나이는 얼마인지	松偃空壇不記年
어젯밤엔 작은 창에 바람이 세차더니	昨夜小窓風乍緊
기쁘게도 국화 핀 소식 먼저 전해 주네	菊花消息喜先傳

부. 원운 附原韻

돌 밟고 넝쿨 잡으며 산꼭대기 올라	躡石攀蘿上絶巓
허공에 새로이 독원[135] 지었네	獨園新構半空懸
속세의 거마 찾아올 길 없는데	風塵車馬全無路
노을 낀 골짜기에 별천지가 있구나	洞府烟霞別有天
땅이 사시절 상쾌하니 여름 아닌 듯하고	地爽四時疑不夏
몸이 한가하니 삼 일이 일 년 같아라	身閑三日認如年
노승이 송별하며 은근히 말하기를	老僧相送殷勤語
암자의 이름 세상에 알리지 말라 하네	莫把菴名與世傳

【동악東岳】

구천동 백련사에서 동악 이 명부의 시를 차운하다
九千洞白蓮社敬次東岳李明府韻

산세가 작은 골짜기 둘러 그윽한데	山勢周遭小洞幽
흰 잔나비 우는 곳 높은 누각 솟아 있네	白猿啼處有高樓
돌길은 구름에 가려 이끼에 흠뻑 젖고	雲遮石逕苔全潤
다리 곁 나뭇잎은 시냇물에 흘러가네	樹挾溪橋葉盡流
밤 깊은 뜰에 동자는 차를 달이고	童子煮茶深院夜
스님은 가을의 오래된 법단에서 게송을 설한다	眞僧說偈古壇秋
시 읊으며 성긴 숲 밖으로 나서니	吟詩步出踈林外
바람 일어 찬 모래톱 버들가지 이마를 스친다	風起寒沙柳拂頭

부. 원운 附原韻

산봉우리 골짜기 돌아 동문이 그윽한데	山回谷轉洞門幽
첩첩산중에 오랜 절 누각이 숨어 있구나	疊巘中藏古寺樓
선경은 예로부터 여산이라 이름하고	靈境舊傳廬岳號
법사는 새로이 혜원의 무리와 함께하네	法師新着遠公流
석천 골짜기에 새벽 피리 소리 들려오고	石泉一壑簫笙曉
온 숲에 서리 맞은 잎이 비단처럼 아롱지는 가을	霜葉千林錦繡秋
이내에 젖은 옷 차가워 잠 못 이루는데	嵐氣濕衣寒不睡
청라에 비친 반달 작은 봉우리로 오르네	半輪蘿月小峯頭

【동악東岳】

중봉사에서 월성[136] 대윤[137] 동악 이 선생께 보내다
中峯寺寄上月城大尹東岳李先生

멀리 중봉사의 잔나비 울음소리	中峯寺在啼猿外
향각이 고요하니 선정에서 더디 깨어	香閣寥寥出之遲
작은 매화 달빛 아래 차가운 그림자	帶月小梅寒有影
구름에 덮인 늙은 교목은 가지도 없구나	侵雲喬木老無枝
문 앞은 산꼭대기 하늘이 가까이 보이고	門開絶頂瞻天近
평야의 시내 굽어보니 땅은 낮게 이어져	戶瞰平川覺地卑
뉘라서 숲길 찾아 문병하러 올까	林徑有誰來問疾
홀로 석양에 경쇠를 두드리네	獨敲金磬夕陽時

이 상사의 운을 써서 행정 장로에게 주다
用李上舍韻贈行靜長老

팔십 세에도 정정한 정 장로	八十昂藏靜老翁
뜬구름 세상을 지는 꽃처럼 여기며 웃네	笑看浮世若殘紅
반평생을 조계에서 참선을 닦고	半生禪業曹溪裏
발우 하나와 호마로 설령에서 지냈네	一鉢胡麻雪嶺中
옥골은 본래 선학처럼 수척하고	玉骨本同仙鶴瘦
티끌 마음도 물거품처럼 사라졌네	塵心始與水泡空
밤 깊자 샘물로 차갑게 이를 닦고	夜深漱井氷生齒
등불 걸고 죽원의 바람 쐬며 경쇠를 치네	扣磬懸燈竹院風

태상 총섭에게 주다
贈太常摠攝

머리엔 유관 쓰고 하얀 옷 입었는데	首冠儒冠衣白衣
서로 만나 보니 기개가 대장부라	相逢氣岸丈夫兒
십 년을 일찍이 희초 스님 모시었고	十年曾事熙初祖
이제는 검 한 자루로 유정 대사를 따르네	一劒今從政大師
모래톱 눈 깊은데 산은 아스라이 보이고	沙磧雪深山似米
들 군영엔 서리 무거운데 머리는 실처럼 세었구나	野營霜重髮如絲
그대 변방의 소식 새삼 말하지 말라	煩君莫說邊消息
나그네 상심하여 눈물만 쉬이 흘리리니	客裏傷心淚易垂

상원사
上院寺

속세 밖 신선 세계 별천지에 있는데	仙區天別塵埃外
허공에 솟은 깎아지른 벽 오르는 이 없구나	峭壁揷空人莫躋
깊은 선원 꽃비 속에 스님은 선정에 들고	深院雨花僧入芝
높은 숲 지는 해에 새들은 둥지로 돌아가네	高林落日鳥歸栖
처마의 솔 그림자 어지러이 불단에 드리우고	簷松影亂侵壇冷
시냇가 버드나무 가지 길어 물결을 스치네	溪柳絲長拂水低
금경 소리 맑게 울리고 봄은 적적한데	金磬冷冷春寂寂
자규만 날아와 굽은 난간 서쪽에서 우는구나	子規來叫曲闌西

김 상사와 이별하며
別金上舍

이별 뒤 그리움으로 애끊는데	別後相思欲斷腸
작은 집 인적 없어 석양에 문을 닫네	小堂人寂掩斜陽
물과 구름 막혀 소식 전하기 어렵다 말게	魚書莫道水雲隔
꿈에선 산길 먼 줄도 모를 터이니	蝶夢不知山路長
강가의 풀은 새 봄비에 젖어 푸르고	江草暗隨新雨綠
들꽃은 새벽바람에 맑은 향기 피어나	野花晴帶曉風香
아마도 날마다 새벽 일찍 일어나	想應日日侵晨起
웃으며 아이[138] 안고 대나무 평상에 앉으리	笑抱添丁坐竹床

쌍계사
雙溪寺

아름다운 절 큰 강굽이에 놓여 있는데	琳宮倚在大江隈
옥섬돌의 아롱진 이끼 밟으며 들어선다	步出瑤階剝錦苔
차 부엌에선 구름 쓸다 길손 오는 소리 듣고	茶竈掃雲聞客至
솔문에는 설법하다 스님 오는 것을 보네	松門演法見僧來
청색은 버들 새싹에 돌아가 안개와 막 어우러지고	靑歸柳眼烟初合
향기는 매화 뺨으로 스미어 따스함을 재촉하네	香入梅腮暖始催
오늘 다행히 꽃 세상에 머무르니	今日幸投花界宿
인간 세상에도 봉래의 선경이 있구나	固知人世有蓬萊

심 수찬의 유배지에 화답하여 보내다
酬寄沈修撰謫所

석문의 아침, 비 내려 시냇물 불어나	石門朝雨漲溪流
날마다 졸졸 흘러 나의 시름 일으키네	日夜潺湲起我愁
머나먼 길 어찌 편지 적다 불평하랴	萬里豈嫌書信少
꿈길에는 천산도 가로막지 못하거늘	千山不碍夢魂遊
병든 몸은 약도 효험 얻기 어려움 알았고	病知飮藥難爲驗
시조차 참선에 방해될까 화답하기 꺼려 하네	詩恐妨禪未肯酬
집은 서울에 있는데 몸은 먼 곳 유배 신세	家在洛陽人遠謫
꽃과 버드나무에 계절만 절로 도는구나	四時花柳自春秋

동악 이 상공이 풍악산으로 유람하는 의선 상인을 보내는 시에 공경히 차운하다
敬次東岳李相公送儀禪上人遊楓岳詩韻

오늘 마침 삼월 삼일을 맞이하여	今日正當三月三
흰 구름 덮인 신선골 꿈에서 먼저 찾네	白雲仙壑夢先探
바닷가 여러 봉우리 모두 북으로 달리는데	羣峯際海皆朝北
한 봉우리만 하늘 지탱하며 남쪽을 향하네	一岳撑天獨向南
나무에 매달린 잔나비 그림자 시내에 비치고	踈影倒溪猿掛樹
이내 속에 잠든 사향노루 향기 은근히 퍼지네	細香飄地麝眠嵐
차가운 등불 어두워지고 종소리 새벽을 재촉해	寒燈欲晦鍾催曉
괴안의 꿈[139] 놀라 깨니 부끄럽기만 하구나	驚破槐安覺後慙

부. 원운 附原韻

선사는 올해 나이 서른셋	禪也年今三十三
마흔네 곳 그윽한 명산을 찾았네	名山四十四幽探
동쪽으로 금강산 올라 관북으로 떠났고	東登骨岳投關北
서쪽으로 향봉 지나 영남으로 치달렸네	西過香峯走嶺南
짚신엔 모두 물과 바위의 자취요	草屨有蹤皆水石
구리병엔 구름과 안개 그림자라	銅瓶無影不雲嵐
귀밑머리 눈처럼 하얗고 몸은 묶인 박 같아	鬢毛雪白身匏繫
가만히 강주 태수를 부끄럽게 하는구나	坐使江州太守慙

【동악東岳】

안심사
安心寺

흰 구름 깊은 곳에 선원이 열리니　　　　　白雲深處開禪社
화려한 기둥 용마루가 푸른 산 이었네　　　畫棟飛甍接翠微
휘장 걷으니 나그네 하늘에 서 있는 듯　　捲幔客疑天上立
계단 내려오니 사람들 달에서 온다 말하네　下梯人說月邊歸
가는 샘물 소리 가을 골짜기에 울리고　　　泉含細響鳴秋壑
계수나무 맑은 향기 밤 사립문에 들어오네　桂散淸香入夜扉
이곳은 예로부터 뛰어난 경치 많다 하니　　此地舊聞饒勝迹
내일 아침 이끼 밟으며 두루 살펴보리라　　明朝看遍踐苔衣

송용계가 준 시에 삼가 차운하다
謹次宋龍溪見贈韻

이별 뒤 죽원의 선방 그리워하였더니	別後相思竹院禪
새 시를 아끼지 않고 전하였구나	新詩莫惜寄人傳
훗날 모임이야 이루기 어려울 것이나	他年結社知難就
오늘 밤 침상 함께하니 인연이 깊네	此夜連床覺有緣
한 그루 꽃나무 봄비에 젖고	一樹好花春帶雨
버드나무 여린 가지 새벽안개에 감싸이네	千條弱柳曉凝烟
노승은 본래부터 부처님의 제자이니	老僧本是瞿曇役
송단 깨끗이 쓸고 깊은 도를 음미하리	淨掃松壇味道玄

동악 이 상공이 수초 스님을 보내는 시에 차운함
敬次東岳李相公送守初師韻

[1]

이름 모를 산꽃 무수히 피었는데	山花無限不知名
높은 가지 꺾어 먼 길 나그네에 건네주네	手折高枝寄遠行
시든 버드나무 그림자 곁으로 남과 북의 길	殘柳影邊南北路
간간이 들려오는 잔나비 울음 속의 이별의 정	斷猿聲裏去留情
너른 들판 하늘은 낮게 깔려 봄 구름 자욱하고	天低曠野春雲合
비 지나가자 먼 봉우리에 석양빛이 밝구나	雨過遙岑夕照明
훗날 어느 곳에서 그대를 마주할까	他日對君何處是
맑은 시냇가 누각엔 삼경의 달빛만 비치네	淸溪樓上月三更

[2]

시 읊으며 낙수에서 이제 막 이별하고	吟袂初從洛水分
홀로 구름 벗 삼아 바위 골짜기에 돌아왔네	獨歸巖壑伴孤雲
눈은 어지러워 글자 쓰기 어렵고	狂花翳眼難成字
약초에만 마음 있어 글짓기도 그만뒀네	藥裏關心廢屬文
고국 떠난 뒤 기러기를 몇 번이나 보냈던가	去國幾回征鴈見
집 생각에 잔나비 우는 소리 견디기 어려워라	思家況耐斷猿聞
근래에 임금님이 금란전[140]에 납시었으니	君王近御金鑾殿
관대한 어명 분명코 바닷가에 이르리라	優詔分明到海濆

【공이 이때에 북쪽 변방에 유배가다(公時謫北塞)】

부. 원운 附原韻

[1]

희안 스님이 일찍이 수초 스님 말하더니	希安曾說守初名
이제 각성 스님 따라 방장산으로 가는구나	方丈今從覺性行
그대 같은 시승을 어찌 쉬이 만나리	如爾詩僧那易得
나의 가을날에 마음 가누지 못하게 하네	使余秋日不勝情
그윽한 삼신동의 늦가을 서리 맞은 단풍	三神洞僻霜楓晚
칠불암 깊은 곳 달빛만 밝게 빛나네	七佛菴深霽月明
휘공 스님 만나면 응당 소식 물을 것이니	徽老見時應問訊
늘그막에 우환만 실컷 겪는다 전해 주게	暮年憂患飽新更

[2]

잠시 만났다 갑자기 헤어지니	暫時相見遽相分
만 리 창공에 한 조각 구름	萬里長空一片雲
황발의 병든 늙은이 도만을 좋아하고	黃髮病翁偏好道
붉은 수염 선승은 문장 가장 능하여	赤髭禪子最能文
휘공의 좋은 시구 사람들 모두 애송하고	徽公秀句人皆誦
성공의 높은 명성 세상이 모두 아는 것	性老高名世共聞
석문에 이르면 소식 전해 주게나	行到石門煩寄語
가을바람 부는 해서에서 그리워한다고	秋風回首海西濆

【동악東岳】

천진대에서 대제학 계곡 장 상공[141]에게 보내 드리다
天眞臺寄上大提學谿谷張相公

산이 높아 정사 반쯤 구름에 덮여 있어	山高精舍半藏雲
긴긴 낮 빗장 여니 세상 시끄러움 멀어라	長晝開扃遠世紛
이끼 낀 오솔길 삼나무 그림자 따라 돌고	苔逕細穿杉影轉
옥계는 깊어서 돌 모서리에 흐름 나뉘네	玉溪深向石稜分
다구 두드리니 작은 부엌에 향기 날리고	香飄小竈敲茶臼
향불 사르니 텅 빈 불단 연기가 일어나	烟颺空壇爇寶薰
둥지의 제비는 청정세계 알지 못하니	巢燕不知淸淨界
진흙 물어 와 때때로 『법화경』을 더럽히네	啣泥時汚妙蓮文

부. 차운 附次韻

시 쓰는 종이엔 아직도 대둔산의 구름 어려	詩牋猶帶大芚雲
글자마다 맑아 세속 어지러움 끊어졌네	字字淸冷絶俗紛
한마음에는 아상[142] 없음을 믿을지니	須信一心無我相
억지로 삼교[143]를 나누려 말게나	莫將三敎强歧分
솔 그림자 아래 담황색 책갑을 펼치니	松簷影轉排緗袠
죽궤에 실바람 불어 오묘한 향기 풍기네	竹几風輕裊妙薰
천 수의 시도 기어를 꺼리지 않으니	千首不曾嫌綺語
말 잊는 곳 이르면 본디 문자도 없는 법	到忘言處本無文

【계곡谿谷】

동양위 신 상공[144]의 시에 공경히 차운함
敬次東陽尉申相公韻

장안 서쪽 길은 호남으로 향하는데	長安西路指湖南
일찍이 편지를 초암으로 보내셨네	書札曾蒙寄草菴
적선의 시 솜씨 노직[145]이 무색하고	詩效謫仙輕魯直
중니[146]의 도 드높아 부처님을 경시하네	道宗尼父蔑瞿曇
난초는 푸른 혜초와 향기 어우러지고	蘭交綠蕙淸香合
회나무는 차가운 솔과 하늘 높이 푸르러	檜接寒松黛色參
병 안고 십 년을 한 골짜기에 의지하니	抱病十年依一壑
그대의 높은 이야기 들을 길이 없어라	此身無計聽高談

부. 원운 附原韻

상공은 동쪽으로 각공은 남으로 떠나	祥公東去覺公南
삼한의 제불과 조사의 암자 나누어 차지했네	分占三韓佛祖菴
죽 끓이고 향 사르며 승랍[147]을 보내고	煎粥燒香度僧臘
차 화로와 불경으로 부처님을 마주하네	茶爐經卷對瞿曇
몸과 마음은 이미 흘러가는 뜬구름	身心已共浮雲遠
면벽하여 마침내 백자를 참구하리[148]	面壁終須栢子叅
휘공 스님 주석하는 곳을 방문하여	擬訪徽師住脚地
긴 밤 재 뒤적이며 청담을 나누려네	撥灰遙夜接淸談

【낙전거사樂全居士】

운곡집 끝
雲谷集 終

지문 상인이 와서 그 스승 운곡 휘 장로의 유고를 보여 주며 장차 공인을 고용하여 출판하고자 산정해 주기를 청하였다. 문득 율시 한 수를 지어 권말에 써서 나의 뜻을 서술한다.

> 서산西山에 달 지고 사명四溟이 비었는데
> 운곡 스님의 명성 해동에 으뜸이라
> 육조의 오묘한 법인을 마침내 전하였고
> 시단에선 일찍이 구승[149]의 솜씨를 빼앗았네
> 광려사 밤에는 교칠[150] 같은 친분 나누었고
> 계축년 겨울에 제비는 기러기를 피하였네[151]
> 악수는 평생에 불법의 이치에 어두워
> 맑은 가을 눈물 흘리며 문공을 보내네[152]

숭정崇禎 계유년 늦가을 하순 동악거사東岳居士가 면양沔陽 추설재秋雪齋에서 쓰다.

志文上人來。示其師雲谷徽長老遺稿。將賃工鋟梓乞加刪之。輒賦長律一首。題諸卷末。以叙志云。
西山月黑四溟空　雲谷師名冠海東
法印終傳六祖妙　詩壇早奪九僧工
匡廬寺夜膠投漆　癸丑年冬燕避鴻
岳叟平生昧佛理　淸秋洒涕送文公
　崇禎癸酉季秋下澣。東岳居士書于沔陽秋雪齋。

"시내 다하는 곳에 이르러, 앉아 구름이 피는 것을 본다(行到水窮處。坐看 雲起時。)"¹⁵³라고 하였으니 시이면서 선이고, "원숭이 새끼 안고 푸른 봉우리로 돌아가고, 새는 꽃잎 물고 푸른 바위 앞으로 내려가네(猿抱子歸靑嶂裏。鳥含花落碧巖前。)"¹⁵⁴라고 하였으니 선이면서 시로다. 대개 깨달음은 선이지만, 시도 또한 깨달음을 말미암아 들어가니 그 길은 비록 다르나 미묘한 이치에 이르는 것은 하나다. 개사開士 대덕大德이 이를 장애로 여기지 않고 사인詞人, 묵객墨客과 더불어 왕래 수창하여 세간에 유전한 것이 많다. 근세에 운곡 휘공雲谷徽公이 자못 시에 명성이 있어 그 시집을 보니 지봉芝峰, 동악東嶽 제공諸公이 그 명성과 지위를 잊고 즐겨 함께 수창하니, 휘공의 시가 반드시 훗날에 전해질 것이 의심의 여지가 없다. 다만 선이면서 시인 것이 전해질 것인가, 시이면서 선인 것이 전해질 것인가는 알지 못하겠으니 반드시 능히 분별하는 자가 있을 것이다. 산인山人 희안希安이 모아……(이하 결락)

行¹⁾到水窮處。坐看雲起時。詩而禪乎。猿抱子歸靑嶂裏。鳥含花落碧巖前。禪而詩乎。盖悟者禪而詩亦由悟而入。其道□□²⁾造微臻妙一也。開士大德。不以是爲障。而必與詞人墨客。徃來酬唱。流傳於世間者多矣。近世雲谷徽公。頗有詩名。見其集中。□³⁾載芝峰東嶽諸公。忘其名位。樂與之酬唱。則徽公之詩。必傳於□⁴⁾無疑矣。第未知禪之傳⁵⁾者乎。詩而禪者乎。必有能辨之者。山人希安。彙以⁶⁾……

1) ㉮ 이 발문은 저본에는 없다. 서울대학교 소장본에 의거하여 편자가 보입補入한 것이다. 2) ㉮ □□는 글자체가 마멸되었다. '雖殊'인지 의심된다. 3) ㉮ □의 글자체가 자세하지 않다. '照'인지 의심된다. 4) ㉮ □의 글자체가 마멸되었다. '後'인지 의심된다. 5) ㉮ '傳'은 '詩'의 오자인 듯하다. 6) ㉮ 이 아래는 이지러져 탈락되었다.

오언절구五言絕句 42수

칠언절구七言絕句 69수

오언사운五言四韻 23수

칠언사운七言四韻 37수

대명大明 숭정崇禎 6년(1633) 겨울 10월 일 개간

五言絕句四十二首

七言絕句六十九首

五言四韻二十三首

七言四韻三十七首

大明崇禎六年。冬十月日開刊。

주

1 연객鍊客 : 선옹仙翁과 같은 의미로 도사를 지칭하는 말이다.
2 태현편太玄編 : 한漢나라 양웅揚雄이 저술한 『太玄經』을 말한다.
3 상사上舍 : 생원 혹은 진사를 일컫는 말이다.
4 달 밝을~생각해 주오 : 이태백의 시 〈送張舍人之江東〉에 "오나라에 가서서 저 달을 보거들랑, 천 리 멀리 사는 나를 생각해 주오(吳洲如見月. 千里幸相思.)"라 하였다.
5 금계錦溪 : 충남 금산 금산山. 동악 이안눌은 1611년 9월 12일에 금산군수錦山郡守로 임명되어 1613년 11월 14일 경주부윤慶州府尹으로 전임할 때까지 봉직하였다.
6 명부明府 : 태수太守, 현령縣令을 이름.
7 동악東岳 이 선생李先生 : 이안눌李安訥(1571~1637). 본관은 덕수德水. 자는 자민子敏, 호는 동악이다. 1607년 홍주목사·동래부사, 1610년 담양부사가 되었으나 1년 만에 병을 이유로 돌아왔다. 3년 후에 경주부윤이 되었다가 동부승지와 좌부승지를 거쳐 강화부사가 되었다. 어머니의 삼년상을 마치자 인조반정으로 다시 등용, 예조참판에 임명되었으나 곧 사직했다. 다음해 이괄李适의 난에 방관했다는 이유로 유배되었으며, 1627년 정묘호란이 일어나자 사면되어 강도유수江都留守에 임명되었다. 1631년 함경도 관찰사가 되었고, 예조판서 겸 예문관 제학을 거쳐 충청도 도순찰사에 제수되었으며 그 후 형조판서 겸 홍문관 제학에 임명되었다. 병자호란 때에 병중 노구를 이끌고 왕을 호종하다가 병세가 더하여 결국 일어나지 못하고 말았다. 그는 특히 시작詩作에 주력하여 문집에 4,379수라는 방대한 양의 시를 남기고 있다. 이렇게 많은 작품을 남겼으면서도 작품 창작에 매우 신중해서 일자일구一字一句도 가벼이 쓰지 않았다고 한다. 또한 시에 대해서 정밀하게 공부하는 태도를 견지하여 두시杜詩는 만독萬讀이나 했다고 하며, 입신入神의 경지에 이르렀다고 한다. 저서로는 『東岳集』이 있다. 『雲谷集』에는 운곡 충휘와 주고받은 수증시가 다수 있는 것으로 미루어 조선 중기의 유불의 교류 양상을 확인할 수 있다.
8 영재鈴齋 : 주군州郡의 수령이 관할하는 관내나 관아를 가리킨다.
9 황당黃堂 : 태수가 집무하는 곳.
10 동풍(谷風) : 곡풍谷風은 봄바람, 동풍을 일컫는다. 『詩經』 「邶風」 〈谷風〉에 "동풍이 솔솔 불어오더니, 어느덧 흐리고 비가 내리는구나(習習谷風. 以陰以雨.)"라고 하였다.
11 하의荷衣 : 연잎으로 만든 옷. 은자의 옷을 비유한다.
12 호계虎溪 : 동진東晉 때의 고승 혜원이 창건한 여산廬山 동림정사東林精舍 아래로 흐르는 시내 이름. 혜원은 이 동림정사에서 '백련사白蓮社'를 결성했다. 그는 손님이 돌아갈 때면 이 호계까지만 나가 인사하고 결코 내를 건넌 적이 없었는데, 어느 날 유학자인 도연명陶淵明과 도사인 육수정陸修靜을 전송하다가 이야기에 몰두해서 자기도 모르는 사이에 호계를 건넌 사실을 알고 크게 웃었다는 '호계삼소虎溪三笑'라는 고사가 있다. 이후 유불선의 상호 교류를 빗대어 쓰는 말로 자주 쓰였다.
13 사군使君 : 임금의 명령을 받들고 나라 밖으로나 지방에 온 사신의 경칭敬稱이다.
14 언제나 침상~잠 잘까 : 당나라 위응물韋應物의 시 〈示元眞兄弟〉에 "어찌 알았으랴 눈보라 치는 이 밤, 다시 이렇게 나란히 누워 잠들 줄을(寧知風雪夜. 復此對床眠.)"이라

하였다. 이후 형제나 벗들과 어울려 즐겁게 노닌다는 뜻으로 풍우대상風雨對床이라는 표현이 관용적으로 쓰인다.
15 여산廬山 : 중국 강서성江西省에 있는 산 이름. 동진東晉 때의 스님 혜원慧遠이 백련사白蓮社를 결성하여 주석하던 곳이다.
16 창주滄洲 : 물가가 있는 지역. 주로 은자隱者가 사는 곳을 지칭한다.
17 기원祇園 : 부처님 당시 인도印度 기타태자祇陀太子의 동산과 숲. 중인도中印度 마갈타국摩揭陀國 사위성舍衛城 남쪽에 있다. 여기서는 절의 일반적인 명칭으로 쓰였다.
18 상방上方 : 주지 스님이 머무는 곳. 절의 이칭이다.
19 금산金山 : 서방정토에 있는 산의 이름.
20 백사白社 : 백련사白蓮社. 중국 동진東晉의 혜원慧遠이 384년 여산廬山에 동림사東林寺를 세우고 402년에 서방왕생을 위한 정토신앙을 내용으로 하는 염불수행단체를 결성했다. 여기서는 정 수재의 거처를 말한다.
21 노군老君 : 노자老子를 달리 이르는 말. 노군의 책은『道德經』이다.
22 『전등록傳燈錄』:『景德傳燈錄』. 30권으로 된 5등록燈錄 중 하나다. 송나라 진종 경덕景德 원년(1004)에 승천 도원承天道源이 쓴 불서로 선종사전서禪宗史傳書 가운데 가장 대표적인 것이다. 석가모니 이래의 역대의 법맥法脈과 그 법어法語를 수록한 것으로, 조선 시대 승과과목에 들어 있었다.
23 공문空門 : 불도佛道, 불문佛門, 불교의 이칭이다.
24 봉래蓬萊 : 봉래산蓬萊山. 금강산을 말한다.
25 지전紙錢 : 천도할 때 쓰는 돈 모양의 종이.
26 요초瑤草 : 아름답고 진귀한 풀을 두루 이르는 말.
27 홍양洪陽 사군 지봉芝峯 이 상공李相公 : 이수광李睟光(1563~1628). 본관은 전주全州, 자는 윤경潤卿, 호는 지봉이다. 1585년(선조 18) 별시문과에 급제, 승문원 부정자가 되었으며, 전적을 거쳐 호조와 병조의 좌랑 겸 지제교知製敎를 지냈고, 1590년 성절사聖節使의 서장관으로 명나라에 다녀왔다. 1592년에 임진왜란이 일어나자 경상우도 방어사 조경趙儆의 종사관으로 종군했고, 북도선유어사北道宣諭御史가 되어 함경도 지방에서 이반한 민심을 돌이키는 데 큰 공을 세웠다. 그 뒤 동부승지·병조참지를 역임했다. 1605년에 안변부사로 나갔다가 이듬해 사직하고 돌아와 1607년 홍주목사로 부임했다. 1609년(광해군 1) 중앙으로 와서 도승지·예조참판·대사헌·대사간 등을 지냈다. 1611년 왕세자의 관복冠服을 청하는 사절의 일원으로 세 번째 명나라에 다녀왔다. 그곳에서 유구琉球와 섬라暹羅(지금의 타이)의 사신을 만나 그들의 풍속을 기록했다. 1613년 계축옥사가 일어나자 사직했다가, 1616년 순천부사가 되었고, 임기를 마친 후에는 관직을 사양하고 수원에서 살았다. 1623년(인조 1) 인조반정으로 인조가 즉위하자 도승지로 관직에 복귀했다. 1627년 정묘호란이 일어나자 왕을 호종하여 강화로 갔으며, 이듬해 이조판서에 임명되었으나 죽었다. 사신으로 여러 차례 명나라에 다녀오면서 천주교 지식과 서양문물을 소개하여 실학 발전의 선구자가 되었다. 저서에『芝峯類說』·『采薪雜錄』등이 있다.
28 열흘에 한~쪼아 먹더라도 : 『莊子』「養生主」에 "못가에 사는 꿩은 열 걸음 만에 한 입 쪼아 먹으며, 백 걸음 만에 한 모금 마시지만 새장 속에서 길러지기를 바라지 않는다. 겉으로 드러나는 모습은 비록 왕성해질 테지만 새는 그것을 좋아하지 않기 때문이

다.(澤雉。十步一啄。百步一飮。不蘄畜乎樊中。神雖王。不善也。)"라는 내용이 있다.

29 노승은 온종일~잊고 앉았는데 : 기심機心은 분별하고 계교하는 마음. 노승이 온종일 아무 생각 없이, 무심하게 앉아 있는 상황을 묘사한 것이다. 『莊子』에 나온다.

30 황매黃梅 : 중국 선종의 제5조인 홍인弘忍 선사(594~674)를 가리킨다. 7세 때 제4조 도신道信(580~651)을 따라 출가하여 51세에 대사大師가 되었다. 동산東山에 살았기 때문에 그 교단을 동산법문東山法門이라 칭하였는데 문하에 혜능慧能·신수神秀 등 10대 제자를 배출하였으며, 이후 두 제자는 남종선南宗禪·북종선北宗禪의 두 계통으로 나뉘어 남북의 각지에서 그 선법禪法을 폈다.

31 선록仙籙 : 도가의 책.

32 채진采眞 : 자기의 참모습을 찾는다는 뜻으로 『莊子』「天運」에 '채진지유采眞之遊'라는 말이 있다. 여기에서는 아름다운 경치를 찾아 노닌다는 말이다.

33 오마五馬 : 한漢나라 때에 태수太守가 타는 마차는 다섯 마리의 말이 끌었던 데서 유래하여, 태수 또는 태수가 타는 마차를 뜻한다.

34 탕휴湯休 : 탕혜휴湯惠休로 남조南朝 송宋의 시인이다. 생몰년 미상으로 일찍이 출가하여 '혜휴상인惠休上人'이라 불렸다. 현재 11수의 시가 남아 있는데, 〈怨詩行〉이 가장 널리 알려져 있다.

35 금영金英 : 좋은 강철을 지칭하는 말로 여기서는 훌륭한 시문을 뜻한다.

36 촉백蜀魄 : 소쩍새.

37 전연篆烟 : 향연香烟이 전자篆字형으로 만들어진 것을 이름. 『全唐詩』 권273 대숙륜戴叔倫의 〈宮詞〉에 "티끌 내린 옥섬돌에 비단 자취 끊기고, 향기 날리는 금옥에 전자 모양의 연기 맑네(塵暗玉階綦跡斷。香飄金屋篆煙淸。)"라고 하였다.

38 다구茶臼 : 찻잎을 가는 맷돌.

39 참료參寥 : 송宋나라의 고승 도잠道潛의 호다. 도잠은 소동파와 친분이 두터웠던 것으로 알려져 있다.

40 남여藍輿 : 대나무로 만든 덮개가 없는 작은 가마.

41 설잠雪岑 : 조선 초기의 문인 김시습金時習(1435~1493)의 법호다.

42 혜능慧能(638~713) : 당나라의 승려로 속성은 노盧씨다. 시호는 대감선사大鑑禪師. 육조대사六祖大師라고도 한다. 『六祖壇經』이 전한다.

43 임궁琳宮 : 아름다운 옥으로 장식한 궁궐. 아름다운 전당의 미칭이다. 일반적으로는 선궁仙宮 및 도교의 사원을 가리키나, 여기에서는 사찰을 뜻한다.

44 속세의 번복을 뜬구름처럼 보더라 : 두보의 〈貧交行〉에 "손 뒤집어 구름 일으키고 다시 엎어 비 내리니, 어지럽고 경박한 세상일 어찌 헤아릴 수 있으리오(飜手作雲覆手雨。紛紛輕薄何須數。)"라고 하였다.

45 금문金文 : 금을 녹여 쓴 글자로 불경을 뜻한다.

46 명재名宰 : 재상 벼슬을 한 사람에게 붙이는 미칭. 이름난 재상이라는 뜻이다.

47 〈죽지사竹枝詞〉: 〈乾坤歌〉라고도 한다. 중국의 악부樂府에 7절절로 음영吟詠한 〈竹枝詞〉가 있으며, 우리나라에서도 이를 본떠 향토의 경치와 인정·풍속 등을 노래하여 〈竹枝詞〉라 하였다.

48 채필綵筆 : 오색의 붓으로, 훌륭한 글재주를 비유한다.

49 채진采眞 : 주 32 참조.

50 연잎으로 만든 옷(荷衣) : 은자의 옷을 비유한다. 여기서는 추위를 가리지 못하는 가볍 거나 다 떨어진 가사를 말한다.
51 구의산九疑山 : 중국 호남성湖南省에 있는 산 이름. 여기서는 명산의 뜻이다.
52 요단瑤壇 : 신선이 산다는 옥이 깔린 단으로 여기서는 불단佛壇의 뜻이다.
53 단사丹砂 : 짙은 홍색의 광택이 있는 육방정계六方晶系의 광물로 한방에서 약으로 쓰인다.
54 광한전廣寒殿 : 달 속에 있다는 항아姮娥가 사는 가상의 궁전.
55 사해의 습착치習鑿齒요~미친 도안道安이라 : 습착치(?~383)는 동진東晉 사람으로 다재다능하였으며 현학玄學·불학佛學·사학史學에 정통하였다고 한다. 도안은 진晉 나라 승려. 도안이 양양襄陽에 있을 적에 습착치가 와서 "나는 사해의 습착치요.(四海習鑿齒)"라고 하니, 도안은 "나는 하늘까지 가득 찬 도안이오.(彌天釋道安)"라고 하였다는 고사가 있다. 기상이 대단한 면모를 엿볼 수 있다. 여기서는 오랜만에 이야기가 통하는 사람을 만났음을 뜻한다.
56 삼월도 어느덧 삼십일을 맞이하니 : 중당中唐 때의 시인 가도賈島(779~843)의 시 〈三月晦日贈劉評事〉에 "오늘은 마침 삼월의 그믐날, 괴로이 읊조리는 날 두고 봄 풍광 떠나누나. 이 밤엔 그대와 함께 잠들지 않으리니, 새벽종 울리지 않았는데 아직은 봄 아닌가(三月正當三十日。風光別我苦吟身。共君今夜不須睡。未到曉鐘猶是春。)"라고 하였다.
57 잔 띄워~건너 돌아가네 : 서진西晉 시대 화상 배도杯度가 술잔을 타고 물을 건너다녔다는 고사가 있다.
58 벽려옷(薜荔衣) : 벽려는 향기 나는 나무덩굴 이름으로, 벽려의薜荔衣는 은자隱者가 입는 옷을 말한다.『楚辭』〈離騷〉에 "벽려의 떨어진 꽃술 꿰어 몸에 두른다.(貫薜荔之落蕊)"라고 하였다.
59 계곡谿谷 장 판서張判書 : 장유張維(1587~1638). 조선 중기의 문신. 본관은 덕수德水. 자는 지국持國, 호는 계곡 또는 묵소默所. 우의정 김상용金尙容의 사위이며 효종의 비 인선왕후仁宣王后의 아버지이고 김장생金長生의 문인이다. 1605년(선조 38) 사마시를 거쳐 1609년(광해군 1) 증광문과에 을과로 급제했고 이듬해 겸설서兼說書를 거쳐 주서注書·검열 등을 지냈다. 1612년 김직재金直哉의 무옥誣獄에 연루되어 파직되었다가 1623년 인조반정에 가담하여 정사공신靖社功臣 2등에 책록되었다. 그 후 대사간·대사헌·대사성을 지내고, 1624년(인조 2) 이괄李适의 난 때 공주로 왕을 호종한 공으로 다음해 신풍군新豊君에 봉해졌다. 1627년 정묘호란丁卯胡亂이 일어나자 강화로 왕을 호종했고 그 뒤 대제학으로 동지경연사同知經筵事를 겸임했다. 1629년 나만갑羅萬甲을 신구伸救하다가 나주목사羅州牧使로 좌천되었으며, 1631년 딸을 봉림대군鳳林大君(효종)에게 출가시켰고, 1636년 병자호란 때는 공조판서로서 최명길崔鳴吉과 함께 강화론을 주장했다. 이듬해 우의정에 임명되었으나 모친상母親喪으로 끝내 사직했으며 장례 후 과로로 죽었다. 천문·지리·의술·병서 등에 능통했고 이정구李廷龜·신흠申欽·이식李植 등과 더불어 조선 중기의 4대가로 불린다. 많은 저서가 있었으나 정묘호란 때 거의 분실되고『谿谷漫筆』·『谿谷集』·『陰符經注解』가 전한다. 신풍부원군新豊府院君에 진봉되었으며 영의정에 추증되었다. 시호는 문충文忠이다.
60 금부金鳧 : 황금으로 만든 오리 모양의 향로.

61 조주趙州 : 당唐나라 때 조주趙州에 있던 관음원觀音院의 종심從諗(778~897) 선사를 가리킨다. 임제종 스님으로 남전 보원南泉普願의 법제자다. 당나라 조주曹州 사람이며 조주의 관음원에 있었으므로 조주趙州라 한다. 여기서는 화두를 들어 수행하는 것을 의미한다.
62 병석瓶錫 : 음료수를 담는 병과 석장錫杖. 승려용 여행 도구.
63 혜휴惠休 : 탕혜휴湯惠休. 주 34 참조.
64 정건鄭虔(685~764) : 당나라 때 사람으로 시·서·화에 뛰어나서 정건삼절鄭虔三絶이라고 불렸다. 『唐書』 「文藝傳」 〈鄭虔〉에 "정건은 산수화를 잘 그렸으며, 글씨 쓰기를 좋아하였다. ……일찍이 자신의 시와 그림을 한 권으로 만들어서 황제에게 바치자, 현종玄宗이 그 끝에 어필로 '정건삼절'이라고 크게 썼다."라고 하였다.
65 구환九還 : 불로장생약을 뜻한다. 신선 되는 약에 소환단小還丹·대환단大還丹이 있는데, 대환단은 아홉 번 순환循環하여 만들어지는 것이라 한다.
66 적송자赤松子 : 신농 때 비를 다스렸다는 신선神仙의 이름.
67 자줏빛 영지(紫芝) : 자줏빛의 영지초. 약용이 가능하며 따뜻하고 감미로운 성능이 있어 정기를 더하고 뼈를 튼튼하게 한다. 옛 사람들이 상서로운 풀로 여겼으며 도교에서는 신선초로 여긴다. 비유적으로는 현인賢人을 가리키기도 한다.
68 임궁琳宮 : 아름다운 옥으로 장식한 궁궐, 아름다운 전당의 미칭이다. 일반적으로는 선궁仙宮 및 도교의 사원을 가리킨다. 여기에서는 사찰을 뜻한다.
69 오운거五雲車 : 신선이 타고 다닌다는 수레.
70 장방長房 : 후한後漢 시대의 비장방費長房으로, 신선이 되었다고 한다.
71 모산茅山 : 중국 강소성江蘇省에 있는 산 이름. 신선이 산다는 산.
72 『예주경蘂珠經』: 도가道家의 경전.
73 괴안槐安의 꿈(槐安夢) : 괴안몽槐安夢은 허망한 인생사를 비유하는 데 쓰는 말이다. 당唐나라 이공좌李公佐의 『南柯記』에 "순우분淳于棼의 집 남쪽에 큰 괴목이 있었는데, 순우분이 날마다 그 밑에서 친구들과 술을 마시며 놀았다. 하루는 술에 취하여 자다가 꿈을 꾸었는데, 괴안국왕槐安國王이 사자를 보내어 부르므로 따라가 남가 태수南柯太守가 되어 영화를 누리다가 깨어 보니 바로 괴목 밑에 개미굴이 있었다."라는 말에서 나온 것이다. 일명 남가일몽南柯一夢이라고도 한다.
74 한음漢陰 이 상국李相國 : 이덕형李德馨(1561~1613). 조선 중기의 문신. 자는 명보明甫. 호는 한음·쌍송雙松. 선조 25년(1592)에 예조참판에 올라 대제학을 겸임하였다. 임진왜란이 일어나자, 동지중추부사로서 일본 사신 겐소(玄蘇)와 화의를 교섭하였으나 실패했다. 그 후 왕을 정주까지 호종하였고, 청원사請援使로 명나라에 파견되어, 원병을 요청해 성공을 거두었다. 광해군 즉위 후에 영의정에 올랐다. 저서에 『漢陰文稿』가 있다.
75 장해瘴海 : 습기가 많고 더운 땅에서 생기는 독기毒氣가 서린 바다.
76 화성化城 : 중생을 쉽게 하기 위한 방편력으로 만든 성으로, 여기서는 절을 말한다.
77 홍주洪州 사군 지봉芝峯 이 상공李相公 : 주 27 참조.
78 소순蔬筍의 맛 : 원래는 야채와 죽순만을 먹는 스님을 지칭하는데, 시에 꾸밈과 윤택함이 적다는 것을 일컫는다. 소식蘇軾이 일찍이 도잠道潛의 시를 평하여 "한 점 소순의 기미가 없다."라고 일컬은 바 있다.

79 경거瓊琚 : 아름다운 옥이라는 뜻. 훌륭한 시문이나 선물을 뜻한다.
80 영재鈴齋 : 주 8 참조.
81 현가絃歌 : 공자의 제자 자유가 무성을 다스릴 때, 공자가 거문고와 노랫소리를 듣고 기뻐했다는 데서, 고을을 다스리는 것을 말한다.
82 여남汝南 : 후한後漢의 범방范滂·진번陣蕃 등과 송宋나라 범중엄范仲淹·주돈이周敦頤 등의 현인들의 출신지.
83 이은吏隱 : 관직에 있으면서도 은자隱者 같은 생활을 하며 이록利祿에 마음을 두지 않는 것을 말한다.
84 서재에 누웠어도~송사 없어 : 한漢나라 급암汲黯이 동해 태수東海太守가 되어 문을 닫고 누워서 백성을 다스리니, 1년 남짓하여 동해군이 매우 잘 다스려졌다는 고사가 있다.
85 지·허의 친분(支許契) : 진晉나라의 승려 지둔支遁(자字는 도림道林)과 학자 허순許詢의 교분을 가리킨다. 두 사람이 함께 회계왕會稽王의 집에 있었을 때 지둔은 법사法師가 되고 허순은 도강都講이 되었다고 한다. 여기에서는 신분을 초월하여 사귀는 것을 말한다.
86 퇴고推敲 : 시문詩文의 자구字句를 고치거나 다듬는 일.
87 거문고 소리에 마음을 알고(琴心知曲譜) : 금심琴心은 백아伯牙의 거문고 소리를 종자기鍾子期가 듣고 그 마음까지 안다는 뜻으로, 자기의 속마음까지 알아주는 친구를 말한다.
88 남종선南宗禪 조사 : 남종선의 종조宗祖로 불리는 당唐나라의 육조 혜능六祖慧能(638~713)을 말한다.
89 임군복林君復 : 북송北宋 때의 시인인 임포林逋. 군복君復은 자字. 항주 서호 근처 고산에 은둔하였다. 매화와 학을 사랑하여 '매처학자梅妻鶴子'라 칭한다.
90 얼음 같은 자태(氷姿) : 얼음처럼 맑고 깨끗한 자태. 매화의 깨끗함을 비유적으로 이르는 말이다.
91 화택火宅 : 『法華經』에 나오는 말로 인간 세상을 불타는 집에 비유한 것이다.
92 난저蘭渚 : 난초가 피어 있는 물가. 『楚辭』에 나오는 말로 은자의 거처를 말한다.
93 귤주橘洲 : 귤나무가 무성한 모래톱. 『楚辭』에 나오는 말로 은자의 거처를 말한다.
94 진공眞空 : 진여眞如의 실성實性이 모든 중생의 미혹한 생각을 여의어 있는 상태를 가리킨다.
95 오산五山 차 교리車校理 : 조선 중기의 문신인 오산 차천로車天輅(1556~1615)를 말한다. 본관은 연안延安. 자는 복원復元, 호는 오산·난우蘭嵎·귤실橘室·청묘거사淸妙居士 등이다. 송도 출신으로 1577년(선조 10) 알성문과에 병과로 급제, 1583년 문과중시에 을과로 급제했다. 1589년 통신사 황윤길黃允吉을 따라 일본에 다녀왔으며, 체재 중에 4, 5천 수의 시를 지어 일인들을 놀라게 했다. 문장이 수려하여 명나라에 보내는 대부분의 외교문서를 담당했으며, 명나라의 인사들로부터 동방문사東方文士라는 칭호를 받았다. 봉상시 판관奉常寺判官을 거쳐 1601년 교리가 되어 교정청校正廳의 관직을 겸했고 광해군 때 봉상시 첨정을 지냈다. 시에 능하여 한호韓濩의 글씨, 최립崔岦의 문장과 함께 송도삼절松都三絶로 불렸으며, 가사歌辭에도 조예가 깊었다. 저서로 『五山集』, 『五山說林』이 있고, 가사 작품으로 〈江村別曲〉을 남겼다. 교리는 조선 시대

에 집현전·홍문관·교서관·승문원 따위에 속하여 문한文翰의 일을 맡아보던 문관 벼슬로 정오품 또는 종오품이었다.

96 가 태부賈太傅 : 가의賈誼(B.C. 200~B.C. 168). 전한 문제 때의 문인 겸 학자. 진나라 때부터 내려온 율령·관제·예악 등의 제도를 개정하고, 전한의 관제를 정비하기 위한 많은 의견을 상주했다. 당시 고관들의 시기로 좌천되자, 자신의 불우한 운명을 굴원屈原에 비유해 〈鵬鳥賦〉와 〈弔屈原賦〉를 지었다.

97 원공遠公 : 동진東晉의 혜원慧遠 스님이다.

98 적선謫仙 : 당나라 때 하지장이 이태백을 처음 보고 귀양 온 신선이라고 하였다.

99 공성公城 : 공주를 가리키는 것으로 보인다.

100 허공에 글자 쓰랴 : 동진東晉의 은호殷浩가 실각된 뒤에 종일 방에 앉아 비탄에 젖어 '돌돌괴사咄咄怪事' 네 글자를 허공에 썼다고 한다.

101 『음부경陰符經』 : 황제黃帝가 지었다는 도가의 경전.

102 흐르는 세월은 빠르기가 백구라 : 사람의 삶은 문틈 사이로 흰말이 빨리 달려가는(人生如白駒過隙) 것같이 빠르다는 뜻.

103 창려昌黎 : 한유韓愈(768~824)의 호다. 자는 퇴지退之, 시호는 문공文公이다. 당나라 때의 명 문장가로 792년 진사에 등과, 803년 감찰어사監察御使가 되었을 때, 수도首都의 장관을 탄핵하였다가 도리어 광동성廣東省 양산현陽山縣 현령으로 좌천되었다. 817년 오원제吳元濟의 반란 평정에 공을 세워 형부 시랑刑部侍郎이 되었으나, 819년 헌종황제憲宗皇帝가 불골佛骨을 모신 것을 간하다가 조주 자사潮州刺史로 좌천되었다. 이듬해 헌종 사후에 소환되어 이부 시랑吏部侍郎까지 올랐다.

104 태전太顚 : 당나라 때의 스님으로 한유와 친분이 깊었다.

105 참료 노인(參寥子) : 송宋나라 고승 도잠道潛의 호다. 『參寥子集』 12권을 남겼다.

106 남화南華 : 『南華眞經』의 줄임말로 『莊子』를 말한다.

107 치어巵語 : 치언巵言. 치巵는 술그릇으로, 가득 차면 기울고 비우면 바로 서서 사물에 따라 변한다. 그래서 자기의 선입견 없이 변화에 무심히 응하는 것을 뜻한다.

108 전제筌蹄 : 고기를 잡는 통발과 토끼를 잡는 올가미로, 목적을 위한 방편을 이르는 말이다. 진리를 표현하는 언어라는 뜻이다.

109 벽라 옷 : 『楚辭』 「九歌」〈山鬼〉의 "벽려로 옷 해 입고 여라의 띠를 둘렀도다(被薜荔兮帶女蘿)"라는 말에서 나온 것으로, 은자隱者의 옷을 가리킨다.

110 탕휴湯休 : 주 34 참조.

111 명원明遠 : 포조鮑照(421?~465). 육조六朝·송나라의 시인으로 특히 악부樂府에 뛰어났다.

112 『칠원경漆園經』 : 『莊子』.

113 냄새 좇아(逐臭) : 어떤 사람이 몹시 냄새가 나므로 친척·형제·처첩들이 알고서 같이 있으려는 자가 없게 되자 괴로워하다가 홀로 바닷가에서 사는데, 한 사람이 그런 냄새를 좋아하여 밤낮으로 떠나지 않고 따라다닌 고사가 있다. 『呂覽』「遇合」

114 소전문小篆文 : 소전小篆은 십체서의 하나로 진시황 때 이사李斯가 대전大篆을 간략하게 변형하여 만든 것이다.

115 적치 오천 문赤幟五千文 : 적치赤幟는 전범典範을 말하고, 오천 문五千文은 노자의 『道德經』을 말한다.

116 육오六鰲 : 여섯 마리의 자라. 『列子』「湯問」에 "상고上古 때 큰 바다에 수많은 신선이 사는 다섯 선산仙山이 있었는데, 항상 조수와 물결에 따라 이동하여 잠시도 한곳에 머물러 있지 않자, 천제天帝가 북방의 신 옹강禺强에게 명하여 15마리의 거대한 바다 자라를 보내 그 선산을 머리에 떠받치고 서서 움직이지 않게 하였다. 그런데 용백국龍伯國의 거인이 그중 여섯 마리를 낚시로 낚아 등에 지고 갔다."라고 하였다.
117 대붕大鵬 : 『莊子』「逍遙遊」에 나오는 북해에서 남해로 멀리 날아가는 큰 새를 말한다.
118 지봉芝峯 이 사군李使君 : 주 27 참조.
119 삼산三山 : 바다에 있는 신선들이 사는 산. 봉래蓬萊·방장方丈·영주瀛洲다.
120 영재鈴齋 : 주 8 참조.
121 『연업경鍊業經』 : 도가의 경전.
122 좌어左魚 : 좌어부左魚符의 약칭. 물고기 모양으로 된 부계符契의 왼쪽 부분. 군수郡守의 신표. 지방장관이 부임할 때 가지고 가서 임지에 있는 오른쪽 부분과 맞추어 서로 증명하는 자료로 삼았던 데서 유래한다.
123 오산五山 차 교리車校理 : 주 95 참조.
124 동악東岳 이 선생李先生 : 주 7 참조.
125 옥새玉塞 : 중국 감숙성甘肅省 돈황敦煌에 있는 옥문관玉門關의 별칭. 여기서는 변방이라는 뜻이다.
126 만리장성 : 남북조시대 송宋나라 문제文帝가 명장 단도제를 죽이려 하자 말하기를, "당신의 만리장성을 무너뜨리려 하십니까?"라고 한 데서 나온 말로, 변방을 지키는 훌륭한 무사를 뜻한다. 『南史』.
127 오구吳鉤 : 옛날 오吳나라의 명검 이름이다.
128 신주神州 : 일본을 가리킨다.
129 위북, 강동의 길 : 두보의 시 〈春日憶李白〉의 "(나 있는) 위수 북쪽은 봄 하늘의 나무요, (그대 떠난) 강동에는 해 질 무렵의 구름이라(渭北春天樹。江東日暮雲)"에서 나온 말로 두 사람이 서로 먼 지역에 떨어져 있다는 말이다.
130 잉어의 편지(鯉魚書) : 한漢나라 채옹蔡邕의 〈飮馬長城窟行〉에 "나그네 멀리서 찾아오면서, 두 마리 잉어 갖춰 보냈네. 아이 불러 잉어 삶으려 하는데, 그 속에 작은 비단 편지 들어 있었네.(客從遠方來。遺我雙鯉魚。呼兒烹鯉魚。中有尺素書。)"라 하였다. 이후 잉어는 편지를 대신 가리키게 되었다. 또 편지나 소식을 전달하는 이를 가리키기도 한다.
131 노군老君 : 노자老子를 가리킨다.
132 자호필紫毫筆 : 명필의 의미로 쓰였다.
133 냉관冷官 : 지위가 높지 않고 일도 한가한 벼슬.
134 용면거사龍眠居士 : 북송北宋 때의 유명한 화가인 이공린李公麟(1049~1106)을 말한다. 자는 백시伯時, 호가 용면거사이다.
135 독원獨園 : 옛날 부처님 당시 인도의 기타태자祇陀太子 소유의 원림을 급고독장자給孤獨長者가 구입하여 정사를 세운 다음 석가모니에게 희사했다는 기수급고독원祇樹給孤獨園의 준말로, 기원祇洹 혹은 기환祇桓이라고도 한다. 죽림정사竹林精舍와 더불어 불교 초기의 양대 사원으로 꼽힌다.
136 월성月城 : 경주.

137 대윤大尹 : 부윤府尹.
138 아이(添丁) : 한유의 시 〈寄盧仝〉에서, "지난해에 아들 낳아 첨정이라 이름했네(去歲生兒名添丁)"에서 유래한 말.
139 괴안槐安의 꿈 : 주 73 참조.
140 금란전金鑾殿 : 한림원翰林院을 말한다.
141 계곡谿谷 장 상공張相公 : 주 59 참조.
142 아상我相 : 나라는 생각. 자아自我라는 생각. 자의식. 남과 대립하는 나라는 생각.
143 삼교三敎 : 유교·불교·도교를 말한다.
144 동양위東陽尉 신 상공申相公 : 신익성申翊聖(1588~1644). 본관은 평산平山. 자는 군석君奭, 호는 낙전당樂全堂 또는 동회거사東淮居士. 아버지는 영의정 흠欽이다. 선조의 딸 정숙옹주貞淑翁主와 혼인해 동양위에 봉해졌고, 1606년 오위도총부 부총관이 되었다. 광해군 때 폐모론廢母論이 일어나자 이를 반대하다가 전리田里로 추방되었다. 1623년 인조반정 후 재등용되어 이괄李适의 난을 평정하는 데 공을 세웠다. 1627년 정묘호란 때 세자를 따라 전주로 피란했고, 1638년 병자호란 때는 남한산성에서 끝까지 싸울 것을 주장했다. 화의 성립 후 1637년 오위도총부 도총관·삼전도비 사자관三田渡碑寫字官에 임명되었으나 사퇴했다. 1642년 이계李烓의 모략으로 청에 붙잡혀 갔으나 조금도 굴하지 않았다. 소현세자昭顯世子의 주선으로 풀려나 귀국했다. 글씨로 회양의 청허당휴정대사비淸虛堂休精大師碑와 파주의 율곡이이비栗谷李珥碑, 광주의 영창대군비永昌大君碑 등이 있고, 저서로『樂全堂集』·『樂全堂歸田錄』·『靑白堂日記』 등이 있다. 시호는 문충文忠이다.
145 노직魯直 : 북송 때 시인인 황정견黃庭堅(1045~1105)의 자다. 호는 산곡山谷 또는 부옹이고 소식 문하인 중 제1인자이다. 23세에 진사에 급제했으나, 국사원國史院의 편수관이 된 이외 관리생활은 불우하였다. 소식의 시학을 계승하였지만, 그의 시는 소식의 작품보다 더욱 내향적이었다. 또한 왕안석이나 소식보다 시성詩聖 두보杜甫를 더욱 존경했다. 소식과 함께 소황蘇黃으로 칭해져 북송 시인의 대표적인 존재가 되었다. 12세기 전반은 황정견 일파의 시풍이 세상을 풍미하였는데, 황정견이 강서江西 출신이었기 때문에 '강서파'라 일컬어졌다.
146 중니仲尼 : 공자의 자다.
147 승랍僧臘 : 출가하여 구족계具足戒를 받은 후, 하안거夏安居가 끝나는 날인 음력 7월 15일을 기준으로 해서 세는 승려의 나이다.
148 백자를 참구하리(栢子叅) : 백자栢子는 잣나무, 혹은 측백나무라고도 한다. 조주趙州의 관음원觀音院에 주석하였던 당唐나라의 선승 조주 종심趙州從諗(778~897)과 연관된 고사. 학인이 조주에게 "달마가 서쪽에서 온 뜻이 무엇입니까?(如何是祖師西來意)"라고 묻자, "뜰 앞의 잣나무(庭前栢樹子)"라고 대답하였다. 이것이 간화선看話禪의 화두 중 하나가 되었다.
149 구승九僧 : 시를 잘 지었던 9인의 승려를 총칭하는 말로서, 회남淮南의 혜숭惠崇, 검남劍南의 희주希晝, 금화金華의 보섬保暹, 남월南越의 문조文兆, 천태天台의 행조行肇, 여주汝州의 간장簡長, 청성靑城의 유봉維鳳, 강동江東의 우소宇昭, 아미峨眉의 회고懷古를 말한다.『六一詩話』.
150 교칠膠漆 : 아교와 칠이 서로 합하면 떨어지지 않는다는 뜻으로 서로의 교분이 두터

움을 말한다.
151 제비는 기러기를 피하였네(燕避鴻) : 연홍燕鴻과 관련됨. 제비는 여름 철새이고 기러기는 겨울 철새여서 서로 간의 거리가 멀고 만나기 힘든 것에 비유한다. 혹 서신을 가리키기도 한다. 여기서는 서로 헤어져 연락하기가 어려웠던 사정을 표현한 것으로 보인다.
152 악수岳叟는 평생에~문공文公을 보내네 : 악수는 동악 자신을, 문공은 지문 스님을 가리킨다.
153 시내 다하는~것을 본다 : 왕유王維의 〈終南別業〉의 한 구절이다.
154 원숭이 새끼~앞으로 내려가네 : 『無門關』제24칙 「離却語言」에서 협산 선사의 경계를 드러낸 게송이다.

찾아보기

가규 사미可規沙彌 / 72
가야사伽耶寺 / 109
각성覺性 / 65, 90
계곡谿谷 / 121, 197
고란사高蘭寺 / 75
관해觀海 / 120
교연皎然 / 31
구승九僧 / 31
구환九還 / 126
금계錦溪 / 49, 82
금산錦山 / 54, 150

난저蘭渚 / 164
『남화南華』 / 167

대암사臺巖寺 / 95
덕묵德默 / 129
덕인德忍 / 66
도민道敏 / 59
도잠道潛 / 31
독곡 산인獨谷山人 / 118
동림사東林寺 / 93, 166, 181

동악東岳 / 42, 44~46, 48, 54, 62, 80, 82, 83, 85, 87, 89, 146, 147, 150, 155, 174, 177, 183~185, 192, 195, 199
동양위東陽尉 / 198
두원斗元 / 64

명석 거사銘石居士 / 180
명순明淳 / 157
명원明遠 / 169
무주茂朱 / 174

백련사白蓮社 / 184
백운암白雲菴 / 105
법연 사미法演沙彌 / 50
보월寶月 / 31
보현암普賢菴 / 113

사강락謝康樂 / 31
사명四溟 / 199
상원사上院寺 / 188

서산西山 / 31, 162, 199
석심石心 / 106
석양군石陽君 / 99
선운禪雲 / 136
설매 장로雪梅長老 / 162
설잠雪岑 / 89
설청 상인說聽上人 / 108
성묵性默 / 57
성암性諳 / 138
송고산宋高山 / 124
송용계宋龍溪 / 194
송운송雲 / 117, 137
송운松雲 / 31, 73, 179
수초守初 / 195
신안信安 / 141
신흥사神興寺 / 79, 164
쌍계사雙溪寺 / 190

안성사安城社 / 45, 80
안심사安心寺 / 55, 70, 155, 193
양동애梁東崖 / 126
『연업경鍊業經』 / 173
영대암靈臺菴 / 132
영조靈照 / 61
영진 상인靈眞上人 / 73
영철靈徹 / 31
오산烏山 / 156
오산五山 / 166, 168, 170
옥동 장로玉洞長老 / 76, 175, 182
옥륜 장로玉輪長老 / 56
용계龍溪 / 151

용면거사龍眠居士 / 183
운봉현雲峯縣 / 95
원적암圓寂菴 / 183
육정 상인陸淨上人 / 173
육화 대사六和大士 / 154
『음부경陰符經』 / 167
의선 상인儀禪上人 / 192
인희印熙 / 71

자하정紫霞亭 / 123
적설루積雪樓 / 131
중봉사中峯寺 / 60, 185
중흥사中興寺 / 143
지봉芝峯 / 74, 144, 145, 171

참료參寥 / 85, 167
창려昌黎 / 167
천승天勝 / 98
천진대天眞臺 / 197
천축 상인天竺上人 / 76
청학동靑鶴洞 / 152
총수聰殊 / 31
『칠원경漆園經』 / 169

탄은灘隱 / 99

탕휴湯休 / 31, 80, 169
태능太能 / 41, 130, 153
태상 총섭太常摠攝 / 187
태 장로太長老 / 159
태전太顚 / 167
택휴擇休 / 158

ㅍ

파공坡公 / 31

한음漢陰 / 138
한풍루寒風樓 / 146, 174
행정 장로行靜長老 / 186
현밀玄密 / 143
현풍사玄風寺 / 111
혜원惠遠 / 140
혜천惠天 / 142
홍연弘演 / 181

허백집

| 虛白集 |

허백 명조 虛白明照
김두재 옮김

허백집虛白集 해제

김 두 재
전 동국역경원 역경위원

1. 개요

『허백집虛白集』은 조선 중기 정묘호란丁卯胡亂 전후에 걸쳐 승병장으로도 크게 활약한 바 있는 고승 허백당虛白堂 명조明照의 시문집으로 그 판본이 현재 동국대학교 도서관에 소장되어 있다. 모두 3권 1책으로 구성된 본 문집은 목판본으로, 강희康熙 8년(현종 10, 1669)에 묘향산妙香山 보현사普賢寺에서 간행한 것이다.

권두에는 1669년(현종 10) 노몽수盧夢脩가 쓴 서문이 있고, 권말에 문인 각흠覺欽의 간단한 발문이 있다. 간기에는 산중석덕山中碩德과 제자 등 50여 명의 명단이 수록되어 있다.

제1권에 오언절구 50제題 54수首가 실려 있는데, 그중에 임종게臨終偈도 맨 마지막에 포함되어 있으며, 오언율시 14제 15수, 오언고풍 형태의 시 2제 2수, 그리고 장두회문체藏頭回文體를 둥근 원 안에 넣어서 작성한 시 1제 1수가 수록되어 있다. 제2권에는 칠언절구 117제 130수, 칠언율시 32제 34수, 육언시 1제 1수가 수록되어 있다. 이 가운데는 승병장으로 활동하던 때의 일을 읊은 시 6수가 있다. 제3권에는 장편시 2제 2수와 「스승을 천도하는 글(薦師文)」·「보개산 만세루 중건기寶蓋山萬歲樓重建記」, 기타 권선문勸善文 등 6편이 수록되어 있다. 시와 문은 모두 선도禪道와 불교의 교리를 충실하게 표현한 작품들이다. 이 시문집은 허백의 문인 남인南印 등의 주선으로 간행되었다.

이 문집의 편찬 경위는 노몽수의 서문을 통해 그 대개大槪를 알 수 있다. 노몽수의 전기는 알 수 없지만, 그의 서문 첫머리에 "옛날부터 나는 허백당과 본래 서로 친하게 지내던 사이였다. 이태백(謫仙)과 관휴貫休의 사이와 같을 뿐만 아니라, 동파東坡와 불인佛印의 사이와 같았다."라고 한 것을 보면, 그는 평소에 허백 명조와 아주 절친한 유생儒生이었음을 짐작할 수 있다.

그 뒤 신축辛丑(1661)년 가을에 허백이 세상을 떠났다는 소식을 전해 듣고 매우 슬퍼하였다. 7, 8년 후 허백의 문인 남인 등이 시문 몇 편을 가지고 노몽수를 찾아가 서문을 써 달라고 부탁하였으나 노몽수는 스님의 도안道眼이 높고 학문의 경지가 뛰어난데 자신처럼 촌스러운 학문으로는 감히 서문을 쓸 수 없다고 고사하였다. 그러나 남인 등은 "우리 스승님의 행적이 알려지고 감춰지는 것과 학술이 정밀하고 거칢과 실천의 득실과 시문의 교졸巧拙함에 대하여 상사께서 일찍부터 이미 자세히 알고 계시니 사양하지 말아 주십시오."라고 하면서, 재삼 정성스럽고 간절하게 애원하여 결국 서문을 써 주었다는 내용이 있다.

그런데 이 서문은 다른 서문들과 달리 약간의 특색이 있다. 왜냐하면 본 서문 가운데에는 우리나라 불교사상佛敎史上 왕왕 논란의 대상이 되고 있는 법맥法脈에 관한 언급이 있어, 석옥 청공石屋淸珙(1272~1352) 이하 허백에 이르기까지의 계통을 아주 명백하게 기술해 놓고 있기 때문이다. 그 타당성은 차치하고 일단 주목할 가치가 있는 기록인 듯하다.

2. 저자

　허백 명조虛白明照(1593~1661)는 본집本集 안에는 그의 행장行狀이 수록돼 있지 않으나 『조선불교통사朝鮮佛教通史』 등에 실려 있는 비문碑文에 따르면, 그의 호는 허백당虛白堂이고 본관은 홍주洪州다. 속성은 이李씨며, 속명은 희국希國이고 아버지는 통정대부通政大夫를 지낸 춘문春文이다. 13세에 묘향산의 사명당四溟堂 유정惟政(1544~1610) 밑에서 승려가 되어 구족계를 받고 섬겼다. 이어 현빈 인영玄賓印英에게서 선과 교를 배우고, 또 완허 원준玩虛圓俊으로부터 화엄대교華嚴大敎를 배웠으며, 사명당의 적사嫡嗣인 송월 응상松月應祥의 조실祖室에서 향을 사르고 법통을 이었다.

　그런데 그가 다른 승려와 특히 다른 점은 1627년(인조 5) 정묘호란 때에는 팔도의승대장八道義僧大將이 되어 관서지방 승군僧軍 4천여 명을 지휘, 안주安州를 지키는 등 크게 전공을 세웠으며, 1636년 병자호란丙子胡亂 때에도 의병장으로서 관서지방의 관민을 동원하고 의곡義穀을 모아 군량을 보급하는 등 큰 활약을 한 것이다. 이로 말미암아 그는 조정으로부터 '가선대부嘉善大夫 국일도대선사國一都大禪師 부종수교扶宗樹敎 복국우세福國佑世 비지쌍운悲智雙運 의승도대장등계義僧都大將登階'라는 직첩을 받기도 했다.

　그 뒤 금강산과 지리산 등지를 순례하면서 불경을 강설하며 후학을 지도했고, 묘향산 보현사普賢寺의 불영대佛影臺에서 여생을 마쳤다. 법맥은 휴정休靜에서 유정惟政, 유정에서 응상應祥, 응상에서 명조로 이어지며, 의흠義欽과 각흠覺欽 등 수십 명의 제자가 그의 법맥을 이어받았다. 현종顯宗 2년(1661)에 보현사에서 입적하였다. 저서로는 『허백당시집』과 『승가예의문僧家禮儀文』 등이 있다.

3. 서지 사항

서명 : 『허백집虛白集』
저자 : 명조明照(朝鮮, 1593~1661)
편자 : 남인南印
판형 : 목판본
형태 : 3권 1책, 사주쌍변四周雙邊, 반곽半郭 18.5×14.6cm, 유계有界, 반
   엽半葉 9행 18자, 내향內向 1엽 화문어미花紋魚尾; 30.8×20.2cm
표제表題 : 허백집虛白集
서문序文 : 대청大淸 강희康熙 8년 세차歲次 기유己酉(현종顯宗 10, 1669) 모
   춘暮春 일日 노몽수盧夢脩 서
간기刊記 : 강희 8년 기유 3월 일 묘향산妙香山 보현사普賢寺 유진留鎭
지질紙質 : 저지楮紙
청구기호 : D218.081 명 125ㅎㅈ

4. 내용과 성격

본 문집은 목판본으로 3권 1책이다. 제1권은 오언절구와 오언율시이고, 제2권은 칠언절구와 칠언율시이며, 제3권은 장편시長篇詩와 문文 등으로 구성되어 있다. 이 책에 수록된 시문을 그 형식과 문체별로 도식화해 보면 다음과 같다.

제1권				제2권			제3권				
詩				詩			詩	文			
五言				七言		六言	長篇詩 (七言·五言)	疏	記	書	募勸文
絶句	律詩	古風	藏頭回文詩	絶句	律詩						
50제 54수	14제 15수	2제 2수	1제 1수	117제 130수	32제 34수	1제 1수	2편	1편	1편	1편	3편
67제 72수				150제 165수			8편				

동국대학교에 소장된 이 시문집은 권두 맨 앞 1장(고본)이 결여되어 있다. 대략 오언절구 6편 정도의 분량이 아닌가 짐작된다.

내용을 살펴보면, 그의 행적行蹟과 매우 밀접한 관계를 가지고 있다고 말할 수 있다. 즉 첫째는 그의 선교관禪敎觀을 말해 주는 작품이며, 둘째는 의승장義僧將으로서의 기개를 담고 있는 작품이다. 첫째의 예로는 〈휘 장로에게 보임(示輝長老)〉이란 제목의 시가 바로 그것이다.

기미의 관문 어떡해야 깨뜨릴까	機關如得破
하필 꽃을 뽑아 들 필요가 있으랴	何必擧拈花
가소롭다. 항하의 모래처럼 많은 부처	可笑恒沙佛
원래 눈 속의 꽃이어라	元來眼裏華

이 시는 조사선祖師禪 경지의 극치라고도 할 수가 있겠는데, 결국은 천지만목天地滿目이 모두 선지禪旨라면 염화미소拈花微笑조차 쓸 데가 없는 것임을 말한 작품이다.

그리고 둘째의 예는 정묘호란이 있기 직전에 쓴 〈병인년 7월에 대장인수를 받고 의승을 거느리고 평양 관습진에 있으면서 회포를 서술함(丙寅七月受大將印領義僧在平壤館習鎭書懷)〉에서 의승장의 입지를 말하고 있다.

어린 시절 머리 깎고 산문에 들었거늘	髫年薙髮入雲扃

원수의 직책으로 명리의 명성이 따를 줄이야	元帥壐書趣利聲
이 몸 온전히 이름 날림은 효도와 충의 때문이고	全體揚名全孝義
백성들의 안정 나라의 보전도 간절한 충정 때문이다	安民保國切忠情
비록 그러나 산림의 나그네가 되지 못한다면	雖然不作山林客
부처님의 청정한 행 따르기 어려우리	也是難悛佛淨行
어느 날 저 푸른 바닷물을 뒤엎어서	何日手傾滄海水
참다운 중으로 대장의 이름 씻을라나	一洗眞僧大將名

이 시에서는 승려로서 의승장의 직책을 받고 계율도 지켜야 하고, 나라의 위란을 위해서는 적병도 물리쳐야 하는 승려 신분으로서의 고뇌가 담긴 회포를 잘 말해 주면서도 승장으로서의 기개가 굳건함을 엿볼 수 있는 작품이다. 또 정묘년 정월 원일 후금後金이 국경을 넘어섰을 때에는 다음과 같은 시를 짓기도 했다.

의병을 모집하란 왕명이 날아와	綸說飛來募義兵
장정들 규합하니 4천 명이네	壯丁斜合四千名
강가엔 다만 깃발 색만 보이고	江邊只見旋旗色
성 위엔 화살 소리만 들려온다	城上唯聞羽撇聲
구렁을 메운 시체 누구의 한인가	溝壑塡委誰最恨
길마다 앞뒤로 갈 수 없어 내 매우 놀랐네	道塗狼狽我深驚
백상루 아래 흘러가는 청천강 저 물도	百祥樓下淸川水
길이 슬픔을 띠고 밤새워 울어 댄다	長帶餘悲徹夜鳴

〈정묘년 정월 초하루 의승을 거느리고 안주 대진에 들어가 접전하다〉

| 오랑캐 쓸어버려 북쪽 변방 안정시키더니 | 掃盡凶奴正塞外 |
| 유골은 한 줌 흙이 되어 타향에 누웠구나 | 骨爲塵土臥他鄕 |

| 헌문에서 평생의 뜻 다 이루지 못한 채 | 軒門未遂平生志 |
| 봄날 나비로 화했으니 내 창자 끊어지는 듯 | 化蝶春前自斷腸 |

〈안주 절도사 남이홍의 전사에 곡함〉

오랑캐 먼지 다투어 일어나 이 나라 뒤덮으니	胡塵競作靑丘沒
국경 밖 천산에 활 한 개를 걸어 놓았네	塞外天山挂一弓
철석 같은 충성심 어느 곳에 두었기에	鐵石忠心何處在
청천강의 살기가 신비한 무지개를 쏘는가	淸川殺氣射神虹

〈방어사 김준의 전사에 곡함〉

전란시기의 승병대장으로서 전란과 관련된 생생한 면모를 그려 낸 시들이다. 자신이 전란에 임하는 소감, 적에 대한 경계, 전란지의 참혹한 정경, 전란 후의 비감悲感한 정서 등을 사실대로 그려 낸 작품들이라 할 것이다.

제1권에는 〈장안산에 있으면서 흐르는 물에 의해 안부를 전함(在長安山憑水傳問)〉이라는 시와 〈천마산에 올라(登天磨山)〉 등 오언절구 50제 54수와 〈김 진사의 시운을 따서(次金進士韻)〉, 〈한 정자의 시운을 따서(次韓正子韻)〉, 〈청심당 만사(挽淸心堂)〉 등 오언율시 14제 15수와 〈유생이 스님을 조롱하기에 시를 지어 갚음(儒士嘲僧故以詩賽之)〉과 〈백헌이 봉래산으로 가는 산복 거사를 송별한 시운을 따서(百軒送山福居士之蓬萊韵)〉 2편은 장편시 형태로 되어 있고, 〈심 대사에게 장난삼아 줌(戲贈諶大師)〉이라는 제목의 장두회문체藏頭回文體 1수가 들어 있다.

제1권에 들어 있는 시들은 주로 장안사長安寺 · 칠불사七佛寺 · 망해사望海寺 · 공림사空林寺 · 송광사松廣寺 · 불일암佛日庵 · 무위사無爲寺 · 석왕사釋王寺 등의 사찰을 돌아다니면서 읊은 시, 천마산天磨山 · 월출산月出山 · 묘향산妙香山 · 금강산金剛山 등 명승지를 돌아다니며 지은 유행시遊行詩가 들어 있다. 다음으로 휘輝 장로·관寬 장로·청심淸心 장로·운雲 장로와 심사諶師·평사平師·늠사凜師 등 대사들에게 지어 준 시로서 대부분 안부를 묻거나 선의 이치를 논한 시들이 있다.

유생들과 주고받은 시도 적지 않은데 윤 처사尹處士·김 진사金進士·전 도사田都士·해남 태수海南太守·고성 군수高城郡守·정 동지鄭同知·조 진사趙進士 등과 교분을 나눈 시들도 보인다. 특히 〈유생이 스님을 조롱하기에 시를 지어 갚음(儒士嘲僧故以詩賽之)〉이란 시에 "스님과 불법 조롱하지 마시게, 공자와 석가는 똑같은 저울댈세"라고 하여 유불儒佛이 동행해야 한다는 것을 강조하는 대목은 참으로 흥미로운 부분이 아닐 수 없다.

제2권에는 칠언절구 117제 130수와 칠언율시 32제 34수, 육언시 1제 1수가 들어 있다. 여기에서 가장 주목되는 부분은 호란胡亂과 관련된 시들로, 전란에 부름을 받았을 때의 감회와 전장에 임하는 의지, 전장에서의 회포 등 다양한 내용의 전쟁과 관련된 시들이 수록되어 있다. 제2권 첫머리에 〈안주 절도사 남이흥의 전사에 곡함(哭安州節度使南而興戰死)〉과 〈방어사 김준의 전사에 곡함(哭防禦使金俊戰死)〉이라는 시가 나오는데, 안주성을 방어하고 있던 안주 절도사 남이흥과 방어사 김준이 전사하는 것을 직접 본 내용이 아주 비감한 어조로 묘사되어 있다. 그뿐만 아니라, 〈전쟁에서 진 뒤에 요행히 살아남아 전쟁에 패한 진장과 군졸을 생각하며(戰敗後幸得殘生憶戰亡鎭將與軍卒)〉와 〈정묘년에 분탕질이 있은 뒤 부름을 받아 평양에 들어감(丁卯焚蕩後被招入平壤)〉이라는 시는 전쟁 후에 적에 의해 분탕질 당한 지역을 방문해서 참담한 현상을 읊은 시들이다.

그 밖에 증정시贈呈詩와 송별시送別詩 등도 많은 부분을 차지하고 있다. 주로 장로·대사·제자·친구·유생 등에게 부친 시로서 스님들에게 준 시에는 선게禪偈와 법어法語의 내용이 담겨 있는데 〈오 장로에게 부쳐 줌(寄悟長老)〉, 〈인한 스님이 법어를 구하기에(印閑求語)〉, 〈심 스님에게 부쳐 줌(寄諶師)〉, 〈원신 상인에게 주다(贈元信上人)〉 등이 그런 예이다.

유생들과의 교유交遊와 관련하여 주목되는 시로는 백헌白軒 이경석李景奭(1595~1671)의 시운을 따서 지은 시가 있다. 유생들과 화답한 시는 제2권에 적잖이 많이 있지만 유독 백헌과 관련된 시는 남다르다. 백헌과 관련된 시는 모두 3편이 들어 있는데, 그중에서도 〈삼가 백헌의 시운을 따서(敬次百軒韵)〉라는 제목의 시가 2편이 있다. 이 가운데 1편은 서울에서 만나 함께 있었을 때의 추억을 읊은 것으로 "명산을 다 다니며 세속 인연 끊었더니, 친구 따라 등등하게 시장 문을 들어갔네. 인의와 자비가 같이 이야기하는 곳에, 가을 하늘 밝은 달은 어느새 난간에 비꼈구나(名山踏盡隔塵喧。隨類騰騰入市門。仁義慈悲同話處。秋天明月已斜軒。)"라고 하여, 번잡한 도성에서 인의와 자비, 유가와 불가의 묘리妙理에 대하여 담론한 것이고, 다른 1편은 백헌이 영의정이 된 뒤 지은 시로 보이는데, 그때도 누각에서 흉금을 터놓고 현묘한 이치를 나누자고 기약한 것을 상기시키며 경의를 표하고 있다. 백헌은 전란시기에 책임을 회피하지 않고 분골쇄신한 인물로서 허백의 비명을 지어 주는 등 승속을 넘어 허백과는 아주 절친한 사이였다.

제2권에는 이밖에도 만년에 묘향산으로 들어가 유유자적하던 모습을 엿볼 수 있는 시들도 있으며 제1권에서와 마찬가지로 유람시도 많이 들어 있다. 《남화경』 강론을 마치던 날 보은에게 줌(南華講罷日贈普訔)〉이라는 제목의 시로 보아 허백은 『장자』에도 깊은 조예가 있었음을 알 수 있다.

제3권에는 〈삼가 아름다운 시운을 따서(敬次佳韻)〉와 〈소요당을 이별하면서 회포를 쓰다(別逍遙堂書懷)〉라는 제목의 장편시와 산문 6편이 수록되어 있다. 〈삼가 아름다운 시운을 따서〉는 보현사 주지가 법당을 짓고 감격해하자 이를 찬미한 내용이고, 〈소요당을 이별하면서 회포를 쓰다〉라는 시는 소요逍遙 대사의 시자였던 경흘慶屹을 대신해서 지은 시로, 「소요당의 시자 경흘을 대신해서 쓰다」라는 글과 관련된다. 이 글은 지리산 연곡사燕谷寺와 전국에 퍼져 있는 소요 대사의 제자들에게 대사의 사리 봉안을 알리는 통문이다. 그런데 이 글에는 실제 경흘 등 소요당의 문도들이 허백을 찾아와서 자문한 내용이 들어 있어서 소요와 각별한 관계였음을 확인시켜 주는 대목이기도 하다.「보개산 만세루 중건기寶盖山萬歲樓重建記」는 경기도 연천군 보개산 남쪽에 있었던 만세루를 중건하며 쓴 것이다. 만세루는 선승들이 수행하고 유생들이 완상玩賞하던 빼어난 풍경을 지닌 명승지로서 유불이 교유하던 누각이었는데, 임진란 때 소실되었던 것을 도사 의천義天이 발기하고 본사 주지였던 계징戒澄이 중건하였다. 현재 이 만세루는 소실되어 없어졌지만 이 기문을 통해서 유불이 교유했던 장소임을 입증할 수 있어 중요한 자료가 아닐 수 없다.

　모연문으로는 「통틀어 사용하는 모연문(通用募緣文)」과 「석종 모연문石鐘募緣文」이 있는데, 전자는 사찰에 재물을 기부하여 선연善緣을 맺으라는 내용으로서 맹자의 "부지런히 선한 일을 하는 사람은 성인의 무리이다.(孜孜爲善者。聖人之徒也。)"라는 말을 인용하여 보시의 필요성을 강조한 대목이 주목되고 있다.

5. 가치

　허백 명조는 17세기 선가禪家의 중심에 서 있던 선승일 뿐만 아니라, 호란胡亂이 일어났던 시기의 의승장義僧將을 지낸 인물이다. 따라서 불교사의 중요한 위치에 있는 인물일 뿐만 아니라, 국가적 차원에서도 주목 받아 마땅한 승려다. 그럼에도 불구하고 이 시대의 불교계 인물로는 서산 대사와 사명 대사 등 극소수만이 거론될 뿐이다. 물론 여타 승려들은 업적 면에서나 문집 등 자료가 상대적으로 턱없이 부족한 것이 사실이다. 그러나 허백은 사명과 송월 대사로 이어 온 선가의 종맥일 뿐만 아니라,

호국에 대한 공로로 조정으로부터 가선대부嘉善大夫의 품계를 받기까지 한 인물이다. 그런 그는 국가적 환란을 맞아 혁혁한 공을 세운 의승장으로 공을 세운 거의 마지막 인물이기도 하다. 이런 점들과 관련하여 『허백집』은 다음과 같은 몇 가지 특징을 지니고 있어 그 가치 면에서 다른 어떤 문헌보다 귀중한 자료적 가치를 지니고 있다고 하겠다.

첫 번째는 전란시기의 의승장으로서의 면모와 전란과 관련된 생생한 면모를 그려낸 시가 담겨 있어 전란 당시를 조명해 볼 수 있는 좋은 작품이라는 데서 주목을 받는다. 자신이 전란에 임하는 느낌, 적에 대한 경계, 전란지의 참혹한 광경, 전란 후의 비통한 정황 등 당시 전란으로 인한 민폐 등을 조명해 볼 수 있는 귀중한 자료적 가치를 인정해야 할 것이다. 무엇보다 이와 같은 작품에서 주목되는 점은 출가한 승려로서 전란에 임하여 적을 죽이지 않으면 안 되는 불가피한 처지에 대한 자아의 번민이다. 〈진영 속에서 회포를 씀(陣中書懷)〉이라는 작품 같은 것은 바로 이런 자신의 번뇌가 잘 나타나 있는 작품이다.

두 번째는 사찰과 명승지를 유람하며 읊은 시가 많이 들어 있는데, 특히 묘향산과 금강산을 중심으로 그와 관련된 시가 많아 스님의 활동 상황을 잘 엿볼 수 있다는 점이다. 뿐만 아니라 이 속에는 허백의 수행과 만행萬行의 흔적이 잘 드러나 있다. 그가 만년에 거주했던 〈불영대佛影臺〉라는 제하題下의 시에서는 만년에 평화롭고 여유 있는 스님의 모습까지 엿볼 수 있다.

세 번째는 선후배 스님들과 주고받은 시 및 유생들과의 교분 관계를 보여 주는 시가 많다는 점이다. 특히 유생들과의 교유 관계를 들 수 있는데, 허백은 불교계의 거장으로서 유생들과의 협력을 매우 중시했음을 이런 시들을 통해 알 수 있다는 점에서 그 자료적 중요성을 느끼게 한다. 유생들이 승려들을 조롱하는 배불숭유排佛崇儒 시대 속에서도 당당히 맞서 유불이 동등한 하나임을 강조하는 시를 지어 유생들의 잘못된 태도를 당당하게 반박하였음을 볼 수 있다. 나아가 유불의 조화를 꾀했다는 점은 다른 승려들의 시문집에서는 찾아보기 드문 작품이라는 점에서 더욱더 그 가치를 높이 평가할 만하다.

이상에서 언급한 바와 같이 『허백집』은 문학적 가치, 사학적 가치 및 조선 중기 사회학적 가치의 측면에서 불교계가 어떻게 당시 사회에 대응하였는가를 조명해 볼 수 있는 귀중한 자료일 뿐만 아니라, 유생들에게서는 볼 수 없는 한층 높은 위상을 보여 주었다는 점에서 중요하게 거론되어야 마땅한 소중한 가치를 지니고 있는 문집이라 할 것이다.

6. 참고 자료

명조明照, 『허백집』, 『한국불교전서韓國佛敎全書』 제8책, 동국대학교출판부.
이종찬, 『한국불가문학사론』, 불광출판사, 1993.
이종찬, 『물따라 구름따라(상·중·하)』, 동국대학교 역경원, 1991.
이능화李能和, 『조선불교통사朝鮮佛敎通史』, 신문관, 1918.
고교형高橋亨, 『이조불교李朝佛敎』, 보문관, 1929.
동국대학교불교문화연구소 편, 『한국불교찬술문헌총록韓國佛敎撰述文獻總錄』, 동국대학교출판부, 1976.
이진오, 「한국불가문집일람韓國佛家文集一覽 및 간명해제簡明解題」, 『한국불교문학의 연구』, 민족사, 1997.
김영태, 「허백대사」, 『불광』 28호, 불광회, 1977.
이경석李景奭, 『백헌집白軒集』, 『한국문집총간』 96, 민족문화추진회.

차례

허백집虛白集 해제 / 217
일러두기 / 238
허백당시집虛白堂詩集 서序 / 239

주 / 244

허백집 제1권 虛白集卷之一

오언절구五言絶句 – 50편
장안산에 있으면서 흐르는 물에 의해 안부를 전함 在長安山憑水傳問 247
천마산에 올라 登天磨山 248
최고운의 비碑에 제함 題崔孤雲碑 249
칠불사七佛寺 250
임경당臨鏡堂 251
정묘년 중구일 丁卯重九日 252
산에 살면서 山居 253
근식이 게송을 구하기에 勤息求偈 254
망해사望海寺 255
윤 처사와 같은 침상에서 하룻밤 자며 尹處士一宿同床【三】 256
휘 장로에게 보임 示輝長老 257
영관靈寬 장로가 게송을 구하기에 寬長老求偈 258
김 진사와 이별하며 別金進士 259
내원에서 內院 260
전 도사의 시운을 따서 次田都事韻 261
학 같은 해남 태수가 학을 보여 주기에 似鶴海南太守以鶴示之 262
심 스님에게 부침 寄諶師 263
심 스님 편지의 게송에 답함 答諶書之偈 264
청심 장로의 만사 挽淸心長老 265

경한敬閑 스님을 이별하며 別閑師 …… 266
청신 판사의 죽음에 곡함 哭淸信判事 …… 267
계선이 게송을 요구하기에 桂禪求偈 …… 268
사선정의 서산 대사 시운을 따서 四仙亭次西山韻 …… 269
고성읍 원에게 드림 奉高城邑倅 …… 270
탑을 세우기 위한 권선 게송 立塔勸善偈 …… 271
정 동지의 시운을 따서 次鄭同知韻 …… 272
철원 박병에게 보여 줌 示鐵源朴炳 …… 273
가을밤에 홀로 읊다 秋夜獨吟 …… 274
불정대에 올라 登佛頂臺 …… 275
금강산에 있으면서 흠 선사를 생각하며 在金剛憶欽禪 …… 276
비가 갬 晴雨 …… 277
산영루에 함께 앉아 순사에게 보임 共坐山影樓示巡使 …… 278
해운 선자와 이별하며 別海雲禪子 …… 279
평 스님에게 부침 寄平師 …… 280
심 스님에게 부침 寄諶師 …… 281
조 진사의 시운을 따서 次趙進士韻 …… 282
가을 산 秋山吟 …… 283
불영대佛影臺 …… 284
다시 향로봉에 들어가 還入香爐 …… 285
불영대에 있으면서 감회를 읊음 在佛影咏懷 …… 286
청간정淸澗亭 …… 287
행각하는 스님의 요구를 들어줌 賽行脚僧之求 …… 288
또 又 …… 289
또 又 …… 290
방름方凜 스님에게 보여 줌 示凜師 …… 291
새심 스님이 법어를 구하기에 賽心師求語 …… 292
김 거사에게 줌 贈金居士 …… 293
소사에게 줌 贈小師 …… 294
주 장로와 이별하며 別珠長老 …… 295
변운卞雲 장로와 이별하며 別雲長老 …… 296

공림사에서 자면서 宿空林寺 297
임종게臨終偈 298

오언율시五言律詩 – 17편
김 진사의 시운을 따서 次金進上韻 299
한 정자의 시운을 따서 次韓正子韻 300
청심당 만사 挽淸心堂 301
침계루에서 보 화상을 이별하며 枕溪樓別寶和尙 302
만폭동 萬瀑洞 303
불일암 佛日菴 304
송광사에서 목우자에 대한 느낌 松廣寺感牧牛子 305
무위사에서 느낌이 있어 無爲寺有感 306
월출산 구정봉에서 月出山九井峯 307
석왕사 釋王寺 308
철원 사군을 맞아서 奉鐵原使君 309
비가 갬 雨霽 310
산에 삶을 읊음 山居咏 311
봄비 春雨 312
유생이 스님을 조롱하기에 시를 지어 갚음 儒士嘲僧故以詩賽之 313
백헌이 봉래산으로 가는 산복 거사를 송별한~ 百軒送山福居士之蓬萊韵【繼今】 315
심 대사에게 장난삼아 줌 戱贈諶大師 316

주 / 317

허백집 제2권 虛白集卷之二

칠언절구七言絶句 – 117편
안주 절도사 남이흥의 전사에 곡함 哭安州節度使南而興戰死 323
방어사 김준의 전사에 곡함 哭防禦使金俊戰死 324
해남의 여러 수재의 시운을 따서 次海南諸秀才韻 325

공민 장로 만사 挽公敏長老【二】 326
오 장로에게 부쳐 줌 寄悟長老 327
섣달 이전에 피지 않는 동백꽃을 조롱하며 嘲臘前冬栢花不開 328
박 정자에게 줌 贈朴正字 329
인한 스님이 법어를 구하기에 印閑求語 330
대흥사 대중들이 선게를 지어 후대에 전하게 해~ 受大興衆請作禪偈傳後代 331
심 스님에게 부쳐 줌 寄諶師 332
병인년 섣달에 순영에 붙들려 들어감 丙寅臘被入巡營 333
전쟁에서 패한 뒤 장안산으로 들어감 戰敗後入長安山【二】 334
정묘년에 분탕질이 있은 뒤 부름을 받아 평양에~ 丁卯焚蕩後被招入平壤 335
묘향산 상원 香山上院 336
한강을 건너며 渡漢江 337
불정대에 올라서 登佛頂臺 338
총석대 總石臺 339
천불 천탑을 보고 옛 생각을 하며 千佛千塔懷古 340
밤을 주우며 拾栗 341
식 스님을 이별하며 別式師 342
성진 선자를 이별하며 別性眞禪子 343
조카의 급제를 축하함 賀姪子及第 344
어머님께 하직 인사를 하며 拜辭萱堂 345
싸움터에서 만난 스님 遇戰場僧 346
늑 스님의 운을 따서 次勒師韻 347
원신 상인에게 주다 贈元信上人 348
강론을 마치고 늑 선사의 시운을 따서 講罷次勒禪韻 349
입추 立秋 350
벗과 이별하며 別交友 351
윤 처사의 시운을 따서 次尹處士韻【二】 352
내원의 청허당 內院淸虛堂 353
김 천총을 이별하며 別金千摠 354
행준 스님이 법어를 구하기에 行俊求語 355
친구를 기다리며 待友 356

『남화경南華經』 강론을 마치던 날 보은에게 줌 南華講罷日贈普訔【二】 357
한 생원을 이별하며 別韓生員 358
붉은 국화 紅菊 359
각준 어산이 국화 심는 것을 찬탄함 贊覺俊魚山種菊 360
능 판사의 시운을 따서 次能判事韻 361
엄 스님의 평상함을 돌이켜 도에 합한다는 뜻이 뭐냐는~ 賽嚴師返常合道問 362
서글픈 가을 悲秋 363
이 진사의 시운을 따서 次李進士韻 364
이 정자에게 보여 줌 示李正字 365
행각승 일현에게 줌 贈日玄行脚 366
현 스님에게 줌 贈玄師 367
성원에게 줌 贈性圓 368
백빈 스님이 법어를 해 달라기에 白彬求語 369
명주 스님과 이별하며 別明珠 370
혜관 장로에게 줌 贈慧觀長老 371
성일 스님에게 줌 贈性逸師 372
성암 스님에게 줌 贈性菴 373
인학 스님이 게송을 요구하기에 印學求偈 374
흠 스님이 생각나 憶欽師 375
정 진사의 시운을 따서 次鄭進士韵 376
원 스님과 이별하며 別元師 377
심오 스님의 만사 挽心悟 378
윤 진사를 맞이하여 奉尹進士 379
윤 정자를 맞이하여 奉尹正字 380
섣달 그믐날 오 스님과 이별하며 除夜別悟師 381
윤 참의를 맞서 奉尹叅議 382
삼가 백헌의 시운을 따서 敬次百軒韵【二】 383
관산의 오 스님에게 부쳐 줌 寄冠山悟師 384
오대산 청 스님에게 부쳐 줌 寄臺山淸師 385
남인 스님을 생각하건만 오지 않아서 想南印不來 386
호연 스님의 시자 승정이 영골을 모시려고~ 浩然侍者勝淨持靈骨入寶盖~ 387

차례 • 233

신기 스님에게 줌 贈信機 ……… 388
법심 스님에게 줌 贈法心 ……… 389
호연 문인 수십 명이 사리를 내어 달라고 간청함 浩然門人數十徒乞請出舍利 ……… 390
정인 스님을 이별하며 別正印 ……… 391
인 선자를 이별하면서 別印禪子 ……… 392
회포를 서술하다 叙懷 ……… 393
정 동지의 시운을 따서 次鄭同知韵 ……… 394
정양사의 가을밤 正陽寺秋夜 ……… 395
양식을 빌러 간 스님을 기다리면서 待乞粮僧 ……… 396
심 스님에게 부쳐 줌 寄諶師 ……… 397
운 스님에게 부쳐 줌 贈雲師 ……… 398
평 스님에게 부쳐 줌 寄平師【二】……… 399
발연사鉢淵寺에서 자면서 진표 율사에 대한 감회가 있어서 宿鉢淵感眞表律師 ……… 400
묘향산의 친구에게 부쳐 줌 寄妙香知己 ……… 401
봄비 속에 사물을 감상함 春雨賞物 ……… 402
금강산에 있으면서 고향 친구가 생각나서 在金剛山憶故人 ……… 403
금강산 꼭대기에 올라 登金剛山頂 ……… 404
동해 명사를 거닐며 東海鳴沙行 ……… 405
봉래산에서 묘향산 옛 친구를 이별하며 蓬萊別香山故友 ……… 406
희 장로에게 부쳐 줌 寄熙長老 ……… 407
행 스님에게 주다 贈行師 ……… 408
봄에 풍악산을 유람하면서 春遊楓嶽 ……… 409
오 스님이 눈 속에 날 찾아왔기에 감사하며 謝悟師雪中來訪 ……… 410
회포를 읊음 咏懷 ……… 411
오 스님을 생각하면서 憶悟師 ……… 412
행 스님과의 약속을 기억하면서 憶行師有約 ……… 413
동산 스님의 시적에 감회가 있어서 感東山示寂 ……… 414
감사 홍득일을 받들어 奉洪監使得日【二】……… 415
치악산 상원 雉嶽山上院 ……… 416
가야산 취적봉 伽耶山吹笛峰 ……… 417
해인사 대장전 海印大藏殿 ……… 418

옥 스님에게 부쳐 줌 寄玉師 ········ 419
도영 스님에게 주다 贈道英【三】 ········ 420
계정 스님에게 주다 贈戒淨 ········ 421
삼가 백헌의 시운을 따서 敬次百軒韵【二】 ········ 422
정 선자에게 주다 贈正禪子 ········ 423
부석사의 의상 대사가 심었다는 희비화 浮石義湘所植嬉悲花【次李璜韻】 ········ 424
영 스님에게 부쳐 줌 寄英師 ········ 425
불영대에서 한가롭게 읊다 佛影閑咏 ········ 426
둥근 모양의 나무 뚜껑 圓相木盖 ········ 427
불영대 佛影臺 ········ 428
거듭 묘향산에 들어가서 重入妙香 ········ 429
돌이켜 생각함 返思 ········ 430
허깨비 알음알이 幻智 ········ 431
월정사 月精寺 ········ 432
개성 유수를 맞아 奉開城留守 ········ 433
산중의 즐거움 山中樂【二】 ········ 434
세상을 경책함 警世 ········ 435
진영 속에서 회포를 씀 陣中書懷 ········ 436
박 찰방을 이별하며 別朴察訪【二】 ········ 437
평 스님에게 주다 贈平師 ········ 438
윤 참판의 사당에 하직 인사를 함 尹參判廟前辭別 ········ 439

칠언율시 七言律詩 – 33편

을묘년 가을에 보개산에서 해남 대흥사로 와서 乙卯秋自寶盖至海南大興寺 ········ 440
정묘년 정월 초팔일에 안주 진영에 들어가~ 丁卯正月初八日入安州鎭聞龍~ ········ 441
정묘년 정월 초하루 의승을 거느리고~ 丁卯正月元日領義僧入安州大鎭接戰 ········ 442
전쟁에서 진 뒤에 요행히 살아남아~ 戰敗後幸得殘生憶戰亡鎭將與軍卒 ········ 443
병인년 7월에 대장 인수를 받고~ 丙寅七月受大將印領義僧在平壤舘習鎭書懷 ········ 444
안주 대진에 있을 때 변방의 보고를 받고~ 在安州大陣見邊報入城軍點而作 ········ 445
회기와 청신 두 판사가 생각나서 憶誨機與淸信兩判事 ········ 446
부벽루에 올라 登浮碧樓 ········ 447

삼각산三角山 **448**

망고대에 올라 登望高臺 **449**

송도에서 옛날을 생각하며 松都懷古 **450**

지리산 쌍계사에서 묵으며 宿智異山雙溪寺 **451**

신흥사神興寺 **452**

가지사에서 자며 宿迦智寺 **453**

정묘년 난리를 겪은 후 가을에 丁卯亂後逢秋 **454**

향로봉에 올라 登香爐峯 **455**

천관산 탑사에서 노닐면서 遊天冠山塔寺 **456**

의평의 시운을 따서 次義平韻 **457**

이 정자의 시운을 따서 次李正字韻 **458**

호 판사의 시운을 따서 次浩判事韻【二】 **459**

경 스님에게 보임 示瓊師 **460**

금강산에 있으면서 흠과 특 두 선승의 내방을 받고 在金剛待欽特二禪來訪 **461**

운수암에서 흥취를 쓰다 在雲水庵書興 **462**

봄날 고성 이 군수를 찾아뵙고 春日謁李高城 **463**

향로봉에서 우연히 읊음 香爐峰偶吟 **464**

자비령 산성이란 제목으로 題慈悲嶺山城 **465**

청신 판사의 시운으로 화답함 和淸信判事韻【以普賢重建致巡營受印信】 **466**

유점사 산영루楡岾寺山暎樓【二】 **467**

산에 삶을 읊음 山居吟 **468**

징 장로의 시운을 따서 次澄長老韻 **469**

불기권선시佛器勸善詩 **470**

봄비가 잇달아 오는 것을 원망함 怨春雨連日 **471**

선관 10조禪觀十調 **472**

주 / **473**

허백집 제3권 虛白集卷之三

시詩 - 2편
삼가 아름다운 시운을 따서 敬次佳韻【香山方丈。以建普賢法堂。事受印信。~ **481**
소요당을 이별하면서 회포를 쓰다 別逍遙堂書懷 **483**

문文 - 6편
스승을 천도하는 글 薦師文 **485**
보개산 만세루 중건기 寶盖山萬歲樓重建記 **487**
소요당의 시자 경흘을 대신해서 쓰다 代逍遙堂侍者慶屹書 **491**
백련산 상승암 권선문 白蓮山上乘菴勸文 **496**
통틀어 사용하는 모연문 通用募緣文 **498**
석종 모연문 石鐘募緣文 **501**

주 / **503**

발문 / **504**
간기 / **505**

찾아보기 / **507**

일러두기

1 '한글본 한국불교전서'는 문화체육관광부의 지원을 받아 동국대학교 불교학술원에서 수행하고 있는 '불교기록문화유산아카이브(ABC)사업'의 결과물을 출간한 것이다.
2 이 책은 『한국불교전서』(동국대학교출판부 간행) 제8책의 『허백집虛白集』을 저본으로 하여 번역하였다.
3 번역문에 이어 원문을 병기하였다. 원문은 『한국불교전서』를 저본으로 하였으며, 문文의 원문에 간단한 표점 부호를 넣었다.
4 원문은 『한국불교전서』를 기본으로 하되 그 저본이 되는 목판본을 대교하여 제시하였다. 역자의 교감 내용에서 '저본'이라 함은 『한국불교전서』의 저본(목판본)을 말한다.
5 원문 교감 내용은 원문 아래에 표기하였다. ㉠은 『한국불교전서』의 교감 내용을, ㉡은 번역자의 교감 내용을 가리킨다.

허백당시집 虛白堂詩集 서 序

옛날부터 나는 허백당虛白堂과 본래 서로 친하게 지내던 사이였다. 이태백(謫仙)과 관휴貫休[1]의 사이와 같았을 뿐만 아니라, 동파東坡[2]와 불인佛印[3] 사이와 같았다. 그러나 유교와 불교는 도가 서로 다르고 한가하고 바쁜 길이 서로 달라 중간에 서로 만나지 못한 지 거의 20여 년이나 되었다.

얼마 전 무술년戊戌年에 구월산九月山에서 묘향산妙香山으로 가면서 나를 찾아와서 만났는데, 한번 얼굴을 대하고 보니 옛정이 너무나 두터웠다. 이로부터 소식이 끊어지지 않고 늘 편지를 주고받으며 문안할 따름이었다. 그 뒤 신축년辛丑年 가을 9월에 허백당이 세상을 떠났다는 소식을 전해 듣고, 놀라 울부짖으며 가슴을 치고 슬퍼하였으나 부질없는 몽상夢想일 따름이었다.

지난 10월 어느 날 허백당의 문하생 남인南印이 허백당의 시문 몇 권을 소매 속에서 꺼내어 나에게 보이면서 말하기를 "지금 이 문집을 간행하여 장차 배포하려고 하는데 오직 서문이 부족합니다. 상사上舍께서는 우리 스승님과 일찍이 서로 아주 두터운 의리가 있으셨기 때문에 감히 여기에 와서 문을 두드린 것이니, 우리 스승님과 유명幽明의 간격이 있다고 하여 혹 솜씨를 아끼는 일이 없으시면 다행으로 알겠습니다."라고 하였다.

내가 그 자리에서 즉시 응답하여 말하기를, "허백당은 곧 석씨釋氏의 제자입니다. 도의 눈이 이미 높으셨고 학술 또한 정밀하였습니다. 그런데 나는 골몰汨沒하여 배운 촌스러운 학문이니, 어찌 그 문집의 서문을 쓸 수 있겠습니까? 더구나 문장은 이미 낡고 재주 또한 없으니, 다른 사람들에게 비웃음을 살 뿐 아니라, 또한 틀림없이 허백당의 혼령에게 웃음거리가 될 것입니다. 어찌하여 서울의 큰 유생儒生 석사들을 찾아가지 않았습니까?"라고 하면서 머리를 흔들며 굳게 사양하였다.

그런데도 남인 등이 다시 나서서 말하기를 "우리 스승님의 행적이 알려지고 감춰지는 것과 학술이 정밀하고 거칢과 실천의 득실得失과 시문詩文의 교졸巧拙함에 대하여 상사께서 일찍부터 이미 자세하게 알고 계시니 사양하지 않았으면 다행스럽겠습니다."라고 하면서 재삼 정성스럽고 간절하게 애원하였다. 그리하여 나는 하는 수 없이 그의 행장에 의거하여 기록하여 서술한다.

저 허백당의 사람 됨됨이는 천성이 진실하고 평범하였으며, 계략과 사려는 깊고 원대遠大하였고, 학술은 고명高明하였으며, 동정動靜은 법도에 딱 맞아서 청허淸虛나 사명四溟, 송월松月과 비교해 보면 선후가 똑같은 경우라고 할 수 있다.

그의 시문을 살펴보면, 현묘한 이치를 가만히 드러내고 심오한 뜻을 탐구하여 터득하였으며, 바람 속의 구름이요 달빛 아래 이슬처럼 자연 그대로 꾸밈이 없다. 문장은 은근하면서도 간절하고, 강하나 부드러우며, 고상하면서도 웅건하고, 기상이 호방豪放해서 성률聲律에 구애받지 않았다. 배비排比[4]하여 뒤섞이지 않으면서도 의취意趣는 훨씬 뛰어나고 구법句法이 새롭고 기이하였다. 이것은 이른바 유연悠然히 흘러나가서 스스로 한 가풍을 이룬 것이라 말할 수 있겠다. 이 문집을 한번 열람해 보니, 허백당의 흉금胸襟을 짐작할 만하였다.

아! 허백당은 송월 스님에게서 석씨의 도를 받았고, 송월 스님은 사명 스님에게 받았으며, 사명 스님은 청허 스님으로부터 받았고, 청허 스님은 영관靈觀 스님에게서 받았으며, 영관 스님은 지엄智嚴 스님에게 받았고,

지엄 스님은 정심正心 스님에게 받았으며, 정심 스님은 환암幻菴 스님에게 받았고, 환암 스님은 태고太古 스님에게 받았으며, 태고 스님은 석옥石屋 스님에게서 받았다. 그런즉 위에서부터 아래로 천여 년 동안 계속해 이어 받들어서 연면連綿히 끊어지지 않았으니, 어찌 도가 사라지지 않고 그 학문을 계속 전한 것이 아니겠는가?

더구나 우리 허백당은 다만 불가佛家에만 공이 있었던 게 아니라, 나라에도 또한 큰 공을 세웠으니, 정묘년丁卯年 변란에는 승군僧軍 4천여 명을 거느리고 힘을 합쳐 안주安州를 지켜 냈고, 병자년丙子年 난리에는 의로운 곡식 수백여 섬을 모집해서 군량미를 넉넉하게 조달하였다. 그런 까닭에 조정에서는 이를 가상히 여겨 그에게 '가선대부嘉善大夫 국일도대선사國一都大禪師 부종수교扶宗樹敎 복국우세福國佑世 비지쌍운悲智雙運 의승도대장 등계義僧都大將登階'라는 직첩을 하사하였으니, 이것이야말로 지혜의 칼이 빛을 더하고 자비의 배가 널리 중생들을 건져 준 것이라 하겠다. 명성과 한 일이 이미 융성하니, 불가와 속가에서 다 우러러보게 되었다.

이로 말미암아 도는 더욱 밝아지고 덕은 더욱 높아졌으니, 그러고 보면 허백당은 곧 승려들 중의 우두머리이고, 우리나라의 큰 종사宗師임이 틀림없다. 마침내는 물병을 들고 지팡이를 떨치면서 절묘한 경계를 찾아서 동쪽으로 봉래산에 가고 남쪽으로는 방장산方丈山(智異山)을 올랐으며, 금전金田과 옥실玉室의 명승지리를 거의 다 밟아 보았으며, 가는 곳마다 문도의 제자들이 구름처럼 모이곤 하여 움직였다 하면 수백 명에 이르렀으니, 그렇다면 석옥 화상이 물려준 도를 잘 이어받고 송월 대사의 의발衣鉢을 잘 전하신 분이라고 이를 만하다. 그러니 그의 문집을 간행하여 뒷세상에 영원히 전하는 것이 어찌 옳지 않다고 하겠는가?

아! 슬프다! 나는 임천林泉에서 머리가 하얘졌고, 시골 마을에 숨어 살면서 그렇게 살아왔는데, 마침 남인 스님의 간청으로 인해 이 시집을 열람하고 그 전말을 간략하게 기록하여 이 책머리에 두어 뒷세상 사람들의 비웃음거리가 될 재료를 주게 되었다.

때는 대청大淸 강희康熙 8년(1669), 해의 차례 기유己酉 늦봄 어느 날에 전 진사 선성宣城의 후인인 노몽수盧夢脩가 서序를 쓰노라.

虛白堂詩集序

昔余與虛白堂。素相善。不啻若謫仙之於貫休。東坡之於佛印也。然而儒釋殊道。閑忙異路。中間未能會面者。將二十有餘年矣。頃於戊戌年自九月。還香嶽也。過余而訪焉。一接容顔。萬重舊情。自是音塵不絶。常自寄問而已。後辛丑秋九月。聞虛白昇化之奇。驚號痛悼。徒費夢想。去十月日。虛白門下禪南印。袖出虛白詩文若干卷。示余曰今欲刊此集。將印布而所乏者。惟序文耳。上舍與吾師。曾有相厚之義故。敢此來控。幸勿以吾師爲幽明之隔而或慳焉。余卽應之曰。虛白乃釋氏之徒也。道眼旣高。學術且精。余以汨沒村學。何足以序其集乎。況文已老矣。才又薄焉。非徒買笑於他人。亦必見哂於虛白之靈。何不徃求於京華之宏儒碩士乎。掉頭固辭。印等更進曰。吾師之行迹顯晦。學術精粗。踐履得失。詩文巧拙。上舍曾已詳悉。幸勿辭焉。再三歎懇。余不得已。遂据其狀。記以叙之。未虛白爲人。天性實凡。計慮深遠。學術高明。動靜合度。視之淸虛四溟松月。先後一揆也。觀其詩文。則冥著玄契。探頤奧旨。風雲月露。詞指勤懇。强柔高健。氣像豪放。不拘聲律。不褉排比。而意趣超邁。句法新奇。此所謂悠然流出。自成一家者也。一閱是集。可知虛白之胷襟也。嗚呼。釋氏之道。虛白受之於松月。松月受之於四溟。四溟受之於淸虛。淸虛受之於靈觀。靈觀受之於智嚴。智嚴受之於正心。正心受之於幻菴。幻菴受之於太古。太古受之於石屋。則上下凡千有餘年。繼繼承承。連綿不絶者。豈非道不泯而傳其學者乎。況我虛白不但有功於佛家。亦有勳勞於王國。丁卯之變。領僧軍四千餘名。恊守於安州丙子之亂。募義粟數百餘石。優佑於軍餉。是以朝廷嘉之。賜嘉善大夫國一都大禪師扶宗樹敎福國佑世悲智雙運義僧都大將登階之牒。於是慧釰增耀。慈航普濟。名業旣隆。道俗咸仰。由是而道益明。德益邵。則虛白乃緇徒之領袖。而東方之大宗師也。遂乃提缾振策。寘搜玅境。東自蓬萊。南登方丈。金田玉室。勝踐殆遍。而徒弟雲集。動至數百則可謂善繼石屋之遺道。而能傳松月之衣鉢者也。然則刊其集而永於後。豈不宜哉。噫。余皓首林泉。蠖屈村墟。盖亦有年。適因南印之請。覽此詩集。略記顚末。弁其卷端。以資後人之鄒[1]唾焉。

時大淸康熙八年歲次己酉暮春日。前進士宣城後人盧夢脩序。

---

1) ㉠ '鄒'는 '鄙'로 의심된다.

주

1 관휴貫休(832~912) : 당唐나라 말 오대五代의 난계蘭溪 사람으로 속성은 강姜이고 자는 덕은德隱이다. 17세 때에 출가하여 승려가 되었으며, 시를 잘 써서 이태백과 교분이 두터웠고 특히 수묵화水墨畫에 능했다.
2 동파東坡 : 송宋나라 때의 대문호 소식蘇軾(1036~1101)의 호다. 자는 자첨子瞻, 시호는 문충文忠. 아버지 소순蘇洵, 동생 소철蘇轍과 더불어 '삼소三蘇'라 불리며, 삼부자가 모두 당송팔대가唐宋八大家에 속한다. 철종哲宗에게 중용되어 구법파舊法派의 중심적 인물로 활약하였고, 특히 구양수歐陽脩와 비교되는 대문호로서 부賦를 비롯하여 시詩·사詞·고문古文 등에 능하였으며, 재질이 뛰어나 서화書畵로도 유명하였다. 그의 문학은 송나라뿐만 아니라 우리 고려에도 큰 영향을 끼쳤다.
3 불인佛印(1032~1098) : 송나라 때 스님. 이름은 요원了元, 자는 각로覺老이다. 40년 동안 운거산雲居山에 살았고, 뒤에 여산廬山에 있으면서 황주에 귀양 온 소동파와 글로 사귀었다. 원부元符 1년, 67세로 입적하였다.
4 배비排比 : 구문句文이 유사하고 내용이 병렬적인 문장을 둘 이상 나열하는 표현.

허백집 제1권
虛白集*卷之一

* 원 저본은 강희 8년(1669) 묘향산 보현사 유진본留鎭本.(동국대학교 소장)

오언절구
五言絶句[1]

장안산에 있으면서 흐르는 물에 의해 안부를 전함
在長安山憑水傳問[2]

장안산 꼭대기에서 나오는 물	長安山頂水
당연히 강동을 지나가리라	應有過江東
은근하게 서로 전송해 보내니	殷懃相送去
가슴속에 깊이 담고 있는 말 좀 전하라	傳語此心忡

---

1) ㉮ '五言絶句'는 편자가 보충해 넣었다.
2) ㉮ 이 앞에 한 장이 빠진 것이 아닌지 의심된다.

천마산에 올라
登天磨山

가파른 절벽 높아 우뚝하고	截然高屹屹
폭포의 물은 긴 하늘에 걸려 있네	瀑水掛長空
천지는 한 개의 바둑판이요	乾坤爲一局
푸른 바다는 작은 잔보다 작구나	滄海小於杯

최고운의 비碑에 제함
題崔孤雲碑

대나무 숲 절에는 풍광이 싸늘한데	竹院風光冷
솔 그림자 드리운 창 달빛만 새로워라	松窓月色新
고운 선생 비석은 아직도 남아 있는데	孤雲碑尙在
비문 읽고 나니 눈물이 수건을 적시네	讀罷淚沾巾

칠불사
七佛寺

꽃 지니 뜰 안에 향기만 가득하고	落花香滿庭
새들은 여기저기서 조잘거리네	啼鳥兩三聲
산의 앞뒤엔 구름이 둘러 있고	雲繞山前後
바람 불어 이화李花 정자 흔드네	風琴動李亭

임경당
臨鏡堂

임경당 앞에 있는 물 臨鏡堂前水
그 못 깊이가 만 길이나 되는 듯 淵深萬丈深
물고기는 떠올랐다 잠겼다 하고 鱗魚浮出沒
나그네 홀로 시상에 잠기네 遊客獨沉吟

정묘년 중구일[1]
丁卯重九日

작년 가을 중양절에	去年重九日
국화를 매만지며 술잔 권했네	把菊勸金杯
금년에는 그 사람 황천에 가고 없어	今歲人亡廢
외딴 마을에서 나 홀로 슬퍼하네	孤村獨自哀

산에 살면서
山居

산하와 온 천지를 비추는 달	山河天地月
그대와 나 둘 다 무심하구나	彼此兩無心
게다가 봄소식을 얻고 나니	又得春消息
버들 꽃 흩날리는 곳마다 그늘이 지네	楊花到處陰

근식[2]이 게송을 구하기에
勤息求偈

원숭이 새끼[3]를 죽이려거든	欲殺猢猻子
검은 암소[4]를 잘 길들여야 하리	將調水牯牛
높다란 화산[5]을 쪼개 없애 버리면	劈破華山岳
항하 강물이 다시 거꾸로 흐를 것일세	恒河復逆流

망해사[6]
望海寺

채찍 휘두르며 산꼭대기 올라오니	揮鞭登絕頂
푸른 바다가 자그마한 술잔 같구나	滄海小杯中
눈이 끝닿은 곳 멀리 소상강[7]인데	眼極瀟湘遠
다시 달 속의 궁전인가 의아해하네	還疑月上宮

윤 처사와 같은 침상에서 하룻밤 자며 [3수]
尹處士一宿同床【三】

[1]

단사[8]로 옥 솥을 다듬는 듯	丹砂調玉鼎
심오한 이치의 말 우렛소리 같았네	玄辯若雷聲
함께 신선의 방 창문 아래 앉아서	共坐仙窓下
진리 이야기에 세간 마음 뺏기네	談眞奪世情

[2]

우연히 신선 세계 나그네를 만나	偶得仙它客
자리를 같이하여 회포를 풀었네	叙懷一席同
내일 아침에 서로 이별하고 나면	明朝相別後
어느 곳에서 구름 봉우리 이야기할까	何處說雲峰

[3]

하룻밤 같이 앉아 이야기 나누니	一夜同床話
일천 봉우리에 낙엽 떨어질 때였지	千峰葉落時
어느 때에 다시 만날 수 있을지	重逢何處是
사람의 일이라 기약하기 어렵네	人事杳難期

휘 장로[9]에게 보임
示輝長老

기미의 관문 어떡해야 깨뜨릴까	機關如得破
하필 꽃을 뽑아 들 필요가 있으랴	何必擧拈花
가소롭다, 항하의 모래처럼 많은 부처	可笑恒沙佛
원래 눈 속의 꽃이어라	元來眼裏華

영관靈寬 장로가 게송을 구하기에
寬長老求偈

활구 안에 마음을 두어	留心活句中
바깥 티끌 경계에 물들지 말라	勿染外塵風
이생에 한번 몸을 뒤집으면	此生翻一擲
부처와 조사가 다 공空인 것을	祖佛摠成空

김 진사[10]와 이별하며
別金進士

봄 3월 날 저무는 저녁	日暮春三月
한가하고 바쁜 사람 한맘으로 자리했네	閑忙一席心
정자 떠나 전송을 마치고 나서	離亭相送罷
고개 돌리니 흰 구름만 깊어지네	回首白雲深

내원에서
內院

먼 나무에 바람 부니 거문고 소리 일고	風琴起遠樹
가까운 창문가에 달빛만 싸늘하네	月色近窓寒
도솔천 참다운 경계에서 안녕하신가	珍重眞兜率
바닷가에 산이 우뚝 솟아 있구나	超然海上山

전 도사[11]의 시운을 따서
次田都事韵

거리가 너무 멀어 서로 보기 어려운데	地迥難相見
산속마저 깊으니 마음 또한 쓸쓸하오	山深意亦孤
호계[12]에 바람이 멈추질 않으니	虎溪風不泯
생각하는 마음 언젠들 없겠소	懷憶幾時無

학 같은 해남 태수가 학을 보여 주기에
似鶴海南太守以鶴示之

푸른 은하수와 구름을 깔보는 학	碧漢凌雲鶴
오색의 주름 무늬를 지녔구나	羅紋五彩形
사군[13]은 거룩한 덕을 갖추어	使君備聖德
임금님의 공관 마당에 보내졌다네	大帝送公庭

심 스님에게 부침
寄諶師

누각 밖 시냇물 소리 웅장하고	樓外溪聲壯
난간 앞 새벽녘 빛은 희미하네	軒前曙色微
그대 그리운데 오래도록 보지 못해	思君長不見
고개 돌리니 눈물이 옷을 적시네	回首淚沾衣

심 스님 편지의 게송에 답함
答諶書之偈

다시 받은 편지 거듭한 질문	再受重重問
편지 속의 말 첩첩이 맞는 말이네	書言疊疊宜
소식 끊어짐을 괴이하게 생각 말게	莫恠寄聲斷
앞 이빨에 이끼 난 게 기이하다네	生苔版齒奇

청심 장로의 만사
挽淸心長老

서산에 비 개자 달빛이 밝아	西山霽月色
싸늘한 그림자 맑은 마음 비추네	寒影照淸心
비록 밝은 채색 은은하다 말하지만	雖云明彩隱
밤마다 구름숲에 걸려 있다네	夜夜掛雲林

경한敬閑 스님을 이별하며
別閑師

꿈속 유람을 다 마치고 나니	夢裡遊覽盡
텅 빈 외딴집에 푸른 구름뿐	靑雲一室空
종소리에 놀라 잠에서 깨니	扣鍾驚宿起
슬픔과 눈물이 둘 다 가득하네	哀淚滿雙臨

청신 판사의 죽음에 곡함
哭淸信判事

50년 전의 모든 일이	五十年前事
흐릿하여 한바탕 꿈일레라	渾如一夢中
구름 타고 천제天帝의 경계로 돌아가니	乘雲歸帝境
백양나무에 쓸쓸하게 바람만 부네	蕭瑟白楊風

계선이 게송을 요구하기에
桂禪求偈

바다 밖엔 삼신산이 빼어나	海外三山秀
온갖 꽃 다 그 속에 모였네	群英摠萃中
한 봉우리 높이 우뚝 솟아	一峰高屹屹
푸른 하늘 멀리 꽂혔구나	逈出挿靑空

사선정[14]의 서산 대사의 시운을 따서
四仙亭次西山韻

선자께선 어디로 가셨습니까?	仙子歸何處
구름이 깊어서 마음에 걱정스럽습니다	雲深意悠悠
당신의 비석은 비록 아직 남아 있으나	龜碑雖尙在
몇 년이나 흘렀는지 이끼만 가득합니다	苔沒幾千秋

고성읍 원에게 드림
奉高城邑倅

정각은 구름에 가려 고요하고	政閣閉雲靜
공관 마당엔 봄날 새들만 지저귀네	公庭春鳥鳴
소 잡는 칼이면 풍속 교화에 족하니	牛刀風化足
여항에는 〈격양가擊壤歌〉[15] 울려 퍼지네	閭巷擊壤聲

탑을 세우기 위한 권선 게송
立塔勸善偈

하늘에서 받은 성품 본래는 착한 것	賦性由來善
어느 누군들 어진 일을 하지 않으랴	何人不作仁
탑 세우는 인연은 가장 귀중한 것이니	塔緣惟最貴
아낌없이 상자 속 귀중품 보시하소서	毋惜佇箱珎

정 동지[16]의 시운을 따서
次鄭同知韻

앉아서는 범부와 성인의 정 끊고	坐斷凡聖情
미혹의 구름 또한 쓸어 없애네	迷雲且掃滅
마음 빛이 사무치게 밝으니	心光透徹明
사바세계 통틀어 한 물건도 없구나	沙界摠無物

철원 박병[17]에게 보여 줌
示鐵源朴炳

송화 먹고 갈포 납의 입고서	松花兼葛衲
세상을 뜬구름인 양 알고 산다네	知世是浮雲
밤낮으로 다른 일 아무것도 없어	日夜無餘事
향 사르고 사군 위해 기도하네	焚香祝使君

가을밤에 홀로 읊다
秋夜獨吟

밝은 달 아래 고요한 일천 봉우리   月照千峰靜
푸른 하늘에 서기가 맑구나   靑空瑞氣淸
선정의 마음은 세상 경계 아니요   定心非世境
명리나 탐하는 세속의 혼탁엔 무정타네   塵慮渾無情

불정대에 올라
登佛頂臺

운수[18]처럼 떠도는 승려	雲水飄然衲
지팡이를 의지해 높은 누각 올랐네	扶筇上高臺
눈앞에는 한 물건도 없고	眼前無一物
푸른 바다도 술잔보다 작다네	滄海小於杯

금강산에 있으면서 흠 선사를 생각하며
在金剛憶欽禪

금강산에서 맞는 보름 달밤에	金剛山月滿
산을 거닐며 종자기鍾子期[19]를 생각하네	散步憶鍾期
비록 다시 만나자 약속은 했었으나	縱欲重逢話
그대와 만나는 게 왜 이리 더딘고	與君會亦遲

비가 갬
晴雨

장맛비 오늘 아침에야 그쳐	陰雨今朝霽
창문 열고 여흥을 즐기네	開窓興有餘
산중에 다소의 좋은 취미 있으니	山中多少味
어느 곳에서 이 같은 취미 물어볼 건가	何處問何如

산영루[20]에 함께 앉아 순사[21]에게 보임
共坐山影樓示巡使

누각 밖 두 갈래 개울물 소리	樓外雙溪水
소리마다 나그네 마음 씻는다	聲聲洗客心
깊은 얘기로 한바탕 웃고 나니	談玄開一笑
달빛은 단풍 숲을 비추네	山月照楓林

해운 선자와 이별하며
別海雲禪子

지팡이 날려 호남으로 가니	湖南飛錫去
찾아오는 이 들은 게 많구나	尋訪有多聞
아무리 천 권 경을 터득했어도	雖得千經義
어찌 조사관[22]을 통한 것만 하랴	何如透祖關

평 스님에게 부침
寄平師

스님은 이 세상을 울려	師也鳴斯世
나라 변방에서 주장이 되었네	塞邊作主張
까치집에 대한 일[23] 깊이 생각하는 건	深思巢鵲事
아마도 금강산을 생각함이 아니겠는가	無乃憶金剛

심 스님에게 부침
寄諶師

도 물으러 서쪽에서 온 사람이   問道西來者
높은 단에 많은 개미 끌어들이네   尊壇引蟻多
거친 음식 먹는 일 언제 끝나리   咀糟何日已
작은 방을 구름과 노을이 잠그네   少室鎖雲霞

조 진사의 시운을 따서
次趙進士韻

우연히 참다운 선객을 만났는데	偶適眞仙客
멍한 모습 무엇을 잃은 듯하네	嗒然似喪隅
만약에 노자를 숭상하는 사람 아니면	若非商[1]老子
아마도 허유許由[24]나 소보巢父[25] 같은 사람일레라	疑是許巢夫

---

1) ㉘ '商'은 '商'과 통용된다.

가을 산
秋山吟

가을바람에 단풍잎 떨어지고	秋風楓葉落
간간이 내리는 비 앞산을 지나네	踈雨過前山
비단 같은 단풍잎 뒤덮인 길을	錦繡平鋪路
밟고 걸어도 한가하질 않구나	經行踏未閑

불영대[26]
佛影臺

만 리에 가을빛은 저물어 가고 萬里秋光晚
온 산에는 나뭇잎만 휘날리네 千山葉正飛
텅 비어 한 물건도 없으니 虛閑無一物
돌아가는 저녁 구름만 하염없이 바라보네 看盡暮雲歸

다시 향로봉香爐峰[27]에 들어가
還入香爐

가을 쑥대처럼 가다 쉬다 하면서	行止若秋蓬
사해를 두루두루 유람하였네	周遊四海中
어느 날 아침 고향집에 돌아오니	一朝還故宅
향악은 옛 모습 그대로구나	香岳舊時容

불영대에 있으면서 감회를 읊음
在佛影詠懷

불영대 저 멀리 풍광이 싸늘한데	臺逈風光冷
한가롭게 시 읊으니 세상맛 가볍구나	閑吟世味輕
한창 낮잠에 빠져 있는데	午眠方熟處
봄새가 온갖 소리로 지저귀고 있네	春鳥百般聲

청간정[28]
清澗亭

저녁 바다엔 어부의 노랫소리	海上漁歌晚
강가엔 날아드는 몇 쌍의 새들	江干鳥幾雙
대단하구나! 청간정의 흥취	偉哉淸澗興
천고에 사람의 창자를 씻어 주었으리	千古洗人腸

행각하는 스님의 요구를 들어줌
賽行脚僧之求

서쪽에서 전해 온 청아한 의미	西來淸意味
무슨 일로 노고추老古錐[29]를 묻는가	何事問故錐
금강의 눈 한번 터득하고 나면	一得金剛眼
무명[30]은 곧바로 녹아내리리	無明直下消

또
又

한 벌의 납의 표주박 하나의 객승　　　一衲單瓢客
남쪽을 돌며 바닷가를 지나갔네　　　南巡獵海濱
무생[31]의 이치 깨닫고 나면　　　　無生如徹見
눈서리도 봄이나 일반인 것을　　　　霜雪一般春

또
又

도는 본래 말로 표현하기 어려운데 　　　道本難言說
어찌 고달프게도 떠들고 다니는가 　　　何勞爲客宣
이 속에서 한번 박차고 일어나면 　　　箇中跳一擲
성명이 온 누리에 가득하리라 　　　聲名滿三千

방름方凜 스님에게 보여 줌
示凜師

서로 만나도 말이 없는 진리	相見無言處
산새가 이미 울어 버렸네	山禽已了啼
만일 다시 누설했다간	若能重漏洩
먼 훗날 후회해도 소용없으리	他日恨噬臍

새심 스님이 법어를 구하기에
賽心師求語

지팡이 날려 길 떠난 나그네 飛錫天涯客
행장은 다만 우산 하나뿐 行裝只一簦
몸과 마음 모두 놓아 버리니 身心如放下
가는 곳마다 자유롭고 걸림이 없네 隨處任滕騰

김 거사[32]에게 줌
贈金居士

인생은 바람 앞의 촛불 같은데	人生如風燭
생각은 지금 황금의 산에 오르네	時想紫金山
생각이 마음마저 없는 곳에 이르면	念到無心處
마음대로 소요하며 저절로 한가하리	逍遙任自閑

소사[33]에게 줌
贈小師

날 찾아와 한마디 구하니	得來求一語
이 사람이 장부인 줄 알겠구나	知是丈夫男
그대 위해 뜰 앞의 잣나무를 부촉하나니	爲付庭前栢
때때로 힘을 다해 참구하라	時時着力叅

주 장로와 이별하며
別珠長老

표연한 하나의 납승이	飄然一條衲
병과 지팡이 들고 바람 차고 나른다	瓶錫帶風翻
이별하는 길에 샘물이 거문고를 타니	別路泉琴咽
소리마다 혼魂을 끊어 놓는구나	聲聲欲斷魂

변운卞雲 장로와 이별하며
別雲長老

푸른 산 비 갠 뒤에	雨歇靑山後
이별하는 정 금할 길 없어라	離情自不禁
천 리 호남으로 떠나보내고 나면	湖南千里去
어느 날 다시 만나 속마음 말하리	何日更論心

공림사[34]에서 자면서
宿空林寺

누각 밖에 흐르는 푸른 시냇물	樓外靑溪水
은근히 나그네 마음 씻어 주네	慇懃洗客心
봄바람에 때로 대숲이 흔들흔들	春風時動竹
유람하는 길손 기쁨을 금할 길 없네	遊子喜難禁

임종게
臨終偈

겁劫이 다하여 삼계가 불타도   劫盡燒三界
신령한 마음은 만고에 분명하네   靈心萬古明
진흙 소는 달빛을 갈고   泥牛耕月色
나무 말은 풍광을 끌어오네   木馬掣風光

김 진사의 시운을 따서
次金進士韻

일찍이 사마[35]에 오른 나그네	早登司馬客
시가詩歌 읊으며 청아하게 마음대로 노니네	長嘯任淸遊
세상의 일은 까만 등나무 지팡이요	世事烏籐杖
생애는 푸른 옥사발이라	生涯碧玉甌
스스로 신선의 무리는 아니라 하니	自非仙子輩
분명 허공(許由)과 같은 무리일 테지	應是許公流
다행히 같은 침상에서 이야기 나눌 수 있어	幸得同床話
일만 섬 시름을 녹일 수 있었네	能消萬斛愁

한 정자[36]의 시운을 따서
次韓正子韻

뜬구름 같은 천 리 밖 나그네	浮雲千里客
꿈속에서 고향으로 돌아갔다네	夢裡故鄕歸
하얀 달빛은 성근 지붕을 뚫고	雪月穿踈屋
찬바람은 해진 옷 사이로 스며든다	寒風透弊衿
옛정은 오히려 자꾸만 얇아지고	舊情猶漸薄
새로 먹은 마음은 점차로 희미해지네	新思即稀微
요행히 다시 만났으나 서로 이별하게 되니	幸値還相別
긴 한숨과 눈물만 저절로 흘러내리네	長吁涕自揮

청심당[37] 만사
挽淸心堂

팔십 년 동안 허깨비 같은 세계[38]에 노닐다가	八旬遊幻海
오늘에야 비로소 참모습으로 돌아갔네[39]	今日始歸眞
세상 밖을 소요하던 나그네였고	物外逍遙客
산속에서 맘대로 살던 사람이었지	山中任意人
너그럽고 어질어 중생들 건질 능력 지녔었는데	寬仁能濟衆
커다란 서원 품은 채 몸 버리고 떠나갔네	弘誓解遺身
청운의 길[40] 멀리 떠나 서로 만날 수 없어	邈隔靑雲路
슬피 시 읊으며 눈물 흠씬 흘린다네	哀吟淚滿巾

침계루에서 보 화상을 이별하며
枕溪樓別寶和尙

봄바람 속의 만 리 나그네	春風萬里客
이별에 임해 아름다운 난간 누각에 올랐네	臨別上雕欄
대 그림자 깊은 시내에 빠져 있고	竹影沈溪倒
산 그림자 지매 날 저물어 돌아왔네	山陰帶暮還
몸과 마음은 명승지를 유람하나	身心遊勝地
혼은 꿈속에서 고향으로 돌아가네	魂夢到鄕關
돌아가 머물 곳을 알려고 하면	欲識歸栖處
아미산과 옥동 사이가 그곳일세	峨嵋玉洞間

만폭동
萬瀑洞

땅은 유리세계를 만들었고	地爲琉璃界
하늘은 중향성[41]을 만들었네	天作衆香城
굽이굽이 냇물엔 비파 소리 냉랭하고	澗曲冷冷瑟
높은 절벽은 첩첩이 둘러친 병풍일세	崇崖疊疊屛
원숭이는 달 밝은 밤 산마루에 울어 대고	嶺猿啼夜月
잠든 두루미 솔바람 소리에 꿈을 꾸네	眠鶴夢松聲
뛰어난 절경 다시 보기 어려울 것 같아	勝賞元難再
머뭇거리는 사이[42]에 해가 지려 하는구나	盤桓日欲暝

불일암[43]
佛日菴

혼자서 청학동을 거닐다 보니	獨遊靑鶴洞
정사가 하늘 복판에 걸려 있구나	精舍掛中天
물은 천 층 절벽에서 떨어지고	水落千層壁
구름은 만 길 산마루에 자욱하네	雲深万似巓
황령 꼭대기에선 원숭이 울부짖고	猿啼黃嶺上
스님이 누웠으니 흰 구름 흘러가네	僧臥白雲过
구경하느라 집에 돌아가는 길조차 잊으니	賞翫忘歸路
이것이야말로 별유천지[44] 신선일세	方知是別仙

송광사에서 목우자[45]에 대한 느낌
松廣寺感牧牛子

멀리 그날의 일 생각해 보니	緬思當日事
풍화가 사방에 미쳤으리	風化四方垂
향나무는 살고 죽음을 같이하고	香尌同生死
뜬구름은 가고 머무름을 함께하네	浮雲共去留
광명이 그치니 천년 동안 마음 무겁고	休光千載重
밝은 덕은 만년토록 넉넉하네	明德万年優
참다운 모습 지금은 어디 있는고	眞相今何在
조계의 물도 오열하며 흐르지 못하네	曹溪咽不流

무위사[46]에서 느낌이 있어
無爲寺有感

마당 가운데 탑에는 까치가 울어 대고	鵲噪庭中塔
일만 부처님 상에는 이끼가 도금했네	苺苔万佛金
흰 원숭이는 먼 산봉우리에서 울부짖고	白猿啼遠峀
푸른 학은 싸늘한 숲속에서 울어 댄다	靑鶴叫寒林
밝은 달은 터진 벽의 틈새를 엿보고	雪月窺殘壁
서릿바람은 해진 옷 사이로 스며드네	霜風透弊衿
천고의 오래된 절 애처로워라	可怜千古寺
낡아 무너진 모습에 마음 착잡하네	頹朽感人心

월출산 구정봉에서
月出山九井峯

월출산 일천 봉우리 고요한데	月出千峯靜
백옥성을 혼자서 서성이네	依俙白玉城
늙은 용은 구정[47]에 따리 틀고	老龍磻九井
띳집은 삼청에 들어 있네	茅舍入三淸
시냇물은 거문고를 타며 흐르고	澗水瑤琴響
솔바람은 가랑비 소리를 낸다	松風細雨聲
마음 기쁜 곳에 통쾌하게 놀다가	壯遊怡悅處
돌아갈 때 그 누구와 다투는가	歸去與誰爭

석왕사[48]
釋王寺

풀 향기 그윽한 춘삼월 어느 날	芳草三春日
진인眞人 찾아 석왕사에 이르렀네	尋眞到釋王
구름이 가로놓이니 남쪽 산마루 하얗고	雲橫南嶺白
꽃이 만발하니 후원이 노랗구나	花發後園黃
단청 누각은 냇가에 서 있고	彤閣臨溪水
조각 난간은 돌담 못 베고 있네	雕欄枕石塘
밤이 되어 잔몽[49]을 깨고 나니	夜來殘夢罷
스님이 범종을 치고 있네	僧扣梵鍾鐺

철원 사군을 맞아서
奉鐵原使君

동해 동주 고을의	東海東州府
청백한 관리는 바로 사군이라네	淸官是使君
한가한 틈을 타 사물 변화 구경하고	乘閑觀物化
여가 있는 날엔 강과 구름 구경하네	暇日翫江雲
밝은 덕은 어찌 상식을 벗어날 건가	明德何超格
어진 교화는 홀로 무리를 벗어났네	仁風獨出群
행여 만나서 도의를 논하면	幸逢論道義
주옥이 분분하게 떨어지는 듯하네	珠玉落紛紛

비가 갬
雨霽

[1]

석양에 소우[50]가 지나가니	夕陽踈雨過
풍경이 다시 맑고 깨끗하구나	風景更精明
꽃이 피니 천 봉우리 울긋불긋	花笑千峯色
온 골짜기엔 냇물 소리 졸졸졸	溪鳴万壑聲
달이 뜨자 자던 까마귀 놀라 깨고	月昇驚宿烏
바람 부니 사람 마음 흔들리네	風動感人情
비 오고 개는 소중한 맛	珎重晴陰味
많은 새싹들 빛을 발하네	群萌盡發榮

[2]

비 갠 뒤 싱그러운 풍경	霽後頗新興
산봉우린 다시 녹음 싱싱하네	峰巒更綠淸
바위틈 꽃은 이슬 머금어 무거운 듯	岩花含露重
냇가의 버드나무 바람 타고 하늘하늘	溪柳帶風輕
달빛은 흰 구름을 업신여기고	月色凌雲白
산색은 푸른 물을 깔보네	山光傲水靑
은근하게 단비가 적셔 주어	殷懃甘雨澤
온갖 사물 다 함께 윤택하네	萬物共滋榮

산에 삶을 읊음
山居咏

임천에서 생을 마치리라는 마음에	林泉終老志
흰 구름 사이에 앉고 눕고 하노라	坐臥白雲間
골짜기 깊으니 물소리 콸콸 나고	谷邃溪聲壯
봉우리 높으니 달그림자 싸늘하다	峰高月影寒
온 고갯마루 나무들 거문고 연주하고	風琴千嶺尌
떨기 꽃은 온 산을 무겁게 하네	花簇万重山
세상에 살아도 인간세계 아니니	在世還非世
무슨 까닭에 공자 안자 부러워하리	何由羡孔顔

봄비
春雨

비 온 뒤라 먼 데까지 선명하고	雨後淸光遠
온 산에 풀 나무 싱싱하다	千林草木榮
이슬 맺힌 꽃 교태 뽐내지 못하고	露花嬌不起
산 까마귀 울음소리 아름답지 않구나	山烏巧非聲
문밖에는 맑은 바람 냉랭하고	門外靑風冷
산 앞에는 밝은 달 분명하네	山前白月明
은근한 은빛 대나무의 마음	殷懃銀竹意
온갖 사물과 사람 마음 즐겁게 하네	令樂物人情

유생이 스님을 조롱하기에 시를 지어 갚음
儒士嘲僧故以詩賽之

이렇게도 어려운 세상에	如此魷魚世
구름 덮인 마당에 비스듬히 누웠네	頹然臥雲庭
아침저녁으론 원숭이와 학을 친구하고	朝暮隣猿鶴
봄가을엔 할미새가 벗이라네	春秋伴鶺鴒
어찌 알았으랴! 속세의 나그네가	何慮風塵客
오늘날 산사의 문 두드릴 줄	今日扣禪扃
집이 가난해 내놓을 게 전혀 없어	家貧無可賞
물병 기울여 나그네 대접하네	對客玉壺傾
이런 삶 비웃을 일 아니니	生涯不須笑
이것을 힘입어 황금빛 피워 내네	賴此發金熒
스님과 불법 조롱하지 마시게	莫嘲僧與法
공자와 석가는 똑같은 저울댈세	儒釋素同衡
그대는 보지 못했는가	君不見
한문공이 태전[51]에게 물은 것을	文公問太顚
한번 만나 보고 꿈에서 깨었다네	一見夢昏醒
또 보지 않았는가	又不見
배휴[52]가 황벽[53] 스님 만난 것을	裴休見黃檗
할喝 하는 소리가 벽력 같았다 하였네	喝聲若雷霆
천 대 만 대에 이르더라도	千千萬萬世
본성을 밝히는 일은 참으로 어렵다네	明性尙難銘
그대는 신선이 마시는 이 차를 비웃지 말게	君不哂仙茶
한번 마시면 팽조彭祖[54]보다 오래 살 걸세	一服過彭齡
스님을 비웃는 일 정말로 하지 마소	嘲僧信莫之

이 말을 귀 기울여 들어 주게　　　　　斯言側耳聆

백헌[55]이 봉래산으로 가는 산복 거사를 송별한 시운을 따서【계금繼今】

百軒送山福居士之蓬萊韵【繼今】

호남의 늙은 우바새優婆塞[56]가	湖南優婆老
법을 물으며 스승으로 섬기려 하네	問法欲爲師
착한 업은 몸 밖의 일 아니요	白業非身外
맑은 구슬은 네 옷 속에 매여 있다네[57]	明珠繫汝衣
취한 꿈 깨달아 다시 돌아온다면	醉夢還自覺
티끌 굴레 벗어남을 어찌 의심하리	何疑脫塵羈
장차 안양국[58]으로 갈 것이니	當行安養國
탄식하면서 눈물을 흘리지 마시게	莫嘆噷噓唏
평생토록 오직 한스러운 일은	平生惟所恨
계수나무 가지를 꺾지 못한 것이라네	未得折桂枝
그걸 꺾어 머리 위에 꽂으면	折而頭上挿
사물마다 모두 다 참된 데로 돌아가리	物物是眞歸

심 대사에게 장난삼아 줌
戱贈諶大師

우리 스님은 스님 중에 으뜸이라
중생 제도할 날이 얼마나 되랴
백의자白義子는 속 깊은 아우
그 은혜 누가 그댈 저버리랴

허백집 제1권 끝

虛白集 卷之一 終

주

1 중구일重九日 : 중국에서 유래한 세시 명절의 하나로 음력 9월 9일 즉 중양절重陽節을 말한다. 9는 양수인데 양수가 겹쳤다 하여 중양重陽이라 한다.
2 근식勤息 : 문집의 유형으로 볼 때 아마도 구도求道하는 어린 승려의 법명인 듯하다.
3 원숭이 새끼(猢猻子) : 호손자猢猻子는 변덕스러운 사람의 마음을 원숭이에 비유한 것이다.
4 검은 암소(水牯牛) : 수水는 북방에 해당하고, 북방의 색은 흑색이라 검다는 의미를 지니고 있다. 고우牯牛는 암소다. 여기서 수고우水牯牛는 선천의 기氣를 뜻한다. 『禪門拈頌』에서 조주趙州가 남전南泉에게 "유有를 안 사람은 죽은 뒤에 어디로 갑니까?"라고 하니, 남전이 "앞산 시주한 집에 수고우가 되어 가리라."라고 하였다. 조주가 "가르쳐 주심에 감사합니다."라고 하니, 남전이 "어젯밤 삼경에 달이 창에 비치더라."라고 하였다.
5 화산華山 : 여기에서는 아만我慢의 산을 말한다.
6 망해사望海寺 : 울산광역시 울주군 청량면 율리 영취산에 있는 절.
7 소상강瀟湘江 : 중국 호남성湖南省 동정호洞庭湖의 남쪽에 있는 소수瀟水와 상강湘江을 아울러 이르는 말이다.
8 단사丹砂 : 주사朱砂 또는 진사辰砂라고도 한다. 새빨간 빛이 나는 육방정계六方晶系의 광물이다. 수은과 황의 화합물로, 정제하여 물감이나 한방약으로 쓰인다. 옥을 윤택하게 하는 재료이기도 하다.
9 장로長老 : 지혜와 복덕을 함께 갖춘 비구로서 곧 선종禪宗의 주지住持를 지칭한다. 기독교의 장로도 사실은 이 말에서 비롯된 것이다.
10 진사進士 : 조선 시대 진사시進士試(製述科)에 합격한 사람에게 준 칭호. 생원과 더불어 성균관에 입학할 자격이 주어졌다.
11 도사都事 : 조선 시대 충훈부忠勳府·의빈부儀賓府·의금부義禁府·개성부開城府·중추부中樞府 등에 속한 종5품의 벼슬.
12 호계虎溪 : 『廬山記』에 나오는 말로, 동진東晉 시대의 학승 혜원慧遠 법사는 동림사東林寺에 있으면서 한 번도 호계를 건너간 적이 없었다.(건너지 않기로 맹세했다고 함) 그런데 어느 날 도연명陶淵明과 육수정陸修靜이 찾아왔다가 돌아가는 그들을 배웅하면서 이야기에 열중한 나머지 호계를 건넌 것도 몰랐다가 호랑이가 으르렁대는 소리를 듣고서야 세 사람은 서로 마주 보고 껄껄 웃었다고 한다.
13 사군使君 : 임금의 명령을 받들어 나라 밖이나 지방에 온 사신에 대한 경칭敬稱이다.
14 사선정四仙亭 : 신라 때 사선인 영랑永郞·술랑述郞·남랑南郞·안상安詳을 추모하기 위해 고성高城 삼일포三日浦 앞 소도小島에 세워진 조선 시대 정자. 성만 알려져 있는 존무사存撫使 박모朴某가 세웠다고 『東國輿地勝覽』에 쓰여 있다.
15 〈격양가擊壤歌〉 : 풍년이 들어 농부가 태평한 세월을 즐기는 노래. 중국의 요임금 때에 태평한 생활을 즐거워하여 불렀다고 한다.
16 동지同知 : ① 동지중추부사同知中樞府事, ② 직함職銜이 없는 노인에 대한 존칭.
17 박병朴炳(1587~1663) : 본관은 나주, 자는 소문少文. 김장생金長生의 문인이다. 광해군 때 세상이 혼란하여 과거를 단념하였다. 1623년 인조반정 뒤 6품관品官에 특채되

제1권 • 317

고, 곡성현감·토산현감·진위현령을 역임하였다. 1644년(인조 22) 공주목사公州牧使 재임 시 불법不法을 묵인하였다 하여 파직되었다. 뒤에 다시 등용되어 철원부사·임천군수·청주목사 등을 지내면서 치적을 쌓았다. 성품이 강직하여 청나라 사신 앞에서도 굴하지 않았다고 한다.

18 운수雲水 : 행각하는 스님을 의미한다. 하늘에 떠가는 구름과 쉬지 않고 흐르는 물이라는 뜻으로 일정하게 머무름이 없음을 이르는 말이다. 나아가 조금도 집착함이 없이 사물에 호응하여 행동하는 것을 비유한 것이다. 또한 속세에서 떠나 초연한 심경心境에 있는 것을 나타내는 말이기도 하다. 『송사宋史』의 「소식전蘇軾傳」에 있는 "떠다니는 구름 흐르는 물은 애당초 정해진 바탕이 없다.(行雲流水。初無定質。)"에서 비롯된 말이며, 행각승行脚僧을 운수라고 일컫는 것도 여기에서 연유한다.

19 종자기鍾子期 : 춘추시대 초나라 사람. 당시 거문고의 명인이었던 백아伯牙의 친구로서, 그의 거문고 소리를 잘 알아들었다고 한다. 종자기가 죽자 백아는 자기의 음악을 이해하여 주는 이가 없음을 한탄하여 거문고 줄을 끊고 다시는 거문고를 타지 않았다고 한다.

20 산영루山影樓 : 금강산 장안사長安寺 문 앞에 있는 누각.

21 순사巡使 : 조선 시대 임금의 명을 받고 사신으로 나가는 재상宰相의 종2품 관리.

22 조사관祖師關 : 조사의 지위에 들어가는 관문. 언어나 문자, 지식과 논리를 초월하는 관문으로, 도를 깨치기 위해서는 이 관문을 통과해야 한다. 선문에서는 고봉절정高峰絶頂에 이르러 물러설 수도 나아갈 수도 없는 경지를 조사관문이라고 하여, 통과해야 하되 통과하기 어려운 관문임을 설하고 있다. 즉 칼날 위에 길이 있는 것과 같아서 모든 갈등과 상정견해常情見解를 잘라 버리는 관문을 바로 조사관이라 하였다.

23 까치집에 대한 일 : 까치집(鵲巢)은 『진서전晉書傳』에 이르기를 "왕돈王敦이 노해서 곽박郭璞을 잡아 남강南崗에 데리고 가서 죽이려 하니 박璞이 형관刑官에게 말하기를 '반드시 까치집이 있는 두 잣나무 사이에서 죽여 달라'고 하였다. 남강에 이르니 과연 잣나무는 있는데 까치집은 없었다. 박이 더 찾아보라고 하여 찾아보았더니 가지 사이 빽빽한 잎 밑에 과연 까치집이 있었다."는 고사에서 나온 말로, 살던 곳을 그리워하는 마음을 표현한 듯하다.

24 허유許由 : 요堯임금 때의 고사高士. 요임금이 천하를 그에게 넘겨주려고 했으나 거절하고 기산箕山에 들어가 숨었다.

25 소보巢父 : 중국 고대의 고사高士. 속세를 떠나서 산의 나무 위에서 살았기 때문에 생긴 이름이다. 임금이 그에게 나라를 맡기고자 하였으나 이를 거절하였다고 한다.

26 불영대佛影臺 : 묘향산 보현사普賢寺에 딸린 암자.

27 향로봉香爐峰 : 강원도 고성군과 인제군에 걸쳐 있는 산. 높이 1,296m. 금강산金剛山·설악산雪岳山·국사봉國師峰 등과 함께 태백산맥 북부를 이루고, 태백산맥의 지맥인 향로봉 산맥의 주봉이다. 서쪽 비탈면에서 남강南江·소양강昭陽江의 계류가 흘러내린다. 주목·신갈나무·갈참나무 등이 군락을 형성하고, 멧돼지·노루·오소리 등 각종 야생동물이 서식한다. 남한에서 가장 춥고 눈이 많은 지대이다.

28 청간정淸澗亭 : 강원유형문화재 제32호. 관동팔경關東八景의 하나이다. 설악산에서 흘러내리는 청간천과 바다가 만나는 지점의 작은 구릉 위에 있으며, 이곳에서 바라보는 동해안의 풍경이 일품이다. 특히 아침의 해돋이 광경과 낙조落照의 정취는 예로부

터 많은 시인과 묵객의 심금을 울렸다고 한다. 정자의 창건 연대와 건립자는 미상이나 1520년(중종 15)에 간성군수 최청崔淸이 중수하였다는 기록이 있으며, 1981년 4월 대통령 최규하崔圭夏의 지시로 해체복원解體復元 하였다.

29 노고추老古錐 : 추錐는 송곳을 말하는데, 진리를 탐구하는 인재를 상징적으로 표현한 말이다.
30 무명無明 : 불교에서 영원히 변하지 않는 진리라고 하는 고제苦諦·집제集諦·멸제滅諦·도제道諦의 근본의根本義에 통달하지 못한 마음의 상태.
31 무생無生 : 생멸生滅을 떠난 열반의 이치.
32 거사居士 : 가주家住·처사處士·가라월迦羅越. 재가의 남자 신도를 부르는 호칭이다. 일반적으로 재가 남자의 불명佛名 다음에 붙여서 부른다. 인도의 사성 계급 중에서 상공업에 종사하고 있는 호족, 한 집안의 가장을 말하기도 한다.
33 소사小師 : 불가佛家에서 가르침을 받은 지 10년이 차지 못한 스님을 이르는 말.
34 공림사空林寺 : 충청북도 괴산군 청천면 사담리 낙영산에 있는 절. 공림사公林寺라고도 한다. 조선 태종 때에 자은종에 소속되었다.
35 사마司馬 : 병조판서兵曹判書의 다른 이름.
36 정자正子 : 조선 시대 관직. 홍문관弘文館·승문원承文院·교서관校書館 등의 정9품 벼슬이며, 정원은 2명이었다. 정자正字로도 씀.
37 청심당淸心堂 : 서산 스님의 제자.
38 허깨비 같은 세계(幻海) : 환해幻海는 허깨비같이 허망한 인간 세상을 뜻한다.
39 참모습으로 돌아갔네(歸眞) : 귀진歸眞은 참모습으로 돌아간다는 뜻. 흔히 고승의 열반을 귀진이라고 한다.
40 청운靑雲의 길: 청운의 본뜻은 높은 벼슬을 가리키는 말로 입신출세의 대망大望을 의미하나, 여기에서는 황천길이 아득하여 청운이 가린 듯 멀고멀다는 뜻인 듯하다.
41 중향성衆香城 : 금강산 내금강의 영랑봉 동남쪽을 병풍처럼 둘러싸고 있는 하얀 바위 성.
42 머뭇거리는 사이(盤桓) : 반환盤桓은 어정어정 머뭇거리며 멀리 떠나지 못하고 서성이는 것을 말한다.
43 불일암佛日菴 : 지리산의 쌍계사에 딸렸던 암자.
44 별유천지別有天地 : ① 인간이 살고 있는 세계와는 다른, 딴 세계. ② 속세와는 매우 다른 좋은 세계. 별천지·별건곤. ③ 자기가 있는 곳과는 아주 다른 환경이나 사회.
45 목우자牧牛子 : 고려 스님 보조 지눌普照知訥(1158~1210)의 호.
46 무위사無爲寺 : 전남 강진군 성전면城田面 월출산月出山 남동쪽에 있는 고찰. 사지寺誌에 의하면 617년(신라 진평왕 39)에 원효가 창건하여 관음사觀音寺라 하였는데, 875년(신라 헌강왕 1) 도선道詵이 중건하여 갈옥사葛屋寺라 개칭하였다고 한다. 946년(고려 정종 1)에는 선각先覺 형미逈微가 3창하여 모옥사茅玉寺라 하였다가, 1550년(명종 5) 태감太甘이 4창하고 무위사라 개칭하였다. 그러나 경내에 있는 보물 507호인 선각대사편광탑비先覺大師遍光塔碑에 의하면, 신라 시대에도 이미 무위갑사無爲岬寺로 불렸으므로 사지에 오류가 있음을 알 수 있다. 이때의 당우堂宇는 본 절이 23동, 암자가 35개로서 모두 58동이었는데, 그 후 화재로 축소되었다. 최근까지만 해도 남아 있는 당우는 극락전과 명부전 및 요사뿐이었는데, 1974년 벽화보존각壁畵保存閣·해탈

문解脫門·분향각焚香閣·천불전千佛殿·미륵전彌勒殿 등을 중건하면서 옛날의 모습을 찾게 되었다. 이 가운데 국보 제13호 극락전은 벽에 29점의 벽화가 있었으나, 지금은 본존불 뒤의 탱화만 남아 있고, 28점은 보존각에 소장되어 있다. 이 벽화들은 법당이 완성된 뒤 찾아온 어떤 노거사老居士가 49일 동안 이 안을 들여다보지 말라고 당부한 뒤에 그렸다는 전설이 있다.

47 구정九井 : 월출산 구정봉에 있는 암반 위 아홉 개의 우물. 산 위 정상에 있는 우물에 항상 물이 고여 있어 여름에는 개구리와 올챙이가 산다고 한다.
48 석왕사 : 함경남도 안변군 설봉산雪峰山에 있는 절.
49 잔몽殘夢 : ① 잠이 깰 무렵에 꾸는 꿈. ② 잠이 깬 후에도 마음속에 어렴풋이 남아 있는 꿈.
50 소우疎雨 : 성글게 내리는 비. 오다 말다 하는 비.
51 태전太顚(731~824) : 석두石頭 화상의 법을 이었고 조주潮州에서 살았다. 한유韓愈가 조주 자사潮州刺史로 있을 때, 승·속의 간격을 넘은 교분을 가졌다. 이후로 유가儒家와 불가佛家의 친숙한 교류를 말할 적마다 인용되곤 했다.
52 배휴裴休 : 당나라 후기의 재가 불자. 자는 공미公美. 맹주孟州 제원濟原 출생. 821~824년에 진사進士가 되고, 여러 직책을 거쳐 이부상서 태자소사吏部尙書太子少師로 임명되었다. 젊었을 때부터 불교에 마음을 두고, 거사로 있으면서 화엄華嚴의 규봉 종밀圭峰宗密, 선禪의 황벽 희운黃檗希運에게 배웠다. 문장에 능하여 『勸發菩提心文』(1권), 종밀의 『註華嚴法界觀門』·『禪源諸詮集都序』·『原人論』 등에 서문을 쓰고, 희운의 어록 『傳心法要』 1권을 편집했다.
53 황벽黃檗 : 희운希運(?~850). 복건 사람. 백장 회해百丈懷海의 제자이며, 임제 의현臨濟義玄의 스승이다. 황벽산黃檗山에 주석하여 황벽화상이라 부르며 단제선사斷際禪師라는 시호를 받았다.
54 팽조彭祖 : 신선. 요임금 신하로 은나라 말년까지 8백 세를 살았다고 한다.
55 백헌百軒 : 조선 중기의 문신인 이경석李景奭(1595~1671)의 호. 병자호란 때 인조를 호종하여 남한산성에 들어갔고 청에 항복한 후 삼전도 비문을 지었다. 인조·효종·현종 3대의 명상名相으로 글씨와 문장에 뛰어났다.
56 우바새優婆塞 : Ⓢ upasaka. 출가하지 않고 세속에 살면서 불교에 귀의한 남자 신도.
57 맑은 구슬은~매여 있다네 : 『法華經』의 「五百弟子受記品」에 나오는 말이다.
58 안양국安養國 : 아미타불의 정토, 극락세계의 별명.

허백집 제2권
虛白集 卷之二

칠언절구
七言絶句

안주 절도사[1] 남이흥[2]의 전사에 곡함
哭安州節度使南而興戰死

오랑캐 쓸어버려 북쪽 변방 안정시키더니	掃盡凶奴正塞外
유골은 한 줌 흙이 되어 타향에 누웠구나	骨爲塵土臥他鄕
헌문에서 평생의 뜻 다 이루지 못한 채	軒門未遂平生志
봄날 나비로 화했으니 내 창자 끊어지는 듯	化蝶春前自斷腸

방어사[3] 김준[4]의 전사에 곡함
哭防禦使金俊戰死

오랑캐 먼지 다투어 일어나 이 나라 뒤덮으니 　　胡塵競作靑丘沒
국경 밖 천산에 활 한 개를 걸어 놓았네 　　　　塞外天山挂一弓
철석 같은 충성심 어느 곳에 두었기에 　　　　　鐵石忠心何處在
청천강의 살기가 신비한 무지개를 쏘는가 　　　淸川殺氣射神虹

해남의 여러 수재의 시운을 따서
次海南諸秀才韻

물병 들고 지팡이 짚고 표연히 여기 와 머무니	瓶錫飄然曾駐此
다시는 속가에 가서 사립문 두드리는 일 없으리	更無方外扣柴扉
다행히 오늘 참다운 고사[5]를 만났는데	幸逢今日眞高士
필법과 문장이 만고에 드문 사람	筆法詞源萬古稀

공민 장로 만사 [2수]
挽公敏長老[二]

[1]
신령한 빛 홀로 빛나 이 세상을 다 비추고　　靈光獨曜徧河沙
범부와 성인이 종래에 일가를 이루었소　　　凡聖從來共一家
오늘 아침에 껍질 벗고 걸림이 없으시니　　　脫殼今朝無罣碍
많고 많은 모든 부처 허공 꽃 다하였네　　　　剎塵諸佛盡空華

[2]
평생토록 업을 닦아 무슨 일을 이루셨나　　　平生鍊業成何事
법당을 경영한 게 바로 큰 공이 되지　　　　　佛殿經營是大功
극락세계 가기를 생각하며 성인 명호 칭양하니　送想樂邦稱聖號
바람 가지 물속 달처럼 연꽃 궁전 밟으소서　　風柯月渚踏蓮宮

오 장로에게 부쳐 줌
寄悟長老

어제 날짜로 책을 받아 다 읽고 보니	昨日承書披讀罷
억지로 인정 끌어 서지[6]하는 이에게 따지네	强牽人情問栖遲
앞길을 손꼽아 기다리는데 언제쯤이 될는지	前程屈指能何許
멀리서 그대를 생각하나 쉬 돌아가질 못하오	遠想吾君未易歸

섣달 이전에 피지 않는 동백꽃을 조롱하며
嘲臘前冬栢花不開

유래를 보면 섣달에 동백꽃 핀다던데	臘雪由來冬栢新
이때 피는 꽃이 진정으로 천진하다지	此時開發正天眞
어찌하여 피지 않고 꽃봉오리 머금은 채	如何不綻猶含蘂
내년 봄에 버들 꽃 필 때를 기다리는고	苦待明年柳絮春

박 정자에게 줌
贈朴正字

봉래산 선동에 얼마나 오래 살았는가	蓬萊仙洞幾栖遲
좋은 경치 찾아서 바닷가로 내려가네	眞境探尋下海湄
마침 존현을 만나 정의를 깨뜨리니	適値尊賢情意破
창문 반쯤 비치는 밝은 달빛만 어렴풋하네	半窓明月色依依

인한 스님이 법어를 구하기에
印閑求語

우리 스님 의기는 마치 우레와 같고	吾師意氣若雷霆
늠름한 위풍은 흡사 벽력과 같네	凜凜威風霹靂聲
만약 오욕의 바다에서 적을 만나거든	五欲海中如見賊
신검 휘둘러 단칼에 악한 맘[7] 물리치시게	一揮神釖血迸鯨

대흥사 대중들이 선게를 지어 후대에 전하게 해 달라는 간청을 받고
受大興衆請作禪偈傳後代

불길 속에 찬 서리 엉겨 구슬을 맺고	焰裏寒霜凝結㲿
쇠 나무에 꽃이 피어 찬란하게 빛난다	花開鐵樹暎輝明
진흙 소는 울면서 바닷속을 달리고	泥牛哮吼海中走
나무말의 울음소리 길을 가득 메운다	木馬嘶風滿道聲

심 스님에게 부쳐 줌
寄諶師

세상 속 풍파는 솥에서 끓는 물 같아　　　　世內風波鼎沸沸
가는 곳마다 어렵지 않은 데가 없구나　　　　無非處處盡羊腸
대산의 길이 곧바른데 하필 물을 필요 있나　　臺山路直何須問
지금 청량사에 들어 보살께 예 올리네　　　　今入淸凉禮吉祥

병인년 섣달에 순영⁸에 붙들려 들어감
丙寅臘被入巡營

차가운 서릿바람 허름한 옷 뚫고 스며드는데　　　霜風冽冽透寒衣
가는 곳마다 행장들 내 뜻과는 마냥 다르구나　　　到處行裝與志違
하늘의 뜻은 이미 분명하게 정해져 있는데　　　　乾道分明曾已之
천명 즐기며 사는 사람에게 무슨 의심할 게 있는가　樂夫天命更何疑

전쟁에서 패한 뒤 장안산으로 들어감 [2수]
戰敗後入長安山 【二】

[1]

선암에 홀로 앉았으니 일 없어 적막한데　　禪菴獨坐寂無事
오고 가는 구름만이 초가집 사립문을 찾네　來住雲霞訪草扉
신선 새는 짙은 녹음 속에서 지저귀지만　　仙鳥亂鳴芳綠樹
이 한 몸 외로운 그림자는 역시 서글프네　　一身孤影亦哀哀

[2]

외딴 곳에 사람 없어 세속 경계 끊겼는데　　地僻無人絶世境
분향하고 성수무강 빌며 사립문에 기대섰네　焚香祝聖依柴扉
비밀한 뜻 담긴 참다운 책 읽고 나니　　　　密旨眞經看讀罷
싸움터 남은 한이 가슴속에 가득하네　　　　戰場遺恨滿腔脾

정묘년에 분탕질이 있은 뒤 부름을 받아 평양에 들어감
丁卯焚蕩後被招入平壤

영숭전[9]엔 명아주 세 자나 자라 있고	永崇宮殿黎三尺
홍예문[10] 누각은 이미 잿더미가 되었네	虹霓門樓已成燼
억만이나 되던 인가는 어디로 가고	憶[1]萬人家何處去
봄바람에 제비만 흥망의 일 조잘대네	春風燕子說興亡

---

1) ㉠ '憶'은 '億'의 오기인 듯하다.

묘향산 상원
香山上院

우뚝 솟은 금전은 하늘에 근접하고	崔巍金殿近中天
폭포는 날아 흘러 하늘 높이 걸려 있네	瀑沛飛流挂長川
하얀 물 내뿜는 용담은 구슬을 뿌리는 듯	噴雪龍潭珠玉撒
푸른 하늘가엔 학이 졸고 스님도 누워 있네	鶴眠僧臥碧空邊

한강을 건너며
渡漢江

갈대 꺾어 비껴 타고 한강을 건너니[11]	折蘆橫乘渡漢江
강가 정자에 노래하고 춤추며 또 생황도 부는구나	江亭歌舞又吹簧
오호의 노을 진 경치 어느 곳에 있는가	五湖烟景在何處
이곳이 바로 신선 세계 백옥경[12]인 것을	此是仙間白玉景

불정대에 올라서
登佛頂臺

멀리서 온 길손 만 길 불정대에 오르니	遠客初登萬似臺
푸른 바다 아득히 작은 배가 돌아가네	渺然滄海扁船歸
긴 휘파람과 피리 소리는 바람 타고 들리고	乘風長嘯兼吹笛
황주[13]를 굽어보니 작은 흙덩이만 하구나	俯見皇州土一塊

총석대
總石臺

닻줄 풀어 배를 타고 푸른 바다 건너가니	解纜乘舟滄海去
갈대꽃 날리는 곳 흰 갈매기 한가롭네	蘆花飛處白鷗閑
하늘 떠받친 총석 아무도 보는 이 없어	撑天總石無人見
배 멈추고 배회하다 해 질 녘에 돌아왔네	停舶排[1]徊落照還

---

1) ㉠ '排'는 '徘'와 같은 뜻으로 쓰였거나 아니면 '徘'의 잘못인 듯하다.

천불 천탑을 보고 옛 생각을 하며
千佛千塔懷古

이곳이야말로 인간세계의 참다운 불국이니　　此是人間眞佛國
천 개의 안탑[14]만이 구름 속에 우뚝하네　　千重鴈塔卓雲林
새 울고 꽃 피는 정경 그 누가 화답하랴　　啼鳥開花誰與和
솔솔 부는 솔바람이 이를 알아줄 뿐이라네　　松風蕭瑟之知音

밤을 주우며
拾栗

허기진 창자 꼬르륵대는 소리 참지 못해　　　不忍飢腸似電鳴
천천히 걸으며 밤알을 주우려고 구름 속에 들었네　經行拾栗入雲扃
석양의 산 빛 마치 붉은 비단 같은데　　　　　夕陽山色如紅錦
내리는 가을비에 떨어지는 낙엽 소리　　　　　秋雨霏霏落葉聲

식 스님을 이별하며
別式師

멀리 이별하니 그리운 정 얼마나 갈까   遠別悠悠情幾許
슬피 우는 두견새 소리 견디기 힘들구나   不堪哀聽杜鵑聲
다른 해에 혹 날 찾아올 계획이 있거들랑   他年倘有相尋計
태백산 중 한 작은 초당으로 찾아오게나   太白山中一草堂

성진 선자를 이별하며
別性眞禪子

개울가에서 이별하고 나니 일천 산 가로막아	臨溪分手千山隔
어느 곳에서 다시 만나 옛정을 이야기하리	何處相逢說舊情
매미 우는 저녁에 단풍잎은 떨어지고	蟬咽夕陽楓葉落
숲속에선 새들만 조잘조잘 우는구나	芳林啼鳥兩三聲

조카의 급제를 축하함
賀姪子及第

젊은 나이에 열심히 배워 많은 사람 물리치고	靑年勤學萬人敵
충성으로 갚으려고 온 힘 다하리라 생각했네	欲報忠誠着力思
계수나무 한 가지를 꺾어 취하여야 하리니	桂樹一枝須折取
해동 천지에 이 사람이 바로 대장부로세	海東天地是男兒

어머님께 하직 인사를 하며
拜辭萱堂

7월 초가을에 여기 와서 머물다가	七月初秋來駐此
초겨울 눈보라에 행장 꾸려 돌아가네	孟冬風雪促裝歸
어머님께 절하고 이별하니 찬 구름 가로막아	萱堂拜別寒雲隔
갈 길이 아득하니 눈물 흘러 옷 적시네	去路茫然淚滿衣

싸움터에서 만난 스님
遇戰場僧

안개 속에 한번 들어 세월을 보냈는데	烟霞一入經年月
오늘 그댈 만나니 생각 더욱 깊어지네	今日逢君意轉深
밀성¹⁵에서 싸웠던 일 이야기하려 하면	欲說密城交戰事
슬픔 견딜 길 없어 눈물이 옷깃을 적신다오	不堪哀淚自沾襟

늑 스님의 시운을 따서
吹[1]勒師韻

달 속의 계수나무 그림자 창가에 드리우고	月中桂樹當窓影
눈보라 이리저리 나부껴 점점이 휘날리네	風雪交馳點點飛
밤새도록 좌선에 들어 잠자지 아니하고	徹夜坐來眠不得
만법이 하나에 돌아가니 하나는 어디로 돌아가나 참구했네	着疑歸一一何歸

---

1) 영 '吹'는 '次'의 오자인 듯하다.

원신 상인[16]에게 주다
贈元信上人

근본 정기 다른 데서 얻는 게 아니라	元元正氣非他得
진실로 옛날부터 자기 성품 속에 있다네	信也從來在性中
까마득한 철벽에서 한번 뒤집어 몸 던지면	鐵壁懸崖翻一擲
모래처럼 많은 눈앞의 대천세계 다 공한 것을	大千沙界眼前空

강론을 마치고 늑 선사의 시운을 따서
講罷次勒禪韻

마야부인 배 속의 밝은 달이	摩耶肚裏堂前月
사람마다 한바탕 꿈속의 몸 비추어 깨뜨리네	照破人人一夢身
비밀한 뜻 들춰 봐도 많은 말 없거니	提撕密旨無多子
하필이면 종이 위에 구차히 펼 것인가	何必區區紙上伸

입추
立秋

마당가 오동나무 잎 하나 떨어지니	庭畔梧桐一葉落
가을바람 가는 곳에 〈백두음〉[17]을 읊는다	秋風轉處白頭吟
안석에 기대 잠에 빠졌다가 잔몽을 깨니	凭几熟眠殘夢破
석양에 매미 우는 소리가 세월을 재촉하네	夕陽蟬咽促光陰

벗과 이별하며
別交友

산에 사는 사람이라 정마저 끊어졌다 말 마라	莫道山人情愛斷
괴정에서 이별한 후 남몰래 시름겹네	槐亭分袂暗生愁
청분한 그대 얼굴 어느 해 다시 만나리	何年更接靑芬面
밤마다 흘러가는 앞 시내만 바라보며 한탄하네	恨對南溪夜夜流

윤 처사의 시운을 따서 [2수]
次尹處士韻【二】

[1]
몸 연단하는 법 터득한 소요하는 나그네　　　身形鍊得逍遙客
세속 인연 싫어 않고 신선 또한 구하지 않네　　不厭塵緣不望眞
그지없이 많고 많은 경계 여유롭게 노니니　　　優遊利海無邊境
맑고 한가한 세속 밖의 사람이라 할 만하네　　可謂淸閑物外人

[2]
금사동 골짜기 그윽하단 말 듣고　　　　　　　聞說金沙洞裏幽
함께 한가한 속에서 청아한 이야기 나누었네　　清談今日共閑流
세상 밖 소연한 산속의 이 맛에 젖어　　　　　 脩然物外山中味
인간세계 세속의 흐름에 떨어질까 저어하네　　恐落人間世俗流

내원의 청허당
內院淸虛堂

구름에 덮인 숲 옛 영당에 홀로 서 있으니 　　　　獨立雲林舊影堂
가을밤 밝은 달이 맑고 서늘한 기운 일으키네 　　月明秋夜起淸凉
청허 참스님은 어디로 가셨는지 알지 못하는데 　不知何處眞僧去
서리 속에 무성하게 핀 국화 향기만 코를 찌르네 　霜菊離離撲鼻香

김 천총[18]을 이별하며
別金千摠

채찍 휘두르며 고결한 선비 구름 문에 들었는데	揮鞭高士入雲扃
나와는 동갑 나이라 마음이 저절로 놓이네	與我年庚自解情
손 놓아 아쉽게 이별하고 유유히 돌아오니	分袂悠悠還惜別
빽빽한 숲속에선 새 우는 소리만 조잘거리네	隔林啼鳥兩三聲

행준 스님이 법어를 구하기에
行俊求語

만 가지 의심 묶어 한 가지 의심으로 보되	萬疑都就一疑看
의심해 오고 의심해 가면 의심 저절로 보이리	疑去疑來疑自看
땅 흔들리고 하늘 놀람을 다 타파해 마치고 나면	動地驚天俱打了
모래알처럼 많은 대천세계大千世界가 눈앞에 보이리	大千沙界眼前看

친구를 기다리며
待友

누각에 올라 친구의 모습 하염없이 바라보건만	登樓悵望故人形
난간 밖에는 지팡이 소리조차 들리지 않네	軒外無聞杖策聲
어느 날에나 선창에서 얼굴을 볼 수 있을지	何日禪窓親覿面
밤새 촛불이 다 타도록 깊은 정 누설하네	終霄剪燭洩深情

『남화경南華經』 강론을 마치던 날 보은에게 줌【2수】
南華講罷日贈普늘【二】

[1]
『남화진경』을 한번 보고 난 후로	自從一見南華後
여러 해 은근히 『장자』[19]를 즐겨 읽는다네	累載慇懃桼園書
강의를 끝내고 간곡하게 사실을 전하니	講罷叮嚀傳實事
통쾌하구나! 학을 타고 하늘을 나는 기분이로세	快如騎鶴上雲梯

[2]
스님 생각이야 다른 소원 아니라	吾師志願非他願
『장자』에서 철석같은 마음 보려 함이겠지	欲閱莊書鐵石心
몇 권의 책을 이제 다 읽고 나니	數五卷文今讀罷
천년의 종자기 같은 지음知音을 처음 알았네	始知千載子期音

한 생원[20]을 이별하며
別韓生員

저 사람의 천품을 관찰하니 맑은 바탕 품고 있어	觀渠天理抱淸質
머리에 신선 꽃 꽂는 일 결단코 의심할 여지 없네	頭揷仙花定不疑
꿈속에서 서로 만났다 다시 아쉽게 이별하니	夢裡相逢還惜別
달 속의 계수나무 그림자만 어른거리네	月中桂影色依依

붉은 국화
紅菊

온 산 숲 단풍잎은 찬바람에 떨어지고 千林黃葉霜風落
오직 붉은 국화꽃만 홀로 추위를 견뎌 내네 唯有菊紅獨耐寒
국가의 흥하고 망함은 전혀 개의치 않고 家國興亡都不管
얼굴을 활짝 펴고 웃음 열어 사람을 바라보네 破顏開笑向人閑

각준 어산[21]이 국화 심는 것을 찬탄함
贊覺俊魚山種菊

마당 앞 붉은 국화 그 누가 심었는가   庭前紅菊誰人植
각준 어산이 꽃모종 얻어다 심었다네   覺俊魚山借種華
정성껏 심고 가꿈은 그 색色 좋아해서가 아니라   懇懇栽培非愛色
범패[22]를 할 적에 할향[23]하는 꽃을 생각해서라네   深懷梵唄喝香花

능 판사의 시운을 따서
次能判事韻

맑은 봄날 밤에 계수나무 그림자 하늘하늘 　　桂影婆娑春夜晴
꿈속에 호랑나비 정신을 괴롭게 하네 　　夢中蝴蝶惱神情
선객의 천금 같은 구절 누가 알랴 　　誰知仙客千金句
구름 덮인 마당에 날아와 책상 위에 드리네 　　飛落雲庭案上呈

엄 스님의 평상함을 돌이켜 도에 합한다는 뜻이 뭐냐는 질문에 대한 답
賽嚴師返常合道問

길하고 흉한 불변의 이치에 여러 갈래 길이 있으니	吉凶常道言多路
가슴속에 한 맺힌 채 몇 년이나 지냈는가	恨結胸中已幾年
우연히 책을 펼쳐 보니 내 마음에 꼭 맞아	偶閱全書開合意
구름 걷히니 오호의 하늘에 해가 밝구나	披雲見日五湖天

서글픈 가을
悲秋

단풍잎 우수수 마당에 떨어지니	楓葉蕭蕭落洞庭
작은 암자 외로운 나그네 넋이 놀라네	草菴孤客欲魂驚
자연의 풍경이 나이를 재촉하니	風光景物年光促
병든 몸 숱한 생각 없애기 어렵구나	病裏難消萬斛情

이 진사의 시운을 따서
次李進士韻

안개와 노을의 맛 평생토록 애착하여	平生愛着煙霞味
구름 빗장 속 높이 누워 한가함을 즐긴다	高臥雲扃得自閑
신선 늙은이와 오늘 나눈 이야기 만족하니	今日仙翁談笑足
지팡이 짚고 상산商山24을 찾아갈 필요 있겠나	何須策杖訪商1)山

---

1) ㉮ '啇'은 '商'과 통용된다.

이 정자에게 보여 줌
示李正字

비야리성에서 입을 닫은 한 늙은 스님   杜口毘耶一老僧
흰 구름도 푸른 산언덕에 멈추어 있네   白雲行止碧山層
혀끝의 세작은 안개 노을 맛 그것이라   舌頭細嚼烟霞味
인간세계 명예 위한 학문 배우지 않으리   不學人間姓字能

행각승 일현에게 줌
贈日玄行脚

길 떠나 무슨 일로 이곳을 찾았는가	發軔紛尋何所事
마음속 탐냄과 성냄 버리는 게 중요하지	要當心裏去貪嗔
헐뜯거나 칭찬 들어도 바람처럼 흘려보내고	若聞毀譽如風過
물색에 무심하면 도는 절로 새로워지지	物色無心道自新

현 스님에게 줌
贈玄師

봄에는 풍악산 향로봉을 유람했고	春遊楓岳香爐洞
가을에는 영주의 금수봉에 누워 있네	秋臥靈珠錦繡峰
선감에 함께 자며 맑은 꿈 깨지니	共宿仙龕淸夢破
오락가락 싸늘한 달만 높은 봉우리 비추네	依依寒月上高峰

성원에게 줌
贈性圓

도 들었단 화려한 명성 이미 오래되었는데　　聞道聲華年已久
오늘 어찌 현기에 이를 줄 알았겠나　　那知今日激玄機
밤새 지혜의 촛불 켜고 둘러앉아 이야기하니　　終霄智燭團欒話
밝은 달 시원한 바람이 바로 그 종자기로세　　明月淸風是子期

백빈 스님이 법어를 해 달라기에
白彬求語

『화엄경』 말없는 진리를 강론하여 마치니	講罷華嚴無言處
오직 스님만이 기뻐하며 혼자서 얼굴을 펴네	唯師怡悅獨開顏
중중무진한 세계도 오히려 겨자씨와 같은데	重重刹海猶芥子
무슨 일로 남쪽을 순행하며 백십 번 돌았는가	何事巡南百十還

명주 스님과 이별하며
別明珠

여러 달 같이 지냈는데 다시 쉬 이별하려니 　　數月同床還易別
보내는 한 견디지 못해 마음속 이야기 다했네 　　不堪離恨洩情談
존사께서 만일 몸 머물 곳을 묻는다면 　　尊師若問栖身處
보개산 속에 있는 한 작은 암자라 말하리 　　寶盖山中一草菴

혜관 장로에게 줌
贈慧觀長老

향주머니 기이한 몸 천 리 먼 길 찾아오니 　　　纈縢奇骨尋千里
큰 공을 이룬데다 은혜까지 갚으셨구려 　　　一大功成亦報恩
은근하게 원하는 뜻 대해와 같아 　　　志願殷懃如岱海
신통한 구슬 몇 개 높은 하늘에서 떨어진다 　　　神珠數箇落天掀

성일 스님에게 줌
贈性逸師

나와 스님은 생각의 차이가 없으니 　　　　吾與吾師意不差
생사를 같이하며 기운을 연마하리 　　　　同生同死氣相磨
뜬구름 무리 흩어지면 무슨 한계 있으랴 　浮雲聚散何須恨
만 리 강산이 다함께 한집안인 것을 　　　萬里江山共一家

성암 스님에게 줌
贈性菴

방망이 뽑아 들고 불자를 세우는 일 다름이 아니라	拈搥竪拂非他事
다만 사람들을 당면하여 제집으로 돌아가게 함일세	直使當人自到家
뜻을 분발해 이룬 공을 한번 던져 버리면	噴志功成翻一擲
모래알 같은 대천세계가 눈앞의 꽃인 것을	大千沙界眼前花

인학 스님이 게송을 요구하기에
印學求偈

스님 따라 온갖 산의 구름 다 밟고　　　　從師踏盡萬山雲
영주에 뛰어들어 머리털을 끊었구나　　　　超入靈珠斷髮根
세상의 공명은 허깨비나 꿈과 같은 것　　　世上功名如幻夢
때때로 포삼근[25]에 의심을 붙이시게　　　時時疑着布衫斤

흠 스님이 생각나
憶欽師

향악(묘향산)과 영주가 몇 천 리던가	香嶽靈珠幾千里
봉래산에서 정겨웠던 이야기 꿈속에 오락가락	蓬萊情話夢依依
봄바람에 꽃다운 풀 지팡이 소리 끊어지고	春風芳草笻音斷
고요한 밤 그대 생각에 눈물이 옷깃 적신다	靜夜思君淚濕衣

정 진사의 시운을 따서
次鄭進士韻

뜻과 기상 어진 재주는 이미 뭇사람 뛰어넘었고 　意氣賢才已超群
가슴속 바다처럼 넓은 학문 천지를 뒤흔드네 　胸中學海動乾坤
세간의 명예와 이익 모두 다 잊어버린 채 　世間名利都忘却
지금 푸른 산을 향하여 흰 구름과 벗하네 　今向靑山伴白雲

원 스님과 이별하며
別元師

나와 스님은 생각이 다르지 않아	吾與吾師意不異
같은 맘으로 함께 살며 깊은 정 나누었네	同心同息洩深情
그런데 지금 남쪽 냇가 언덕에서 송별하니	如今送別南溪岸
슬픔에 겨워 냇물도 밤새도록 소리 내어 흐르네	惆悵泉流夜夜聲

심오 스님의 만사
挽心悟

[1]
40년 쌓은 공업 돌이켜 생각하니 어리석어　　惑年功業轉頭非
멀고 먼 고향 길을 혼자서 돌아갔구나　　　　鄕路迢迢獨自歸
오늘 밤 날 저문데 그 어디에 계신가　　　　　今日黃昏何處是
백양나무 가지에 돌연히 구름이 이네　　　　　白楊枝上突雲飛

[2]
슬픈 마음 애통한 곡소리 구름 산에 사무치고　悲心哀哭徹雲山
바람이 오동나무 흔드니 만 가지 한이 생겨나네　風動梧桐恨萬端
가만히 생각건대 참다운 혼령 어디로 갔을꼬　暗想眞靈歸去處
극락에서 마음대로 자유롭고 한가할 테지　　　蓮邦隨意自由閑

윤 진사를 맞이하여
奉尹進士

의지와 기상 초연하여 뭇사람을 초월했네	意氣超然逈出群
선산[26]에 약속 있어 층층 구름 밟았구나	仙山有約踏層雲
서로 만나 한바탕 웃다가 다시 이별하게 되니	相逢一笑還離別
고개 돌려 돌아오는 길에 눈만 어지러이 날리네	回首歸程雪正紛

윤 정자를 맞이하여
奉尹正字

바다 밖 궁산[27]의 한 늙은 승려가　　　　　海外窮山一老僧
다행히 신선 나그네 만나 다시 등불 돋우었네　幸逢仙客更挑燈
좋은 이야기 다 못했는데 날은 어느새 밝아 오니　清談未盡天將曉
서로 옷소매 부여잡고 아쉬움을 한탄하네　　共把羅衫恨未能

섣달 그믐날 오 스님과 이별하며
除夜別悟師

   인간세계 세월은 흘러가는 물과 같고   人間歲月如流水
   하늘나라 광음은 문틈으로 달리는 말을 보는 것   天上光陰似隙駒
같네
   오늘 밤 그대와 서로 이별하고 나면   此夜吾君相別後
   어느 곳에서 다시 함께 노닐지 모르겠구려   不知何處更同遊

윤 참의[28]를 맞아서
奉尹叅議

봉래산 방장의 어떤 한가한 스님	蓬萊方丈一閑僧
신선 수레 경건히 모시고 작은 등에 불붙였네	敬奉仙軒點小燈
진리 이야기 깊어지니 날 새는 줄 몰랐는데	話到更深天欲曙
두어 소리 맑은 경쇠 구름층을 뚫는구나	數聲淸磬出雲層

삼가 백헌의 시운을 따서 [2수]
敬次百軒韵【二】

[1]
영상이 일찍이 이곳에 오겠노라 약속했는데　　領相曾言向此期
수레 타고 장적 불며 진달래 필 때라네　　　　乘輿長笛杜花時
높은 누각 위에서 깊은 진리 묘한 말씀 나누니　談玄說妙高樓上
가슴속을 씻어 낸 듯 온갖 시름 사라지네　　　洗滌膏襟萬慮愁

[2]
표연히 병들고 지팡이 짚고 선산 향해　　　　飄然瓶錫向仙山
내 건너며 풍진 속에 몇 구비나 지나왔나　　　跋涉風塵幾渡灣
만일 두륜산 신선의 병 속 경계에 들어가면　　如入頭崙壺裏境
흰 구름도 푸른 하늘에 걸음 멈추고 쉴 테지　　白雲行止碧虛間

관산의 오 스님에게 부쳐 줌
寄冠山悟師

이별한 뒤 깊은 시름으로 얼마나 지냈는가	別後深懷能幾許
관산의 스님 시름없이 기다리며 생각이 아득하다	冠山悵望思悠悠
오늘 편지 한 통을 받아 뜯어서 읽어 보니	今承一扎開緘見
슬픈 마음 견딜 수 없어 생각 더욱 어둡구나	不勝悽然意轉幽

오대산 청 스님에게 부쳐 줌
寄臺山淸師

지난날 봉래산에서 서로 이별한 뒤로　　　　昔日蓬萊相別後
양쪽 마을에서 몇 년이나 그리워했던가　　　兩鄕思憶幾春秋
등불 돋우고 마주 앉아 이야기한 시절 언젠지 아는가　　挑燈對語知何節
멀리서 존안을 생각하니 시름을 견딜 수 없소　　遙想尊顔不勝愁

남인 스님을 생각하건만 오지 않아서
想南印不來

서쪽 서경으로 간 뒤 아직 돌아오지 않으니 　　西去西京猶不返
늙은 중 혼자 자는 밤 마음이 어떻겠나 　　老僧孤宿意何如
밤낮으로 그리워하는 마음 다함이 없어 　　相思日夜情無極
시름없이 먼 하늘 바라보니 한만 가득 서리네 　　悵望天涯恨有餘

호연 스님의 시자 승정이 영골을 모시려고
보개산에 들어가 사리를 꺼내 가지고 돌아감
浩然侍者勝淨持靈骨入寶盖出舍利而歸

평생을 숲속에서 샘과 달과 함께 지내고	平生行止林泉月
온종일 서성이며 학을 벗 삼아 노니네	盡日徘徊伴鶴遊
때마침 향성사香城寺[29]에 사리탑 세운 나그네	適作香城敲骨客
뜻을 이루어 돌아가니 그 기쁨 다할 길 없어라	功成歸去喜難遒

신기 스님에게 줌
贈信機

영주봉 달밤에 활짝 한번 웃고는	靈珠月夜一開顔
소매 떨치고 표연히 만 리 길 돌아갔네	拂袖飄然萬里還
만약 신선 산의 청아한 맛을 묻는다면	若問仙山淸興味
종과 경쇠 두어 소리 구름 사이에서 나온다네	數聲鐘磬出雲間

법심 스님에게 줌
贈法心

풍악에서 찾아와 구름 빗장 두드리니	自從楓嶽扣雲扃
한번 웃고 맞는 즐거움 옛정이 그대롤세	一笑相迎似舊情
선 이야기 채 끝나기도 전에 간다고 하니	禪話未終還拜別
숲 사이에 새들만 조잘조잘 우짖는구나	隔林啼鳥兩三聲

호연 문인 수십 명이 사리를 내어 달라고 간청함
浩然門人數十徒乞請出舍利

선사의 영골 사리가 그리 많이 있는 것도 아니니	先師靈骨微欠在
깊이 공부한 사람도 사리는 이루지 못하는 것을	鑽極之人亦不成
모두들 관우와 같은 의지가 없으면	僉也若無關羽志
좋은 옥에 글자 새겨도 참다운 이름 잃고 마네	鐫文良玉喪眞名

정인 스님을 이별하며
別正印

아침에는 미묘한 덕 개심산 마루에 노닐고 朝遊妙德開心嶺
저녁에는 대승이 만폭폭포 언덕으로 가노라 暮徃大乘萬瀑邊
굳세고 간절함 깊지 못해 석장 날리며 돌아와 偲切未深還拂錫
고개 돌려 보니 석양 하늘을 견딜 길 없네 不堪回首夕陽天

인 선자를 이별하면서
別印禪子

스님은 지금 어느 곳으로 가려는가 물었더니 　問師今欲向何方
서쪽 아득하게 먼 관서로 가는 길 가리키네 　西指關西路杳茫
일찍이 한곳에서 살았는데 다시 아쉽게 이별하니 　曾得同栖還惜別
외로운 나그네로 하여금 시름을 맺게 하지 마시게 　莫敎孤客結愁腸

회포를 서술하다
叙懷

풍악산 신선이 사는 마을 허백자가   楓岳洞天虛白子
발우에 호병을 간직한 지 몇 천 봄인가   餬餠藏鉢幾千春
어느 때에나 선타객[30]을 만나서   何時偶得仙它客
한 개의 법 밤길 가는 사람에게 전할까나   一介能傳夜路人

정 동지의 시운을 따서
次鄭同知韻

고상한 선비 진인 찾아 구름 덮인 집에 들어	高士探眞入雲扃
신선의 차 마시고 나니 세속 마음 사라지네	仙茶吸盡塵心滅
세간의 영화와 욕됨의 일은 물거품과 같은 것	世間榮辱似浮漚
널려 있는 온갖 사물 그 현상은 한 물건이라네	萬像森羅爲一物

정양사[31]의 가을밤
正陽寺秋夜

천 겹 기묘한 산봉우리 서리 친 밤에 뜬 달	千疊奇峰霜夜月
우수수 떨어지는 단풍잎 가을바람 둘렀네	蕭蕭楓葉帶秋風
밤 깊어 적막하자 몸과 마음 고요하니	更深寂寞身心靜
삼라만상의 그림자가 마음속에 나타나네	萬像森羅影現中

양식을 빌러 간 스님을 기다리면서
待乞粮僧

이 한 몸 믿고 의지할 데 없는 나그네가	一身無怙無依客
1만 겹 산속에서 홀로 문 닫아걸었네	萬疊山中獨閉關
이마에 손을 대고[32] 멀리 바라보는 일 언제나 그치려나	斫額多時何日已
꿈속의 호랑나비 빈번하게 오락가락하는구나	夢中蝴蝶去頻還

심 스님에게 부쳐 줌
寄諶師

여러 달 동안 서로 생각하나 청분[33]한 그대 가로막아	相思累月隔淸芬
천일대天逸臺[34] 누각 위에서 단꿈에 빠진 사람	天逸樓臺夢裡人
어느 날 진면목을 다시 만날 수 있으랴	何日重逢眞面目
문득 말하노니 향악의 버드나무는 푸른 봄이로세	却言香嶽綠楊春

운 스님에게 부쳐 줌
贈雲師

한번 음성을 듣고 얼굴 뵘이 봄꿈처럼 지나고 나니   一見音容春夢過
어느 날 다시 만날 수 있을지 알 길이 없습니다   不知何日共同衾
소상강으로 돌아가는 기러기 북쪽 생각하며 우는데   瀟湘歸鴈啼思北
빈 창가에 달빛만 비치니 생각만 더욱 깊어집니다   月照空窓意轉深

평 스님에게 부쳐 줌 [2수]
寄平師【二】

[1]
진헐대 앞 삼경에 뜬 달	眞歇臺前三更月
두 곳에 분명하여 정든 사람 생각하네	分明兩地憶情人
어느 해 곧바로 봉래산 마을로 들어와	何年直入蓬萊洞
나와 함께 만폭동 폭포 가에 앉을까나	與我同遊萬瀑濱

[2]
생각하니 지난날 향로봉에서 한솥밥 먹자던 약속	憶昔香爐同鼎約
광음이 어느새 몇 년이나 지났는가	光陰暗變幾年經
푸른 원숭이 촉나라로 돌아가 소식 전할 길 없더니	靑猿歸蜀難傳信
마침 존형을 만나 먼 곳에서 소식 부치오	適值尊兄寄遠情

발연사鉢淵寺[35]에서 자면서 진표 율사에 대한 감회가 있어서
宿鉢淵感眞表律師

기이한 암석 괴상한 바위 진표 율사 형상 같고	奇岩恠石眞師像
용담에 솟구치는 물 법 설하는 소리로세	噴水龍潭說法聲
이 풍경 대하고 보니 당시의 일 의심할 여지 없어	對此不疑當日事
비로소 알겠네 푸른 산이 고금에 푸른 이유	始知靑嶂古今靑

묘향산의 친구에게 부쳐 줌
寄妙香知己

태백산의 마음속 친한 친구 생각하다가	緬惟太白親心友
꿈속에서 분분하게 몇 번이나 집에 갔던가	魂夢紛紛幾到家
오래된 친구라 지금까지의 정 얕지 않으니	舊識從來情不淺
가을바람 불거든 날 한번 찾아옴이 어떤가	秋風高拂訪如何

봄비 속에 사물을 감상함
春雨賞物

봄바람 가랑비에 날씨마저 쌀쌀한데	春風細雨勢猶寒
팔자처럼 생긴 창에 사물 감상 기쁘구나	八字禪窓賞物懽
복사 오얏 장미는 이슬 머금은 채 웃고 있고	桃李薔薇含露笑
푸르스레한 산봉우리는 구름 사이 솟아 있다	數峯蒼翠卓雲間

금강산에 있으면서 고향 친구가 생각나서
在金剛山憶故人

칼과 창 같은 층층 봉우리 어찌 다 말할 거며	釼戟層峯豈可盡
양의 창자처럼 굽은 산길 몇 천 구비 돌았는가	羊腸曲路幾千回
안개 노을 속에 한번 들어 새 계절이 지나건만	煙霞一入經新節
관서로 간 옛 친구는 나타나지 않는구나	不見關西舊識來

금강산 꼭대기에 올라
登金剛山頂

부상에 해가 뜨니 부처님 모습 나타나고   日出扶桑開佛面
푸른 바다에 달이 뜨니 그 또한 존안이라   月臨滄海亦尊顔
걷고 걷는 걸음마다 온통 유리세계이니   行行步步琉璃界
금강산이 인간세계 제일 산인 줄 알겠네   知是人間第一山

동해 명사를 거닐며
東海鳴沙行

명사 모래섬 언덕을 홀로 걸으며	鳴沙汀岸獨行筇
동쪽 해 뜨는 곳 바라보니 평평한 바다에 닿아 있네	東望扶桑接海平
흰 갈매기 나는 곳엔 갈대꽃 떨어지고	白鷗飛處蘆花落
시원한 바람에 쫓기는 구름 저절로 가볍구나	雲逐淸風雲自輕

봉래산에서 묘향산 옛 친구를 이별하며
蓬萊別香山故友

팔월 가을바람에 낙엽이 날리고	八月秋風落葉飛
저녁 구름에 산 빛은 멀리 희미하네	暮雲山色遠微微
송정에서 이별하니 그 마음 어찌 다하며	松亭告別情何極
슬픈 마음으로 하늘가에서 나 홀로 돌아오네	惆悵天涯獨自歸

희 장로에게 부쳐 줌
寄熙長老

세월은 유수처럼 빨라 겨울옷 장만이 엊그제 같은데	歲月如流近授衣
찬바람은 계속 불어 이불과 옷에 스며드네	寒風陣陣透衾衣
생각하는 마음 급급하여 어머님께 돌아가니	思心汲汲歸慈室
어느 날 다시 만나³⁶ 옷 한번 몸에 두를까나?	何日重圓一捲衣

행 스님에게 주다
贈行師

높은 곳 암자라 오가는 이 없어 적막한데	高菴寂寞絶來徃
나그넷길 같은 인생 날로 달로 새롭구나	旅寓生涯日月新
생각건대 귀하신 그대 한번 만나 보려고 하면	料得尊君相欲見
꿈속에 호랑나비가 되어 구름 속에 들어야 하리	夢隨蝴蝶入雲頻

봄에 풍악산을 유람하면서
春遊楓嶽

층층 절벽과 바닷가에 좌정하니	坐斷層崖與海濱
붉고 누렇고 푸르고 흰 것 똑같이 봄이로세	紫黃靑白盡同春
어찌 반드시 밖을 향해 참다운 경계 찾으랴	何須向外尋眞界
장엄한 산 색깔이 법성이요 법신인 것을	山色莊嚴法性身

오 스님이 눈 속에 날 찾아왔기에 감사하며
謝悟師雪中來訪

신선의 암자 그 누가 찾아와 사립문 두드리랴	仙庵誰訪扣柴關
적막한 선창에 나 홀로 한가하네	寂寞禪窓獨自閑
친구에게 깊이 감사하오, 옛 생각 못 잊어	深謝故人留舊意
봄 눈길 휘저으며 고생고생 찾아오신 것을	脚耕春雪苦來還

회포를 읊음
咏懷

오래 향로봉에 머물다 보니 즐거운 일 많아	久住香爐樂自多
금강산 옮겨 갈 적마다 즐거움 또한 많네	金剛移入樂尤多
즐겁게 오고 감은 세속의 즐거움이 아니라	樂來樂去非塵樂
함께 무생을 즐기니 그 즐거움 많다네	共樂無生樂亦多

오 스님을 생각하면서
憶悟師

지난 달 만난 지 지금 이미 오래이니　　　去月相逢今已久
좋은 이야기도 도리어 한단의 꿈일레라　　淸談還似夢邯鄲
이때에 비록 다시 이야기 나누려 해도　　　此時縱欲重尋話
일과 마음 어긋나니 어찌 어렵지 않으리?　事與心違豈不難

행 스님과의 약속을 기억하면서
憶行師有約

작년 가을에 고향 마을에 가서	徃年秋月故鄕境
나와 동맹하자 약속한 그 심정	與我同盟結契情
아름다운 계절 지나도 그림자 흔적마저 없고	佳節已過無影迹
다만 봄새가 봄을 희롱하는 울음소리만 들리네	但聞春鳥弄春聲

동산 스님의 시적에 감회가 있어서
感東山示寂

천제天帝의 마을 참 경계로 구름 타고 갔으니　　帝鄕眞界乘雲去
세상 건질 자비의 배에 노와 돛대 꺾어졌네　　　濟世慈船折棹傾
영취산 꽃 뽑아 들던 소식 어디에 있기에　　　　靈鷲拈花何處在
소림에 싸늘한 달만 홀로 밝게 비추나　　　　　少林寒月獨圓明

감사 홍득일[37]을 받들어 [2수]
奉洪監使得日 [二]

[1]
비단 같은 산 빛 가을밤은 조용한데	錦繡山光秋夜靜
시 읊으며 달을 감상하니 흥 길게 이어지네	吟風賞月興長連
항아리 속 신선 세계 이 경치 어찌 물을 필요 있나	壺中仙景何須問
봉래산은 아마도 별유천지인 듯하네	疑是蓬萊別有天

[2]
누덕누덕 기운 옷[38]에 일정한 방소 없는 사람	鶉衣百結無方漢
가는 곳마다 행장으론 물병 하나뿐이라네	到處行裝只一瓶
상국의 어진 물결 우리 석씨에도 미치니	相國仁波餘及釋
산문에 머물러 쉬면서 그대 위해 기도하네	山門留憩祝君明

치악산 상원
雉嶽山上院

구름 헤치고 물 건너 억지로 산등성이 올라오니	披雲涉水强登岪
고요한 절 우뚝 솟아 반공에 걸려 있네	蕭寺巍巍掛半空
세속 마을[39] 굽어보니 마치 개미집 같은데	俯見人寰如蟻垤
넓고 넓은 푸른 바다 눈앞이 평편하네	廓然滄海眼前平

가야산 취적봉
伽耶山吹笛峰

봄 산에 꽃이 만발하니 색 더욱 선명하고	春山花發色彌明
폭포수 날아 흘러 밤낮으로 우는구나	瀑水飛流晝夜鳴
고운 선생은 지금 어느 곳으로 갔는지	可惜孤雲何處去
단지 누대 위에서 피리 소리만 들리네	但聞臺上吹簫聲

해인사 대장전
海印大藏殿

백 간 방에 가득한 불경의 판목版木들	百間滿室眞經板
『팔만대장경』이 여기에 간직되어 있다네	八萬金文藏此留
무슨 일로 용궁에서 용수보살이 가지고 나와	何事龍宮龍樹出
뒷세상 푸른 눈의 스님 미소가 그치지 않네	後來靑眼哂非休

옥 스님에게 부쳐 줌
寄玉師

청년 시절에 우리 함께 금강산 꼭대기에 머물렀고 靑年同住金剛頂
백발이 되어선 다시 치악산에서 만났구면 白髮重逢雉岳邊
한번 만나 서로 이별함이 꿈속의 나비 같아 一見相離如夢蝶
그대에게 묻노니 어느 해에 우리 다시 만날까 問君期會又何年

도영 스님에게 주다 [3수]
贈道英 [三]

[1]

소림의 소식 몇 봄이나 지났는가	少林消息幾年春
눈 속의 신광⁴⁰이 6대에 새로워라	雪裏神光六代新
말세 아손 중에 누가 이 법을 이었는가	叔世兒孫誰繼此
가련하다! 한 팔 자른 사람 보지를 못했다네	可憐不見一臂人

[2]

가시나무 탱자 숲엔 봉황이 쉬지 않고	荊樹枳林非鳳息
더러운 못 물속에 어찌 용이 살겠는가	汚池河水豈藏龍
바라건대 그대는 장차 구름 기운 잡아서	願君將有挐雲氣
향로봉 제일가는 봉우리에 좌정하시게	坐斷香爐第一峯

[3]

파릇파릇 삼춘에 꽃들은 만발한데	芳草三春花滿發
이정에서 송별하니 그 한 어떻겠나	梨亭送別恨如何
다른 해에 혹 서로 그리운 맘 있거들랑	他年倘有相思意
한번 향로봉에 들어와 나를 찾으시게	一入香爐一訪余

계정 스님에게 주다
贈戒淨

지난날엔 금강산 진헐대 법당에서 만났는데   昔日金剛眞歇殿
이제 다시 만나니 어찌 가벼운 인연이랴   如今相會豈緣輕
냇가에서 아쉬운 이별 생각 많게 하는데   臨溪惜別多情意
버드나무 가지 위에 꾀꼬리가 조잘거리네   柳上鶯啼一二聲

삼가 백헌의 시운을 따서 [2수]
敬次百軒韵【二】

[1]
명산을 다 다니며 세속 인연 끊었더니　　　　名山踏盡隔塵喧
친구 따라 등등하게 시장 문을 들어갔네　　　隨類騰騰入市門
인의와 자비가 같이 이야기하는 곳에　　　　仁義慈悲同話處
가을 하늘 밝은 달이 어느새 난간에 비꼈구나　秋天明月已斜軒

[2]
물병과 지팡이 허공을 흔드니 나비춤 가벼워　瓶錫搖空蝶舞輕
도성의 화려한 곳 자유롭게 다니는구나　　　都城華地自由行
아무리 붉은 먼지[41]에 물들지 않는다 하나　雖然不染紅塵累
어찌 조계의 깨끗한 물 한 방울과 같으리?　　爭似曹溪一滴淸

정 선자에게 주다
贈正禪子

평생의 소원은 가슴속 맺힌 것을 푸는 것　　　　平生願解胸中結
우연히 생각을 펴고 나니 시름을 다 잊었네　　　偶得舒懷盡忘愁
오늘 아침 이별하고 보니 감정이 얇아지고　　　　拜別今朝情似薄
깊은 속마음만 남았는데 그것도 얼마나 가려는지　冲心遺在幾時休

부석사의 의상 대사가 심었다는 희비화【이황의 시운을 따서】
浮石義湘所植嬉悲花【次李璜韻】

표연히 바다 서쪽 문을 유희하다가　　　　　飄然遊戲海西門
지팡이 들고 돌아와 세웠는데 뿌리가 내렸다네　執錫還歸卓此根
겁외의 봄바람에 꽃이 난만하게 피었으니　　　刼外春風花爛熳
무슨 인연으로 천지의 양생 은혜 입었는가　　　何緣天地養生恩

영 스님에게 부쳐 줌
寄英師

입적하신 구름 덮인 뜰에서 울며 이별하니	鶴樹雲庭含淚別
가을바람에 매미조차 오열하여 마음이 망연하네	秋風蟬咽意茫然
사는 길이 각기 달라 만날 기회 없으니	生涯各異無期會
근심과 슬픔이 꿈속에 분분하네	愁緒紛紛夢寐邊

불영대에서 한가롭게 읊다
佛影閑咏

향 사르고 축성하느라 낮에도 문을 걸어 닫아 　　祝聖焚香門晝閉
이 몸 한가하게 노니니 이 마음 또한 한가롭네 　　此身閑逸此心閑
어느 때는 누대 위에서 서성이며 멀리 바라보니 　　有時臺上徘徊望
지는 해 사이로 울긋불긋 단풍잎이 떨어지네 　　楓葉靑紅落照間

둥근 모양[42]의 나무 뚜껑
圓相木盖

격외선[43] 가풍에는 표시가 없는데	格外禪風無表示
남양 혜충南陽慧忠[44] 선사가 형용을 만들었네	南陽忠老作形容
화엄정토와 다르다고 말하지 말라	莫言華土頗相遠
한 조각 원광이 방 가운데 들어갔네[45]	一片圓光入室中

불영대
佛影臺

소요대 경내 선상에 앉으니 　　　　　逍遙臺畔禪床坐
현실 밖의 풍광이 내 마음 씻어 준다 　物外風光洗我情
세상 사람들 이 승경勝景을 알까 염려되는데 　且恐世人知此勝
가끔씩 문안드리러 구름 빗장 두드리네 　時來憑問扣雲扃

거듭 묘향산에 들어가서
重入妙香

20여 년 동안의 유람을 마치고	二十餘年遊覽罷
흰머리로 다시 묘향산에 들어왔네	白頭重入妙香天
만일 지금 비로봉 정상에 좌정하고 앉는다면	如今坐斷毘盧頂
세상 생각과 세속 인연 저절로 씻어지리	世慮塵緣自蕩然

돌이켜 생각함
返思

도가 사람을 멀리함이 아니라 사람이 도를 멀리하니	道不遠人人自遠
반드시 뱃머리에 새겨 놓고 거기서 칼 찾지 말게나	勿須求釰刻舟尋
몸 안에 오히려 내 집의 보물이 있나니	身中猶有吾家物
나아가 은근하게 염하는 이의 생각을 돌이켜 보시게	回就殷懃念者心

허깨비 알음알이
幻智

허깨비가 오고 가니 모두가 다 허깨비네   幻去幻來俱是幻
본래 근거 없는 허깨비 법을 어느 누가 알리오   誰知幻法本無根
비록 그러나 모두가 허깨비인 줄 알기만 한다면   縱然識得皆爲幻
알음알이 없애 비로소 열반의 문에 오르리   滅智方登涅槃門

월정사
月精寺

만 리 강호에서 진리 찾는 나그네가 　　江湖萬里尋眞客
날이 저물자 유유히 혼자 누각에 오르네 　　日暮悠悠獨上樓
뜰에 선 불탑은 우뚝 하늘 밖을 벗어났고 　　庭塔傀偉天外出
멀리서 울려오는 종소리 백운 가를 지나네 　　鍾聲遙振白雲頭

개성 유수[46]를 맞아
奉開城留守

한 관아의 은혜의 물결 세속에 미치니 　　一府恩波沾四俗
천마산 봉우리 아래 늙은 중은 한가롭네 　　天磨峰下老僧閑
불경을 읽는 일 외에 다른 일이 없고 　　金文看讀無餘事
기도하고 향 사르느라 홀로 사립문 닫아거네 　　祝壽焚香獨掩關

산중의 즐거움 [2수]
山中樂 【二】

[1]
송화로 주린 배 채우며 평생토록 만족하고　　松花飢拾平生足
목마를 때 샘물이면 세상맛 시원하네　　渴飮流泉世味淸
게을러 구름 사이 누우니 아무 일이 없고　　懶臥雲間無一事
선상에 한가로이 좌정하고 불경을 설하네　　禪床閑坐說眞經

[2]
세 간 초가집에 사람이라곤 볼 수 없고　　三間草屋沒人情
탁한 세속의 공명과 영화 다 잊었네　　亡却功名濁世榮
다니고 머물며 참선하매 장삼 한 벌뿐이요　　行住參尋衫一領
귓가에는 종 치는 소리만 들려온다　　耳邊寧有擊鍾聲

세상을 경책함
警世

세상의 공명이란 초개와 같은 것	世上功名如草芥
인간의 목숨도 흐르는 냇물과 같다네	人間浮命似溪流
금생에 만약 부지런히 수행하지 않으면	今生若不須懃做
장차 어느 때에 자유를 얻을지 알지 못하리	未識將何得自由

진영 속에서 회포를 씀
陣中書懷

나라 위해 권세 부림 나와 어느 것 우선하나	爲國行權孰我先
3년을 홀로 장강 가에 숙직했네	三年獨宿漳江邊
허리에 찬 칼 참으로 무슨 일 있는가	腰間佩釰誠何事
하나는 백성들 위해 하나는 법을 위함이지	一爲蒼頭一爲天

박 찰방[47]을 이별하며 [2수]
別朴察訪【二】

[1]
향로봉과 풍악산을 소요하는 나그네	香爐楓岳逍遙客
삼가 존안을 뵈옵고 세간의 정 말합니다	願對尊顔說世情
보배 세계 깊은 진리 담론하다 다시 이별을 고하니	寶界談玄還告別
빽빽한 숲속에서 봄새가 송별 노래 부르네	隔林春鳥送怨聲

[2]
관아 난간에 얼굴 내민 밝은 달	衙軒月夜一開顔
이 몸은 구름과 함께 오솔길로 돌아가네	身與浮雲石逕還
부러진 솔가지 밑 이별은 꿈처럼 의연한데	別夢依然松摺下
어느 날 다시 만나 놀 수 있을지 모르겠네	未知何日共遊閑

평 스님에게 주다
贈平師

나와 존귀한 그대는 정든 지 오래인데	吾與尊君情久熟
한번 이별 후 몇 해나 지났는지 너무 슬프오	深嗟一別幾春秋
선문의 가풍 누설 어느 날일지 아는가	禪風漏洩知何日
혼자만의 생각 아득해 시름 금할 길 없네	獨想悠悠不禁愁

윤 참판의 사당에 하직 인사를 함
尹叅判庙前辭別

슬픔이 뼈에 사무쳐 마음속 깊이 통곡하고 　　哀哀痛切心中哭
소리 삼키며 울고 우는 일 어찌 우연이겠나 　　泣泣吞聲豈偶然
이슬 젖은 잎 맑은 차 석 잔을 올린 뒤에 　　露葉淸茶三獻後
영묘靈廟 길이 하직하고 향천으로 드옵니다 　　永辭靈庙入香天

을묘년 가을에 보개산에서 해남 대흥사로 와서
乙卯秋自寶盖至海南大興寺

바다 밖 신선 경계 이제 처음 돌아오니	海外仙區今始還
우뚝한 전각이 하늘 높이 솟아 있네	崢嶸殿閣翠微間
장춘 마을엔 아직도 꽃이 피어 있고	長春洞裏花猶笑
백옥봉 꼭대기엔 구름 절로 한가하다	白玉峰頭雲自閑
쓸쓸히 부는 솔바람 계곡에서 일어나고	簫簫松籟生前壑
솔솔 부는 가을바람 뒷산에서 불어온다	瑟瑟秋風起後山
선정에 든 스님은 전혀 상관하지 않고	入定眞僧都不管
우두커니 말없이 선문 안에 누워 있다	嗒然無語臥禪關

정묘년 정월 초팔일에 안주 진영에 들어가 용정[48]이 서쪽으로 갔다는 말을 듣고 강화도를 가리키면서 통곡하며 지음
丁卯正月初八日入安州鎭聞龍旌西指江華島痛哭而作

임금의 수레 서쪽 강화도로 행차하니	金鑾西幸江華島
천년의 왕궁이 하루 저녁에 비었구나	千載王基一夕空
온갖 벼슬아치 길가에서 슬퍼하고	百萬阿衡悲路側
삼천 궁녀들도 도중에서 흐느낀다	三千宮女泣途中
개었다 흐렸다 하는 전쟁 먼지에 시름이 끝없고	陣雲舒卷愁無盡
나팔 소리의 높낮음이 그지없이 안타깝네	角唄高低恨不窮
용천검 뽑아 들고 적의 무리 모두 베어	願抱龍泉誅賊藪
임금님 다시 대명궁으로 돌아오시기 소원이다	宸襟回復大明宮

정묘년 정월 초하루 의승을 거느리고 안주 대진에 들어가 접전하다
丁卯正月元日領義僧入安州大鎭接戰

의병을 모집하란 왕명이 날아와	綸說飛來募義兵
장정들 규합하니 4천 명이네	壯丁糾合四千名
강가엔 다만 깃발 색만 보이고	江邊只見旌旗色
성 위엔 화살 소리만 들려온다	城上唯聞羽撇聲
구렁을 메운 시체 누구의 한인가	溝壑塡委誰最恨
길마다 앞뒤로 갈 수 없어 내 매우 놀랐네	道塗狼狽我深驚
백상루 아래 흘러가는 청천강 저 물도	百祥樓下淸川水
길이 슬픔을 띠고 밤새워 울어 댄다	長帶餘悲徹夜鳴

전쟁에서 진 뒤에 요행히 살아남아 전쟁에 패한 진장과 군졸을 생각하며
戰敗後幸得殘生憶戰亡鎭將與軍卒

안개 같은 먼지 속에 한 몸으로 들었다가	一身超入煙霞裏
처량하게 남은 목숨 온갖 걱정 다 쌓이네	殘命凄凉集百憂
장상이라 하여 육친의 골육 그 무엇이 다르랴	將相何殊親骨肉
군인들 모습이 흡사 여우의 가죽 같구나	軍人恰似野狐裘
구름 속에서 눈물 닦으며 하루 종일 보내고	雲邊拭淚晨昏度
침상 위에서 슬픔 머금은 채 세월만 보내네	床上含悲歲月流
아련히 당시의 퇴각 북소리 떠올리며	遙想當時退皷事
멍하니 말없이 한숨만 내쉬누나	嗒然無語恨悠悠

병인년 7월에 대장 인수를 받고 의승을 거느리고 평양 관습진에 있으면서 회포를 서술함
丙寅七月受大將印領義僧在平壤舘習鎭書懷

어린 시절 머리 깎고 산문에 들었거늘	髫年薙髮入雲局
원수의 직책으로 명리의 명성이 따를 줄이야	元帥壓書趣利聲
이 몸 온전히 이름 날림은 효도와 충의 때문이고	全體揚名全孝義
백성들의 안정 나라의 보전도 간절한 충정 때문이다	安民保國切忠情
비록 그러나 산림의 나그네가 되지 못한다면	雖然不作山林客
부처님의 청정한 행 따르기 어려우리	也是難悛佛淨行
어느 날 저 푸른 바닷물을 뒤엎어서	何日手傾滄海水
참다운 중으로 대장의 이름 씻을라나	一洗眞僧大將名

안주 대진에 있을 때에 변방의 보고를 받고
성에 들어가 군병을 점검하면서 씀
在安州大陣見邊報入城軍點而作

별똥처럼 날아드는 격문과 전갈	羽檄傳馳星火速
의로운 승 불러 모아 차례로 사열하네	義僧招集次第行
나부끼는 깃발에 산마루도 흔들리고	長旗幟影掀山岳
울리는 나팔 소리 강마을에 요동친다	角唄高低動江城
고된 전술훈련 석 달이나 계속되고	精鍊習操連九旬
순찰하는 목탁 소리 한밤을 지새운다	巡更木鐸過三更
피를 머금어 동맹하며 뽑아 든 칼	同盟挿血抽寶釖
오랑캐 다 베어 임금 은혜 보답하리	斬盡胡兵報聖明

회기와 청신 두 판사가 생각나서
憶誨機與淸信兩判事

평생의 지기로서 내 마음을 아는 사람	平生知己知音者
회기 스님과 청신 스님 한두 사람뿐이라네	信與機公一二人
밤마다 오락가락 얼굴 모습 아름답고	夜夜依依顔面美
때때로 반짝반짝 웃으며 말하는 진리	時時耿耿笑談眞
혼으로 돌아가면 천산의 꿈도 걸림 없고	歸魂不碍千山夢
해맑은 달은 두 곳 모두에 걸려 있겠지	明月應懸兩地垠
죽어 이별하고 살아 이별함이 정리는 다르지 않아	死別生離情不異
하늘 끝만 우두커니 바라보니 눈물이 수건을 적시네	天涯遙望淚沾巾

부벽루⁴⁹에 올라
登浮碧樓

술 취해 긴 피리 들고 부벽루에 기대 있자니	醉杯長籈倚瓊樓
패강[50]에 작은 배만 오락가락 하는구나	來徃浿江片帆舟
여뀌 붉게 핀 강가에 물오리 오르내리고	鷗鴨浮沉紅蓼岸
푸른 물 위엔 고기들 나왔다 사라지네	鱗魚出沒碧波頭
쇠북 종소리 천추의 한 깨끗이 씻어 주고	金鍾蕩雪千秋恨
옥피리 소리는 만대의 시름 녹여 없애네	玉笛能消萬代愁
이름 있는 선경인들 이보다 어찌 더하랴	仙境名區何勝此
속 시원히 학을 타고 영주[51]에나 올랐으면	快如騎鶴上瀛洲

삼각산
三角山

한강 모래 언덕엔 노을이 직물을 짜 놓은 듯	漢江沙岸烟如織
삼각산 기이한 바위는 홀로 우뚝 한가롭네	三角奇岩獨超閑
멀리 바라보는 고향 마을 아직 돌아가지 못하고	遠望鄕關猶未返
문득 성안 저자엔 머무르다 돌아감이 더디네	却留城市亦遲還
산봉우리 반쯤 솟아 뜬구름 밖에 떠 있고	峯巒半出浮雲外
궁궐은 온전하게 낙조 사이에 의연하다	宮闕全依落照間
그 누가 부평같이 떠도는 누더기 옷의 중을 알리	誰料萍蹤鶉衲客
혼자서 외롭게 맑은 절개에 잠시 서성인다	狝怜淸節暫盤桓

망고대에 올라
登望高臺

혼자서 봉래산에 올라 맨 꼭대기를 바라보니　　獨上蓬萊望絶頂
천만 봉우리 하얀 것이 옥으로 만든 성 같구나　　萬千峰白玉爲城
발길 돌려 남쪽으로 밝은 달 쫓아가고　　旋踵可躡南明月
손바닥 뒤집어서 북두칠성을 어루만진다　　返掌能磨北斗星
물에 잠긴 삼천 봉우리 망고대 아래 멀고　　溺水三千臺下遠
동쪽 해 뜨는 곳 만 리가 눈앞에 평편하다　　扶桑萬里眼前平
온 천지가 다 눈썹 속에 들어오고　　乾坤盡入眉毛裏
누워서 견우와 직녀의 속삭임을 듣는다　　臥聽牽牛織女聲

송도에서 옛날을 생각하며
松都懷古

태조[52]가 천명을 받들어 보위에 오르니	太祖受天眞寶位
송경[53]에 왕의 기운 암연히 거두었네	松京王氣暗然收
미앙궁未央宮[54]의 성긴 버들 천년의 색 지녔고	未央踈柳千年色
장락궁長樂宮[55]의 남은 노래 오늘엔 시름으로	長樂殘歌此日愁
잔잔한 시냇물 계곡 사이에 졸졸거리고	溪水潺潺鳴澗谷
산속 구름 조각조각 산봉우리 빙 둘렀네	山雲片片鑕峰頭
저 옛날 문물들 지금은 어디로 가고	昔年文物今何在
헌문 밖 남강만이 바다로 흘러드는가	軒外南江入海流

지리산 쌍계사雙溪寺⁵⁶에서 묵으며
宿智異山雡¹⁾溪寺

쌍계 마을 속에 가을날 석양을 맞아	雡²⁾溪洞裏夕陽秋
풍광을 헤치고 홀로 누각에 올랐네	爲閱風光獨上樓
쓸쓸한 절 밤은 깊은데 북소리 울리고	蕭寺夜深金皷動
벽공에 구름 걷히니 별똥별만 흐르누나	碧空雲盡火星流
최치원⁵⁷의 비석 천년의 한 띠고 있고	崔碑只帶千年恨
두견새는 만대의 시름을 재촉하네	蜀鳥能催萬代愁
애석하게도 선사는 어디로 가셨기에	可惜先師何處去
꿈속에서 만나려 하나 생각만 아득하다	夢中相見意悠悠

---

1) ㉭ '雡'은 '雙'의 오자인 듯하다.
2) ㉭ '雡'은 '雙'의 오자인 듯하다.

신흥사[58]
神興寺

만고에 우뚝 솟은 저 오래된 사찰	萬古巋然此古寺
해동 천지에 유일하게 조용한 가람[59]일세	海東天地一精藍
승당은 대낮에도 고요해 구름 길게 잠겨 있고	僧堂晝靜雲長鎖
법당은 더욱 깊어 달빛마저 쉬 지는구나	法殿更深月易沉
가지마다 꽃 피어 붉게 물들이고	紅樹枝邊花灼灼
백사장 마을 속엔 새들만 조잘대네	白沙洞裏鳥喃喃
옆 사람들아, 은근히 구경하는 나를 괴이타 하지 마라	傍人莫恠殷懃賞
뼛속까지 사무치는 맑은 바람 좋아 잔질도 않는다네	徹骨淸風喜不斟

가지사[60]에서 자며
宿迦智寺

지팡이 짚고 천천히 걸어 바다 밖을 노니니	策杖徐行海外遊
푸르른 수양버들 꽃다운 풀 시흥을 일으키네	綠楊芳草興悠悠
보드라운 비단처럼 드리운 달, 밤에도 낮처럼 밝고	月垂細練霄爲晝
불어오는 서늘한 바람 여름이건만 가을 같구나	風送微凉夏是秋
안탑의 찬란한 광명 천고에 우뚝하고	鴈塔光輝千古秀
구비에 아름다운 행적 만년을 흘러가리	龜碑亹跡萬年流
대웅보전 아래에 있는 연못의 물은	大雄堂下龍潭水
오색 상서로운 빛이 밤낮으로 떠 있네	五色祥雲日夜浮

정묘년 난리[61]를 겪은 후 가을에
丁卯亂後逢秋

전쟁 겪은 뒤 남은 백성 지금도 고단하고 힘든데　　亂後殘民猶困薄
더구나 기러기 울어 가을 소식 알려 오네　　況聞霜鴈報秋風
뜰 앞 나무에선 매미 소리[62] 오열하고　　蟬聲咽咽庭前樹
언덕엔 미미한 비단 빛으로 단풍이 지네　　錦色微微岸上楓
성안엔 북녘 눈썹 붉은 오랑캐[63]만 득실거리고　　北地赤眉城市滿
외곽 마을엔 머리 검은 우리 백성 하나도 없네　　南天黑髮郭村空
어느 때나 넉넉하게 태평한 세상을 이루어　　何時勝得淸平世
좋은 잔에 술 가득 채우고 퉁소를 불어 볼까　　滿酌金罍彈竹箎

향로봉에 올라
登香爐峯

우뚝 솟은 향로봉 반공에 걸려 있는데	拔萃香爐掛半空
거기 올라 바라보니 사방이 탁 틔었네	登臨一望四方通
저 멀리 아득하게 하늘과 바다 잇닿았고	連天溟渤微茫外
짧은 거리[64] 안에는 여염집들 줄지었다	撲地閭閻指顧中
흰 구름은 끼었다 걷혔다 변방을 끊어 놓고	舒卷白雲迷絶塞
오가는 누런 꾀꼬리 높은 언덕에 자취 남기네	去來黃鶴點高穹
중화 동이 초나라 월나라 여기선 방소 따로 없으니	華夷楚越今方盡
아마도 계수나무 월궁月宮을 경행하는 것 아닌지	疑是經行桂月宮

천관산[65] 탑사에서 노닐면서
遊天冠山塔寺

동으론 두류산이 잇닿았고 남으론 바다가 접했는데   東接頭流南接海
누각 앞 소나무엔 흰 구름 서리어 잠들었네   白雲凝宿檻前松
섬 밖 바다엔 작은 배가 오락가락하고   扁舟來往汀洲外
넓고 넓은 백사장엔 갈매기만 오르락내리락한다   沙鳥浮沉浩渺中
확 트인 하늘의 은하수[66]가 지척에 있는 듯하고   寥廓天河應咫尺
막막한 살림에 그나마 뽕나무가 가난을 면케 하네   杳冥桑樹是窮通
안탑 주위 거닐면서 세간 번뇌 다 잊고 보니   逍遙鴈塔忘塵域
인간이 신선의 세상에 들어와 있는 것 같네   疑得人間別世穹

의평의 시운을 따서
次義平韻

늘 소중한 그대 생각에 밤낮이 더디 가니	常憶尊君日夜遲
꿈속의 호랑나비 신세 어느 때나 면할까	夢中蝴蝶幾休時
마음 담긴 시 한 수가 어찌 날 위로하랴	情詩一幅慰何我
가슴속의 많은 생각 누구에게 다 말하리	胸臆多懷說與誰
끊임없이 불어오는 가을바람 이별의 한 같고	陣陣秋風應別恨
밝디 밝은 하얀 달은 생각을 새롭게 하네	昭昭霜月且新思
편지 속 담긴 내용 산속에 머물 생각이라니	來書定計依山住
눈썹 치켜세우며 담소할 날 기약 못하겠네	談笑揚眉必未期

이 정자의 시운을 따서
次李正字韻

구름 선객 푸른 이끼 속에 들어오니　　　　乘雲仙客入靑苔
이야말로 향림에 꽃이 활짝 피겠구나　　　　正是香林花正開
내가 미천 영취의 수승함을 말하니　　　　　我說彌天靈鷲勝
그대는 사해 무릉의 재주를 일컫더이다　　　君稱四海武陵才
세속 밖을 소요하니 세속 생각 없어지고　　　逍遙世外塵思靜
산속에 유희하니 나쁜 버릇 사라지네　　　　遊戲山中累習灰
요행히도 진인 만나 성인의 뜻 거론하니　　　幸得眞人論聖旨
호계의 밝은 달이 영대靈臺를 비춘다　　　　虎溪明月照靈臺

호 판사의 시운을 따서 [2수]
次浩判事韻【二】

[1]

송월의 문정엔 동쪽 바닷물만 가득한데	松月門庭滿海東
우뚝 솟은 나무 몇 그루 어깨를 같이하네	數枝拔萃正肩同
봄 언덕 작은 방엔 황해의 아들이요	春坡少室黃海子
가을 못 꽃동산엔 벽안의 늙은이라	秋澤花山碧眼翁
당세에 이름 떨친 위덕을 기리고	當世揚名褒位德
뒷세상에 법을 전해 가풍을 이었구나	後來傳法續家風
만약 이 두 일정한 방향 없는 사람이 없었다면	若非兩介無方漢
누가 인천 되어 의술의 눈 뜨겠는가	誰作人天豁醫瞳

[2]

풍악산 용담이 한번 웃음을 띠니	楓岳龍潭開一笑
영주산 선택 기쁨을 금할 길 없네	靈珠船澤喜難禁
은혜 갚는 뜻 다만 비금의 의지에 있고	恩情只在備金志
친구 맺음은 오직 포주抱柱의 마음[67]에 있다	交結猶存抱柱心
어느 날에 화롯가에 둘러앉아 이야기 나누며	何日爐邊團欒話
어느 때에 문가에서 서로 시를 읊을까	幾時門側共相吟
바라건대 맑고 티 없는 얼굴을 맞아서	願爲接得靑蓮面
가슴속의 세상 걱정하는 마음 씻어 냈으면	洗滌胸中世慮襟

경 스님에게 보임
示瓊師

온갖 일 겪으며 다니는 행각, 뜻에 어긋나니	萬事行裝與志違
묘향산의 꿈같은 이별 몇 년이나 흘렀는가	夢分香嶽幾經時
사립문에 개 짖어도 아무런 소식이 없고	柴扉犬吠無消息
산마루에 원숭이 우니 온갖 시비 끊어지네	嶺峀猿啼絶是非
이불 속 서린 수심 엉클어진 실오리 같고	衾裏愁懷猶亂緒
거울 속 늙은 모습 어느새 백발이 되었구나	鏡中衰髮已成絲
언제 다시 맑고 티 없는 그대 얼굴 마주하여	何當更接青蓮面
선 이야기 토해 내며 격외 기미 나눌까	暢叙禪談格外機

금강산에 있으면서 흠과 특 두 선승의 내방을 받고
在金剛待欽特二禪來訪

가을바람 처음으로 금강산에 불어오는데	秋風新入金剛洞
유유히 홀로 앉으니 시름을 이길 길 없네	獨坐悠悠不勝愁
북쪽에 있는 친한 벗은 고요한 문 두드림 없고	北地親朋無扣寂
남쪽 하늘 옛 친구도 함께 놀려 하지 않네	南天故友罔同遊
초겨울 긴긴 밤 그대들 생각 다하기 어렵고	冬初夜夜思難盡
늦봄에도 때때로 그리워하는 맘 그치질 않네	春後時時戀未休
좋은 시절 이미 지나고 이제는 더운 초여름	佳節已歸朱夏首
오색구름 자욱하게 푸른 다리에 잠기네	靑嶠空鎖五雲幽

운수암[58]에서 흥취를 쓰다
在雲水庵書興

향로봉 신선 마을에 여러 번 머물렀다가	香爐仙洞累栖遲
봉래산에 들어온 지 어느새 한 해가 지나네	移入蓬萊已一期
들 학과 산새가 오직 진실한 도반이요	野鶴山禽眞道伴
부처님의 보배 가르침이 진정한 스승일세	金文寶訣正明師
졸졸 흐르는 시냇물만이 나를 위로해 주는데	冷冷澗水慰唯我
솔솔 부는 솔바람은 누구에게 화답하는가	瑟瑟松風和與誰
세간의 흥하고 망함은 다 허깨비와 꿈같은 것	塵世興亡皆幻夢
소요하는 운수납자 턱을 괴고[69] 누워 있다	逍遙雲水臥支頤

봄날 고성 이 군수를 찾아뵙고
春日謁李高城

팔랑팔랑 운수납자 신주에 이르니	飄飄雲衲到神州
곳곳마다 봄볕에 시흥을 거둘 길 없네	處處春光興未收
정자 서쪽 동산에 푸른 대 그림자 드리우고	亭閣西園靑竹影
관사 역참 남쪽 바다엔 흰 갈매기 나는구나	舘郵南海白鷗浮
어진 정사 덕택에 온 거리엔 아이들 노래 넘치고	滿街兒曲歌仁化
빙 둘러앉은 늙은이들 시 읊어 풍류를 전한다	列坐叟吟播風流
요임금 때 태평세대 어찌 번거롭게 물으리	堯代乾坤何煩問
두견화 높이 꽂고 술에 취해 노는구나	杜花高揷醉杯遊

향로봉에서 우연히 읊음
香爐峰偶吟

나 홀로 향로봉 맨 꼭대기에 오르니	狐上香爐最絶頂
우뚝 솟은 층층 산봉우리 몇 천 겹인가	層巒聳翠幾千重
고개 너머 구름 생겨 산 얼굴 하얗고	雲生嶺外山顔白
냇가에 꽃이 피니 냇물 얼굴 빨갛구나	花發溪邊水面紅
마고[70]는 동쪽 아래에서 붉은 봉황 참마 삼고	東下麻姑騎紫鳳
왕모[71]는 서쪽에서 누런 용을 타고 오네	西來王母駕黃龍
사해를 돌아보니 은하수에 근접해 있고	回瞻四海星河近
온 나라의 도성이 한눈에 들어오네	萬國都城一望中

자비령 산성이란 제목으로
題慈悲嶺山城

어느 시대 어느 해에 이 산성 쌓았는가	何代何年築此城
산 돌고 물 안고 흐르는 곳에 명령[72]이 있구나	山回水擁有蓂靈
우뚝 솟은 전각은 구름 속에 솟아 있고	嵬嵬殿閣雲中出
안개 노을 하늘하늘 마을 안에 피어오르네	裊裊烟霞洞裏生
푸른 벽돌 지금까지 굳어져 쇠처럼 단단하고	靑甓至今硬似鐵
단청한 담장 예전 그대로 겹겹이 녹슨 듯	粉墻依舊重如鈝
비록 위지에는 천년의 보물이라 말하지만	雖云魏地千年寶
벼와 기장 우거진 속에서는 온갖 새만 조잘거리네	禾黍叢中百鳥鳴

청신 판사의 시운으로 화답함 【보현사를 중건하여 순영을 이룩함으로 인하여 인신을 받다】

和淸信判事韻【以普賢重建致巡營受印信】

불가에서 배우는 도야말로 바로 진정한 것이거늘	空門學道是眞因
어찌 산승이 관인官印을 몸에 찬단 말인가	豈謂山僧佩印身
유서에는 마음 닦는다 했는데 그걸 그댄 싫어하나	書曰修心君不厭
불경에는 사찰을 세운다 했으니 내 어찌 성을 내랴	經云建利我何嗔
당시에 만약 승병들을 부르지 않았다면	當時若不徵諸物
다른 날 응당 백성들 구제할 수 없었으리	他日應無救庶人
바라노니 임금의 말씀 따라 연하를 베풀었으니	願體綸言陳燕賀
일생 동안 아름다운 명예 뭇사람들보다 뛰어나리	一生休譽逈超倫

유점사 산영루 [2수]
楡岾寺山暎樓 [二]

[1]

일천 봉우리 그림자 속에 가장 높은 누각	千峯影裏最高樓
산수의 풍경이 십주보다 뛰어난 경치로고	水色山光勝十洲
보리수 그늘 밑의 풍미가 만족하고	覺樹陰中風味足
우담바라 꽃 속에 달빛 두루 비치네	曇花香裏月暎周
소나무 거문고와 시냇물 노랫소리 선경의 즐거움이요	松琴澗曲長仙樂
상서로운 노을과 구름은 나그네 시름을 씻어 준다	瑞靄祥雲洗客愁
세속 밖 맑은 기품 다 누설하기 어려워서	物外淸標難盡洩
다만 좋은 흥취로 패강 가에서 시를 짓네	但題好興浿江頭

[2]

금강산 그림자 높은 누각에 드리우고	金剛山影暎高樓
펼쳐진 온갖 경치 눈 아래 거둬지네	萬景森羅眼下收
잔잔한 시냇물은 골짜기에 울려 퍼지고	溪水潺潺鳴澗壑
하얀 구름 조각조각 산봉우리 잠갔구나	白雲片片鎖峯頭
정자 누각 황홀하여 기타동산[73] 온 듯하고	榭臺怳惚祗陁苑
법당 전각 아련하여 적멸궁에 들어온 듯	殿閣依俙寂滅郵
눈가에 가득한 풍광 어이 이리 넓은지	滿眼風光何廓落
비로소 풍악산이 영주산과 동등한 줄 알았네	始知楓岳等瀛洲

산에 삶을 읊음
山居吟

높고 험한 돌 오솔길 나다니기 위험하고	石逕嵯峨行且危
사람 사는 세상과 멀리 떨어져 오가는 이 드무네	人寰逈絶徃來稀
달 속의 향기로운 계수나무 뜰 앞에 떨어졌고	月中香桂庭前落
구름 속으로 돌아가는 기러기 하늘 끝으로 날아가네	雲外歸鴻天際飛
스산한 가을바람 낡은 집 틈새로 스며들고	瑟瑟秋風侵踈屋
우수수 지는 단풍 옷깃에 떨어져 수를 놓네	蕭蕭楓葉撲班衣
이제는 홍진의 세속을 아주 이별하고서	而今永別紅塵世
마음 밝혀 세간 중생 구제하길 바라네	願作明心救庶期

징 장로의 시운을 따서
次澄長老韻

영암 우뚝 솟아 푸른 하늘에 걸려 있고	靈庵透出挂靑空
창칼 같은 층계 벼랑 그 형세는 공손한 듯	釰戟層崖勢似恭
눈보라 휘날리니 옥가루 떨어지는 것 같고	風雪交馳如玉狀
구름과 노을 서로 쫓으니 파도가 일렁이듯	雲霞相逐類波容
맑은 광채 사물 색은 천 가지로 다르고	淸光物色千差異
물소리 원숭이 울음 만고에 똑같구나	水響猿聲萬古同
선정에 든 신승은 전혀 상관하지 않고	入定神僧都不管
선창에 높이 누워 삼경 종소리 듣는다	禪窓高臥聽更鍾

불기권선시
佛器勸善詩

새로 지은 절에 사용할 그릇이 없으니	新刱招提無器皿
시주님 복 짓는 일에 적절한 시기 아니겠소	不宜檀越種福時
유교에서도 조두[74]에 음식 담아 종묘에 진설하고	儒門俎豆陳宗廟
도교에서도 와앵에 제물 담아 제사를 지낸다오	仙室瓦罌列宰祠
공자의 도에도 제 올릴 때는 예법을 갖춰야 한다고 했는데	孔道祭靈成禮法
더구나 성인이신 부처님 공양에 어찌 위의가 없으리	況而供聖盡威儀
길하고 흉함과 재앙과 복은 지은 만큼 이르나니	吉凶禍福隨類至
성시 중에 재산 많은 사람들 상자 속 재물 보시하소	城市財氓施箱貲

봄비가 잇달아 오는 것을 원망함
怨春雨連日

부슬부슬 내리는 봄비 어느 날에나 그치려나	春雨霏霏幾日晴
부질없이 절서만 지나가니 농사를 망치겠네	虛捐節序廢田耕
도도히 흐르는 큰물에 어룡들 기뻐하고	滔滔泓水魚龍喜
교교하게 밝은 달빛 새들이 놀란다	皎皎江月鳥雀驚
대궐의 임금님은 비의 신에게 기도하고	鳳閣人君祈雨士
묘당의 장상들도 하늘 도성에 예 올린다	廟堂將相拱天京
지난날을 생각해 보면 불에 타듯 마음 졸이고	緬思昔日焦勞思
예나 지금이나 백성들 불쌍히 여기는 임금의 은혜	今古綸恩憫庶氓

선관 10조
禪觀十調

마음을 조복하되 어둡지도 않고 치달리지도 않으며　　調心不昏不馳
호흡을 고르되 거칠지도 않고 미끄럽지도 않으며　　調息不澁不滑
몸을 길들이되 짧게 하지도 않고 오래 하지도 않으며　　調身不頃不久
눈을 조절함에 높게 보지도 않고 낮게 보지도 않으며　　調眼不高不卑
코를 조절하되 처지지도 않고 들리게도 않으며　　調鼻不垂不擧
혀를 고르되 천장을 받치지도 않고 처지지도 않으며　　調舌不柱不下
손을 조절하되 흩어지지도 않고 어긋나지도 않으며　　調手不撒不忒
잠을 조절하되 멋대로 하지 않고 절제하지도 않으며　　調眠不恣不節
음식을 조절하되 모자라게도 않고 배부르게도 않으며　　調食不飢不飽
척추를 조절하되 앞으로도 않고 뒤로도 않아야 한다　　調脊不前不後

허백집 제2권 끝

虛白集 卷之二 終

주

1 절도사節度使 : 고려 시대에는 995년(성종 14) 지방행정구역을 12주州로 나누고 주 장관으로 절도사를 두었다. 1012년(현종 3) 5도호都護·75도道를 설치하면서 절도사를 없애고 안무사按撫使를 대신 두었다. 조선 시대에는 병마절도사(종2품)와 수군절도사(정3품)로 나누어 각 주진主鎭을 관장하였다.
2 남이흥南而興 : 광해군 때 사람.
3 방어사防禦使 : 조선 시대 지방 관직으로 각 도의 요지를 방어하는 병권을 가지고 있었다.
4 김준金俊(1556~1593) : 자는 준민俊民, 호는 절암節庵. 도총관공 경신敬臣의 후손이며, 시정侍正 홍서弘緖의 아들. 보성 출신. 1573년(선조 6) 무과에 급제하여 1583년 경원에서 오랑캐의 무리를 정벌하였다. 거제현령으로 재임 중 숙부 홍업弘業과 함께 의병을 모아 고성固城의 의병장 최강崔堈과 더불어 왜장 무리를 격파하고, 다음해에 진주성 사수에 임하게 되었다. 김천일은 우도절제사, 최경회는 좌도절제사, 공公은 군부장軍部將으로 동문을 사수, 9일간 역전하다가 서북문이 터지고 화살이 다하고 칼과 창마저 일그러지니, 맨주먹과 죽창으로 종일 악전고투, 사력을 다하였으나 순국하였다.
5 고사高士 : 인격이 높고 성품이 깨끗한 선비. 특히 산속에 숨어 살며 세속에 물들지 않은 덕망 있는 선비를 이른다.
6 서지栖遲 : 여유로운 심경으로 한가롭게 지낸다는 의미이다.
7 악한 맘 : 원시에는 '경鯨'으로 되어 있다. 고래는 물속의 사나운 동물로 불가佛家에서는 악한 사람에게 비유하는 경우가 있다.
8 순영巡營 : 감사監司가 일을 보던 관아.
9 영숭전永崇殿 : 태조 이성계李成桂의 진영을 모신 사당.
10 홍예문虹霓門 : 문의 윗머리가 무지개같이 반원형半圓形이 되게 만든 문.
11 갈대 꺾어~한강을 건너니 : 달마대사가 동으로 올 적에 갈대 한 가지를 잘라 타고 양자강을 건넜다는 고사를 인용하여 묘사한 것이다.
12 백옥경白玉景 : 옥황상제가 산다는 천상의 궁전을 백옥경白玉京이라 하는데, 여기에서는 그 세계의 경치를 이르는 말인 듯하다.
13 황주皇州 : 국왕이 있는 도성을 말한다.
14 안탑鴈塔 : 인드라사일라구아산(Indrasailaguhā : 帝釋窟山)의 동쪽 봉우리에 있었다고 하며, 옛날 보살菩薩이 정육淨肉을 먹는 승려를 바로잡기 위해서 기러기로 화하여 하늘에서 떨어진 흔적이라고 전한다. 또 당나라 현장玄奘이 652년 서안西安에 세운 대자은사大慈恩寺의 탑을 통칭 대안탑大鴈塔이라고 하며, 또한 서안 대천복사大薦福寺의 연와조煉瓦造의 전탑塼塔을 소안탑小鴈塔이라고 한다.
15 밀성密城 : 지금의 밀양密陽.
16 상인上人 : ① 지덕智德이 갖추어져 있는 불제자. ② 승려를 높이어 일컫는 말.
17 〈백두음白頭吟〉 : ① 악부 곡명의 하나. 머리가 센 것을 슬퍼한 노래. ② 상화가초조곡相和歌楚調曲에 속한다. 전해 내려오는 말로는 전한前漢의 사마상여司馬相如의 부인 탁문군卓文君의 작作이라고 하며, 상여가 첩을 얻으려고 하자, 이 시를 지어 결별의

뜻을 밝혀 상여가 첩 얻는 것을 단념하였다고 한다. 그러나 사실은 한대漢代의 민가民歌이며 탁문군과는 무관하다. 남자가 변심하여 여자가 헤어질 결의를 읊은 가운데 단념하지 못하는 고뇌의 기색을 엿볼 수 있다.

18 천총千摠 : 조선 시대 훈련도감訓鍊都監·금위영禁衛營·어영청御營廳·총융청摠戎廳·진무영鎭撫營 따위에 딸려 있던 정3품의 무관직. 임진왜란 후 오군영을 두면서 설치되었는데, 훈련도감에 2명, 금위영에 4명, 어영청에 5명, 총융청에 2명, 관리영에 3명, 진무영에 4명의 정원이 있었다. 이들은 각 군영대장의 중군中軍 밑에 있었던 지휘관으로 영 밑의 부部를 지휘하였다.

19 『장자莊子』 : 원시에는 칠원서漆園書로 되어 있다. 장주莊周는 전국 시대 송宋에 속한 칠원漆園의 관리였으므로 『莊子』를 칠원서라 한다.

20 생원生員 : ① 소과小科, 종장終場의 경의經義 시험에 합격한 사람. ② 나이 많은 선비를 대접하는 뜻으로, 그 성姓 밑에 붙이어 부르던 말.

21 어산魚山 : 범패 수도장의 발상지. 인도는 이민달라산, 중국은 어산이 범패의 발상지라고 한다. 불경의 계송에 곡을 붙인 노래를 범패라 하는데, 위魏나라 때에 진사왕辰斯王 조식曺植이 지금의 산동성山東省 지닝(濟寧)주에 있는 위산에서 놀다가, 공중에서 범천이 소리하는 음성을 듣고, 그 음률을 본떠서 만들었다고 한다.

22 범패梵唄 : 불교의 의식 음악. 일명 범음梵音·위산(魚山), 또는 인도印度 소리라고도 한다. 산스크리트 샤브다비디아의 번역어이다. 범패는 리듬과 화성이 없는 단성선율로서 절에서 재를 올릴 때 쓰이는 불교의식의 음악이다. 고대 인도에서는 성전 베다에 곡절을 붙여 읊은 것에서 브라만교의 음악이 발달했다고 한다. 불교에서도 당시 여러 종교에서 가졌던 정기적인 패송설법의 집회를 부처가 허락해 준 예나, 기악伎樂에 의한 승려공양을 부처가 권장한 예가 있다. 또 『賢愚經』 권11에는 아름다운 소리로 인하여 국왕의 군세가 정지한 패비구唄比丘의 이야기가 나온다. 『長阿舍經』 권5에서는 5종 청정淸淨이 있는 것을 범패라 한다고 설명하고, 『十誦律』 권37에서는 범패에는 5종 이익이 있다고 설명하고 있다. 단, 브라만교의 곡조는 금지되었다. 후대 대승불교의 마명馬鳴이 부처의 일대기를 읊은 산스크리트 시 〈부다차리타〉 등은 찬가의 걸작으로서 유명하다.

23 할향喝香 : 할喝은 찬탄한다, 알린다는 의미이고, 모든 경을 독송할 때 시작하는 정구업진언과 같은 부분이며, 정성껏 올리는 한 조각의 향의 덕을 찬탄함으로써 불보살과 대중들에게 시작을 알리는 오언五言 사구게四句偈의 게송이다.

24 상산商山 : 중국 섬서성陝西省 상현商縣 동쪽에 있는 산. 이 산에는 진말秦末 난을 피하여 숨은 상산사호商山四皓, 즉 동원공東園公·기리계綺里季·하황공夏黃公·각리선생角里先生 네 사람이 은거하여 장생의 신약 자지초紫芝草를 캐 먹고 신선이 되었다는 고사가 전해져 오고 있다.

25 포삼근布衫斤 : 마삼근麻三斤 화두를 가리킨다. 동산 양개洞山良价(807~869)에게 어떤 스님이 묻기를, "어떤 것이 부처입니까?"라고 하니, 선사가 답하기를, "삼 서 근이니라."라고 하였다. 『碧巖錄』 12, 『無門關』 18.

26 선산仙山 : 우리나라에 신선이 산다는 삼신산三神山(蓬萊·瀛洲·方丈)을 말하는데, 여기에서는 글 내용으로 보아 봉래산인 지금의 금강산을 지칭한 듯하다.

27 궁산窮山 : 『山海經』에 등장하는 서쪽에 있는 산이다.

28 참의參議 : 조선 때 육조에 소속된 정3품 벼슬.
29 향성사香城寺 : 신라 진덕여왕 6년(652)에 자장 율사가 처음 창건한 절로 지금의 신흥사이다.
30 선타객仙它客 : 뛰어나게 슬기롭고 총명한 사람.
31 정양사正陽寺 : 강원도 회양군 내금강면 장연리 금강산에 있는 사찰. 31본산 시절에는 금강산 유점사의 말사였다. 백제의 고승 관륵觀勒과 강운降雲이 600년(무왕 1)에 창건하고 661년(문무왕 1)에 원효가 중창하였다. 고려 태조가 중창한 뒤로 사세가 커졌다. 태조와 법기보살法起菩薩의 전설이 있는 방광대放光臺와 태조가 절을 했다는 배점拜岾이 남아 있다. 불전은 반야전으로, 본존은 법기보살이다. 법기보살 아래 대장경을 봉안해 놓았는데 시대는 알 수 없다. 반야전 맞은편 약사전의 벽화는 오도자吳道子의 필화를 모사한 것이라 하며, 석조약사여래상은 신라 시대 유물로 추정된다. 경내에 있는 삼층석탑은 2층 기단의 전형적인 신라 시대 석탑으로 탑거리 탑, 신림사神琳寺 탑과 더불어 금강 삼고탑三古塔이라 불린다. 석등은 고려 초기의 것으로 북한 보물급 문화재 제34호로 지정되었다. 경내 오른쪽에 있는 갈성루는 금강산 일만 이천 봉을 한눈에 볼 수 있는 명소로 알려져 있다.
32 이마에 손을 대고(斫額) : 작액斫額은 손을 이마에 대고 멀리 바라보는 모양.
33 청분淸芬 : 맑고 높은 덕행을 비유적으로 이르는 말.
34 천일대天逸臺 : 금강산 정양사 올라가는 도중에 있는 정자.
35 발연사鉢淵寺 : 금강산에 있는 유점사의 말사. 절 입구에 발우 모양의 못이 있어 이 이름이 유래하였다. 신라 혜공왕 때에 진표 율사가 창건하여 점찰법회를 열고 7년간 있었다 하며, 지금은 작은 암자만 남아 있다.
36 다시 만나(重圓) : 중원重圓은 파경중원破鏡重圓에서 따온 말이다. 깨진 거울이 다시 둥근 모습을 되찾는다는 뜻으로 다시 만나 자리를 같이한다는 의미이다. 파경중원의 다른 뜻은 생이별한 부부가 다시 결합한 것을 말하기도 한다.
37 감사 홍득일洪得日 : 홍득일洪得一(1577~?). 조선의 문신. 자는 형제亨諸, 호는 만회晩悔·후포後浦. 사효思斅의 아들로 1609년(광해군 1) 생원生員이 되고, 1613년 증광문과增廣文科에 병과丙科로 급제하여 1617년 호조좌랑戶曹佐郞, 이듬해 예조좌랑을 역임한 뒤 1624년(인조 2) 동래부사東萊府使로 선정善政을 베풀어 소리素裏를 하사받았다. 1628년 동부승지同副承旨, 이듬해 우부승지右副承旨를 거쳐 강원도 관찰사를 지내고, 1647년 좌승지左承旨에 이르렀다.
38 누덕누덕 기운 옷(鶉衣) : 순의鶉衣는 ① 메추라기 모양 같은 남루한 옷, ② 군데군데 기운 해진 옷, 낡은 옷을 뜻한다.
39 세속 마을(人寰) : 인환人寰은 인간 세상, 세간, 속세를 뜻한다.
40 신광神光(487~593) : 위진남북조 스님. 하남성 낙양 출신으로 중국 선종의 제2조 혜가慧可 대사이다. 속성은 희姬씨이며 아명이 신광이다. 어려서 노장과 불교를 공부하고 나중에 낙양 용문의 향산香山에 이르러 보정寶靜 선사 문하에 출가, 영목사永穆寺에서 수계한 뒤 여러 곳을 유력하며 수행하였고, 32세 때 다시 향산으로 돌아와 8년 동안 수행에 힘썼다. 북위 정광 원년(520)인 나이 40세에 숭산 소림사의 보리달마를 찾아가 제자가 되어 6년간 수행하였으며, 달마의 제자가 되기 위해 흰 눈 속에서 팔을 끊어 구도의 신심을 나타내 보인 일화는 '입설단비立雪斷臂'란 고사로 유명하다. 북제北齊 천

보 3년(550), 제자 3조 승찬에게 법을 전하였고, 하남성 업도에서 34년간 법을 설하여 종풍을 크게 선양하였고, 수隋 개황開皇 13년 계축 3월 16일 입적했다. 당 태조가 정종보각대사正宗普覺大師라는 시호를 내렸다.

41 **붉은 먼지(紅塵)** : 홍진紅塵은 붉게 일어나는 먼지. 번거로운 세상을 비유하여 이르는 말이다.

42 **둥근 모양(圓相)** : 원상圓相은 평등하고 원만한 중생의 마음을 동그라미 모양으로 나타낸 형상. 주로 선종에서 쓰인다. 혜충 국사가 처음 만들었다.

43 **격외선格外禪** : 참선의 도리는 보통 사람의 범상한 소견에서 벗어난 것으로, 있는 마음으로나 없는 마음으로나 다 알지 못하는 것(有心無心俱透不得)이다. 따라서 말이나 글로써 나타낼 수 있는 이치를 초월한 선법을 말한다.

44 **남양 혜충南陽慧忠(?~775)** : 당나라 스님. 속성은 염冉씨, 월주越州 제기諸暨 사람. 육조 혜능慧能에게 인가를 받고, 오령산·나부산·사명산·천목산 등 여러 명산을 다니다가, 남양 백애산 당자곡에 들어가 40여 년 동안을 지냈다. 현종·숙종·대종 등 3대 임금의 두터운 귀의를 받고, 뒤에 경사京師에 이르러 교화를 폈다. 항상 남악 혜사南岳慧思의 종풍을 사모하고, 임금에게 주청하여 형악의 무당산에 태일 연창사를, 당자곡에 향엄 장수사를 창건하고, 『大藏經』1부를 모셨다. 당 태력 10년 12월 입적하였으며 시호는 대증선사大證禪師이다.

45 **한 조각~가운데 들어갔네** : 이 이야기는 『禪門拈頌』 권7 208칙 「圓相」에서 마곡麻谷이 원상을 가지고 혜충 국사의 입실건당을 허락받은 내용을 말한 것이다.

46 **유수留守** : 조선에서는 개성·강화·광주·수원 등에 설치했는데, 품계는 정2품 또는 종2품이고, 정원은 각각 2명씩 두었다. 1407년(태종 7) 종래의 개성부를 개성유후사開城留後司로 고치고, 유후를 두었다가 1438년(세종 20) 다시 개성부로 승격하면서 유수를 두었는데, 『經國大典』에 그대로 반영되었다. 품계는 종2품으로 하되, 유수 가운데 1명은 경기관찰사가 겸직하게 하고, 대신 행정과 군사업무는 전임專任 유수가 담당하였다.

47 **찰방察訪** : 조선 때 종4품 관직으로 각 역에 소속된 벼슬.

48 **용정龍旌** : 임금의 행차.

49 **부벽루浮碧樓** : 평양 팔경의 하나로 금수산錦繡山 모란봉의 동쪽 청류벽淸流壁 위에 있다. 원래는 영명사永明寺의 부속 건물로서 고구려 시대인 393년에 세워진 영명루永明樓였다. 12세기 초 고려 예종이 군신과 더불어 잔치를 베풀고 그 자리에서 이안李顔에게 명하여 이름을 다시 짓게 했는데, 거울같이 맑고 푸른 물이 감돌아 흐르는 청류벽 위에 떠 있는 듯한 누정이라는 뜻에서 부벽루라고 부르게 되었다. 이후 임진왜란 때 불타서 1614년에 중건하였고, 현재 건물은 6·25전쟁 때 불탄 것을 1956년과 1959년에 복원한 것이다. 정면 5간(14.5m), 측면 3간(7.68m)에 이익공 두공을 얹은 흘림기둥이 합각지붕을 떠받치고 있는 단층 목조건물로, '천하제일강산天下第一江山'이라고 쓴 현판이 걸려 있다. 이 누각은 뛰어난 건축술뿐만 아니라 모란봉과 어우러진 아름다운 경치로 진주 촉석루, 밀양 영남루와 더불어 조선 3대 누각의 하나로 이름이 높았다. 한편 고려 때의 시인인 김황원은 이곳 경치를 보고 시를 절반 지어 놓았다가 부벽루의 아름다운 경치를 시에 다 담을 수 없다 하여 붓을 놓고 통곡하였다는 일화가 전한다.

50 **패강浿江** : 대동강의 옛 이름.

51 영주瀛洲 : 삼신산의 하나이다. 동해안에 있는데 신선들이 살고 있는 곳이라 한다. 우리나라 한라산을 영주산이라 하기도 한다.
52 태조太祖 : 여기서는 고려 태조인 왕건王建을 이르는 듯하다.
53 송경松京 : 고려의 도읍지였던 개성을 말한다.
54 미앙궁未央宮 : 중국 협서성陝西省 서안시西安市 교외에 있는 한漢나라 고조 때 만든 궁전. 동서 길이 136m, 남북 길이 455m, 남쪽 측면 높이 1m, 북쪽 측면 높이 14m로 알려져 있다. 내부는 정전正殿, 여름에 시원한 청량전淸凉殿, 겨울에 따뜻한 온실, 빙고氷庫인 능실凌室 등을 짓고 화려하게 만들었다. 부근에서 와편瓦片이 발견되었다. 여기에서는 고려 임금이 살던 궁전을 거기에 비유한 것이다.
55 장락궁長樂宮 : 한漢나라 태후가 거처하였던 궁전의 이름. 여기에서도 이것을 고려 태조의 후비가 거처하던 곳에 비유한 것인 듯하다. 서경(平壤)에 장락궁이 있긴 하지만 개성을 노래하는 곳에 서경의 장락궁을 지칭한 것은 아닌 듯하다.
56 쌍계사雙溪寺 : 하동군 화개면 운수리 208번지에 있는 사찰. 조계종 25개 본사 중 하나. 쌍계사는 두 갈래의 계곡이 하나로 만난다고 해서 붙여진 이름이다. 다리를 건너 조금 오르면 큰 바위 두 개와 장승 두 개가 나온다. 바위 위에는 쌍계, 석문이라는 글이 새겨져 있다. 고운 최치원이 지팡이로 새긴 것이라고 한다.
57 최치원崔致遠 : 본관은 경주慶州. 자는 고운孤雲 또는 해운海雲이다. 아버지는 견일肩逸로, 숭복사崇福寺를 창건할 때 그 일에 관계한 바 있다. 경주 사량부沙梁部 출신이다.
58 신흥사神興寺 : 지리산에 있었던 신흥사를 말하는 듯하다.
59 가람伽藍 : ⑤ saghrma를 음역한 승가람마僧伽藍摩·승가람僧伽藍의 준말이다. 승원僧院·승원僧園이라고도 한다. 본래 의미는 중원衆園으로 여러 승려들이 모여 불도를 닦는 숲 등의 장소를 가리켰는데, 나중에 사원의 건축물을 일컫게 되었다. 절은 대개 일곱 종류의 건물을 갖추어야 하나의 가람으로 완성되는데, 이것을 칠당가람七堂伽藍이라 한다. 그러나 반드시 일곱 종류로만 제한되지는 않으며, 약간의 가감이 있을 수 있다. 칠당은 보통 사람의 몸, 즉 머리(頂)·코(鼻)·입(口)·눈(兩眼)·귀(兩耳) 또는 머리(頭)·마음(心)·음부陰部·팔(兩手)·다리(兩脚)에 비유되기도 한다. 칠당의 배치와 명칭은 시대와 종파에 따라 다르다. 일반적으로 교종사찰敎宗寺刹은 탑탑·금당金堂·강당講堂·종루鐘樓·장경루藏經樓·승방僧房·식당으로 구성되고, 선종사찰禪宗寺刹은 불전佛殿·법당·승당僧堂·고방庫房·산문山門·서정西淨·욕실浴室로 구성된다.
60 가지사迦智寺 : ① 전라북도 임실군 성수산에 있던 절. ② 전라남도 장흥군 유치면 가지산에 있던 절. 지금의 보림사인 듯하다. 1407년(태종 7) 조계종 사찰에 소속되었다. ③ 함경남도 안변군 오압산에 있던 절.
61 정묘년 난리 : 1627년(인조 5) 만주에 본거를 둔 후금後金(淸)의 침입으로 일어난 조선과 후금 사이의 싸움. 1616년 만주에서 건국한 후금은 광해군의 적절한 외교정책으로 큰 마찰이 없이 지냈으나 광해군의 뒤를 이은 인조가 '향명배금向明排金' 정책을 표방하고, 요동遼東을 수복하려는 모문룡毛文龍 휘하의 명明나라 군대를 평북 철산鐵山의 가도椵島에 주둔시키고 이를 은연히 원조하자, 1627년 1월 아민阿敏이 이끄는 3만의 후금의 군대는 앞서 항복한 강홍립姜弘立 등 조선인을 길잡이로 삼아 압록강을 건너 의주義州를 공략하고, 이어 용천龍川·선천宣川을 거쳐 청천강淸川江을 넘었다. 조선

에서는 장만張晩을 도원수都元帥로 삼아 싸웠으나 평산에서부터 후퇴를 거듭, 그 본진이 개성으로 후퇴하였고, 인조 이하 조신朝臣들은 강화도로 피하고 소현昭顯 세자는 전주로 피란하였다. 황주에 이른 후금군은 2월 9일 부장 유해劉海를 강화도에 보내 명나라의 연호를 쓰지 말 것, 왕자를 인질로 할 것 등으로 화의를 청하였고, 양측은 정묘조약丁卯條約을 맺고, 3월 3일에 그 의식을 행하였다.

62 매미 소리(喓喓) : 인인喓喓은 빨리 치는 북소리. 여기서는 매미가 요란하게 우는 소리를 뜻한다.
63 눈썹 붉은 오랑캐(赤眉) : 적미赤眉는 붉은 눈썹. 오랑캐를 일컫는 말.
64 짧은 거리(指顧) : 지고指顧는 손가락질하며 살펴본다는 뜻으로, 짧은 거리 또는 짧은 시간을 이르는 말.
65 천관산天冠山 : 천풍산天風山 또는 지제산支提山이라고도 한다. 높이 723m. 지리산智異山·월출산月出山·내장산內藏山·내변산內邊山과 함께 호남지방의 5대 명산 가운데 하나다. 수십 개의 봉우리가 하늘을 찌를 듯이 솟아 있는 것이 마치 천자天子의 면류관과 같아 천관산이라는 이름이 생겼으며, 신라 김유신金庾信과 사랑한 천관녀天官女가 숨어 살았다는 전설이 전해 온다. 삼림이 울창하고 천관사·보현사를 비롯해 89개의 암자가 있었지만, 지금은 석탑과 터만 남아 있다.
66 은하수(天河) : 천하天河는 밤하늘에 흐르는 물처럼 떠 있는 별 무리, 은하銀河를 일컬는다.
67 포주抱柱의 마음(抱柱心) : 포주심抱柱心은 다리 기둥을 끌어안고 죽은 미생尾生의 고사를 말한다.
68 운수암雲水庵 : 강원도 회양군 금강산에 있는 절.
69 턱을 괴고(支頤) : 지이支頤는 손으로 턱을 받친다는 뜻이다.
70 마고麻姑 : 중국의 옛적 선녀仙女의 이름. 한漢나라 환제桓帝 때에 고여산姑餘山에서 수도하였는데, 길고 새 발톱처럼 생긴 손톱으로 가려운 데를 긁어 주면 한없이 유쾌해 하였다고 한다.
71 왕모王母 : 곤륜산崑崙山의 서왕모西王母. 전국시대의 곤륜산 신선설神仙說 속에서 신선화되었다. 전한前漢 말기 경세는 여신女神이라 하여 신앙의 객체가 되었고, 후한後漢 시대에는 태산泰山 신앙이 동태산東泰山에 짝하는 서왕모가 되어 도교의 신으로 되었다. 후에 요지금모瑤池金母로도 불렸다.
72 명령蓂靈 : 박지원은 "꽃이 하루에 한 잎씩 피어 열두 잎 다 피면 보름이 된 것이 달이 이지러지는 것을 알게 되며, 꽃이 하루 한 잎씩 말아 들어가 꽃 꼬투리가 떨어지면 그믐이 된 것을 알 수 있다."고 하였다. 그래서 이것을 명수蓂樹라고 부르고, 또 영수靈樹라고도 부른다고 하였다.
73 기타동산(祇陁苑) : 기타원祇陁苑은 제타의 숲을 말한다. 기원祇洹이라고도 한다. 수달須達 장자가 석가모니에게 설법과 수도의 장소로서 헌납한 숲의 이름이다. 수달 장자는 그 숲에 기수급고독원을 지어 바쳤다. 흔히 기원정사로 불리는데, 왕사성의 죽림정사와 함께 석가모니 당시의 2대 정사로 꼽힌다.
74 조두俎豆 : 제사祭祀 때 신 앞에 놓는 나무로 만든 그릇의 한 가지.

허백집 제3권
虛白集 卷之三

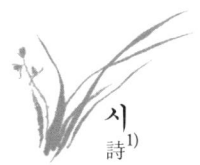

삼가 아름다운 시운을 따서 【묘향산과 방장산에 보현 법당을 세웠으므로 국가로부터 신인信印을 받아 감격함을 이길 길 없어 그로 인하여 찬탄함】
敬次佳韻【香山方丈. 以建普賢法堂. 事受印信. 不勝凄感故. 因以讚之.】

향로봉의 산세는 천하에 제일이라	香爐形勝天下說
구름이 풍광 머금어 군봉을 벗어났네	雲舍風光出群棚
한가한 삶 누구와 함께 적막함을 위로하랴	閑居誰與慰寂寞
어느 한 사람도 전송하고 맞이하는 이 없네	可無一人相送迎
습득은 본시 번화한 자리이니	拾得本是繁譁地
우뚝한 방장인들 어찌 평편치 않으리	方丈宏偉何不平
크고 작은 스님들 모두 와서 모이고	大僧中僧來聚集
남쪽 북쪽 연락宴樂이 마음 시름 빼앗네	南宴北樂奪愁情
때마침 홀연히 순상[1]의 명으로 인해	適因忽被巡相勑
인수를 받아 차니 꽃다운 이름 퍼지네	佩其印綬流芳名
사찰을 모두 태워 불탄 자리만 남았더니	精刹灰燼遺焦墟
우레 같은 칙명으로 다시 짓기 시작했네	撿勑如雷重建營
동장의 도장 찍어 위풍을 떨치니	銅章印踏威風振
만 리의 공인들 놀라서 빈번하게 달려오네	萬里工人頻走驚

---

1) ㉰ '詩'는 편자가 보충해 넣은 것이다.

그때 푸른 장삼에 인수 차고 봉우리 꼭대기서 노닐며	時遊峰頂靑衫佩
강산을 영득하니 흐르는 물도 울었네	領得江山流水鳴
구름 타고 기운 머금어 추상같은 기품에	乘雲銜氣秋霜凜
온 산의 사람들 우러러 구름처럼 에워쌌지	一山人仰圍雲程
앞에는 어린 동자, 뒤에는 장정이 따르고	前者稚童後者健
좌우 곁 사람들은 모두가 따르는 시종이라	左右傍人皆是伻
장하고 장하구나! 어찌 장하지 않겠는가	壯哉壯哉何壯哉
이와 같은 중한 소임 일생도 모자란다	如斯重任消一生
천명 받아 태어날 때 이미 정해진 운명이니	天命由來前已乏
일찍이 권위를 천양하여 한 시대 기울이네	早擅權威時代傾
붓을 들어 시 짓는 이 모두들 찬탄하고	華詩題筆人皆讚
사찰 중수 애쓴 공덕 조야에 가득하네	修利懃功朝野盈
종래에 군자들이 이미 이와 같았으니	從來君子旣如然
어찌하여 동부와 화려한 명성을 싫다 하리	何厭銅符與華聲
알지 못하겠노라	不知
세간 어느 곳에 이 같은 사람 있으리	世間何處有此人
나로 하여금 그로 인해 드러누울 생각 하게 하네	使我因之思臥撗

소요당을 이별하면서 회포를 쓰다
別逍遙堂書懷

법의 은혜 온 나라 적셨기에	法恩沾四海
스님을 흠모했는데 또 남으로 가신다네	欽師又南天
물을 대어도 오히려 적시지 못하니	浸灌猶未洽
부질없이 반년 동안 허송했네	虛然度半年
윗사람 농락[2]을 분분하게 해 대면서	指馬紛紜作
잘잘못의 허물이 돌처럼 굳어지네	是非過石堅
어리석은 사람은 독사의 독을 품으니	愚人含蛮毒
지혜로운 사람 더 이상 나가기 어렵구나	智者更迍邅
비밀한 뜻 호남에 빼어나니	密旨湖南秀
얼마나 많은 사람 일미선[3]에 떨어질까	幾墮一味禪
아! 슬프다, 애통함이 심하구나!	嗚呼甚痛劇
이 몸이 죽어도 한이 얽히고설키리라	終死恨纏綿
정처 없는 인생이 어려운 일이 많아	漂泊多難事
두 곳 끝에서 지루하기만 하구나	支離兩地邊
평생의 소원 만족하지 못해서	平生願未足
다시 북쪽 묘향산으로 향하네	還向北香巓
이별 고하니 시름이 만 섬이요	告別愁萬斛
슬픔에 눈물 흘러 푸른 눈 젖었다네	哀淚碧眸泫
가는 도중에는 가을바람만 불고	去程秋風起
계곡엔 냇물 불어 세찬 물 이어지네	溪谷激水漣
이렇게도 어려움 많은 세상에는	此是魴魚世
오래된 임천이면 좋으련만	可宜老林泉
암석 밑에 살 자리 잡거들랑	卜栖巖磴畔

소식이나 전해 주면 다행이겠소 消息幸相傳

스승을 천도하는 글

 부처님에게는 자비의 서원誓願이 있으시어 소원을 비는 사람마다 다 건져 주시며, 법에는 방편方便의 문이 있어서 문을 찾는 이마다 거두어 교화합니다. 나고 죽음의 미혹한 나루를 건너려고 하는 사람이라면 어찌 중생을 제도하고 거두어 교화하는 문을 의지하지 않을 수 있겠습니까? 오늘 영혼을 천도하는 사람은 진실로 나의 스승이었던 스님입니다.
 아! 슬프다. 스승이시여! 왕王의 성씨의 가문에 신神이 내려와 족벌인 사대부의 집안에 태어나서는 송월松月 스님의 문에 들어가 스님이 되어 그 법류法流의 종파를 이었습니다. 항상 선림禪林의 보배 나무가 되어 선풍禪風은 항상 구멍 없는 피리를 불었고, 늘 가르침의 바다에 사랑의 배가 되셨습니다. 교월敎月은 늘 줄 없는 거문고를 타니, 법을 듣는 이는 마치 큰 가뭄에 구름을 바라는 것과 같았으며, 마음을 참구參究하는 사람은 흡사 넓은 고을 사람들이 저자로 돌아가는 것과 같았습니다. 타고난 성품이 정직하였고 기쁘고 노여움을 남에게 나타내지 않았습니다. 동진童眞으로 출가하시어 법랍法臘이 일찍이 뭇사람들보다 높았습니다.
 엎드려 생각하건대 제자에게 항상 말씀하시기를 "백 년을 살아 수명을 다하리라."라고 하셨는데, 어찌 하루아침에 세상을 떠나실 줄 생각이나 하였겠습니까? 땅을 치며 애통해하거니와 스스로 은혜를 갚지 못함에 더

---

1) ㉾ '文'은 편자가 보충해 넣은 것이다.

욱더 슬픔을 가눌 길 없으며, 통곡하며 하늘을 우러러보니, 스승님의 덕을 갚지 못함에 더욱 비감하기 그지없습니다. 그런 까닭에 큰 성인의 중생을 건지고 거두어 교화하는 서원에 의지하오니 보잘것없는 제자의 슬퍼하고 애달파하는 마음을 살펴 주소서. 이렇게 하는 것도 바로 중생들을 거두어 교화하는 문이요, 이 또한 바로 중생을 건지는 서원일 것입니다.

엎드려 바라옵건대 돌아가신 스님이시여, 황매산黃梅山 아래에서 직접 부처님과 조사님의 마음으로 전한 법을 전해 주시고, 임제臨濟 문중에서 영원히 사람과 하늘의 안목眼目이 되어 주소서. 또 바라옵건대 재齋를 올리는 사람에게는 그의 복이 넓은 바다와 같아 1억 유순由句으로써 이식里息[4]을 삼으며, 그의 수명은 가죽나무 언덕(椿坡)[5]에 있어서 8천 살을 1년으로 삼아 남기신 은혜의 물결에 다 함께 젖게 하시고, 고통 받는 중생들은 모두 고통이 멈추게 하여 주소서. 우러러 바라옵건대 거룩한 밝으심으로 상서를 드리워 비추어 주옵소서.

薦師文

佛有慈悲之願。願願度生。法有方便之門。門門攝化。欲度生死之迷津者。盡憑度生之攝化門。攸薦冥靈。實余師表。嗚呼。師表也。降神王氏之宅。族閥箋纓。染指松月之門。法流宗派。恒爲禪林之寶樹。禪風恒吹無孔之笛。常作敎海之慈航。敎月常明沒絃之琴。聽法者。若太旱之望雲。忿心者。似普州之歸市。賦性入直。喜怒不形於人。童眞出家。法臘曾崇於衆。伏念弟子。常謂百年而盡壽。豈期一朝而陞遐。隨哀扣地。益自傷嗟。恩不可酬。追哭仰天。尤增悲感。德不可報。故依大聖。度生攝化之願。顧鑑小弟。傷嗟悲感之心。此亦是攝化之門。此亦是度生之願。伏願亡師黃梅山下。親傳佛祖傳心。臨濟門中。永作人天眼目。亦願齋者。福在溟海。以億由句爲里爲息。壽在椿坡。以八千歲爲春爲秋。餘波共沾。苦類咸息。仰惟聖鑑。俯垂照祥。

보개산 만세루 중건기

　우리 동국東國에 다섯 산이 있으니, 금강산金剛山·지리산智異山·구월산九月山·묘향산妙香山·보개산寶盖山이다. 그중에 유독 보개산은 성대하게 이끌어 와 증명하는 바가 많다. 산의 형세는 백 겹이나 에워싸고, 천 층이나 되는 물은 만 번이나 돌아 흐르며 1조 번이나 굽어 돌았다. 숲처럼 빼곡하게 들어선 기이한 봉우리와 멀고 가까운 곳의 높고 낮은 샘물과 골짜기는 때로는 멀리서 불어오는 바람 소리도 노여워서 울부짖는 소리 같기도 하고, 콸콸 흘러내리는 도랑의 물소리는 두려우면서도 아름답다. 앞선 자가 소리 질러 부르면 뒤따르는 자가 화답하는 것이 곧 천지가 기운을 토해 내며 만들어 내는 것과 같다. 우뚝 높고 위대하며 아주 특별함은 사방에 있는 산의 신령한 맥이 보개산에 다 모여든 듯하고, 만물의 특이한 기운을 보개산에 모두 쏟아부은 듯하다. 그러한즉 온갖 사물을 보존하여 여러 품종을 기르는 장소이며, 간직하고 있는 온갖 사물은 한 이치의 땅에 돌아가 운행運行이 쉬지 않고 사물에 응하여 변화함이 그지없다. 태극太極의 하늘 이치가 두루 원만하지 않음이 없어서 평범한 것을 단련하여 성현을 이루는 조짐이 신속하기가 밤에 골짜기에서 짐 지고 달아나는 것과 같다.[6] 보개산의 이름과 깊은 수원의 이름이 제각기 그 실상에 맡겨져 있으니, 보개산 앞에는 보배 일산이 없으며 보개산 뒤에도 보배 일산은 있지 않다. 아름다워라! 보개산의 보배 일산이여! 만고의 보배로 있을 것이니, 이야말로 진실로 성대한 인칭引稱이 있는 것이라 하겠다.

　절 남쪽에 높다란 누각이 있으니 이름이 만세루萬歲樓다. 누각의 누각 됨은 금선金仙(부처님)이 내려와 모임을 가지는 누각이기 때문이요, 또한 복을 빌고 나라가 오래도록 이어지기를 비는 누각이기 때문이다. 우뚝 솟은 누각은 형상이 마치 하늘 궁전의 누각과 같고, 시원한 바람이 불어와 유람객의 흐트러진 마음을 일깨워 주며, 시냇물의 밝은 달은 선승禪僧의 은혜의 등불을 밝게 비추어 준다. 이런 까닭에 이름 있는 큰 벼슬아치들과, 유람하며 구경하는 선비들이 아침에 갔다가 날이 저물면 다시 오고, 저물면 갔다가 아침에 다시 오곤 하면서 혹은 시를 짓고 달을 감상하기도 하고, 혹은 시에 취해서 계속 머물러 있는 이도 있었으며, 혹은 거문고를 안고 와서 거문고를 타며 즐기기도 하면서 시끌벅적 이야기를 나누다가 돌아갈 시간을 잊은 이도 있었다. 혹은 마음을 쉬어 버린 사람으로서 만리의 바람에 도취되는 이도 있고, 혹은 기운을 기르는 사람으로서 육합六合의 몸이 구름으로 돌아가기도 하는 등, 이 누각에 앉고 이 누각에 누워 허공을 관하며 도를 즐기기도 하고, 이 누각을 거닐고 이 누각에 머물면서 비밀한 가르침을 탐구하기도 하였다. 아침노을을 마시며 주린 배를 달래기도 하고, 삼소三霄의 해와 별을 손으로 휘젓기도 하고, 구천九天의 바람과 이슬에 몸을 노닐면서 달 이슬을 받아 마시고 마음을 씻기도 한다. 안개 내리는 아득히 먼 밖의 호수 위에 우뚝한 외로운 산봉우리는 반쯤은 있고 반쯤은 없는 듯하고, 하얀 구름이 붉게 물든 나뭇가지에는 여러 쌍의 기이한 새가 한가롭게 오고 가니, 이 또한 만세루의 장관이다.

그런데 시운이 불행하여 임진년壬辰年(1592)을 당하여 왜적이 벌떼처럼 일어나 전쟁을 도모하여 불을 질러 누각을 태웠다. 그래도 타다 남은 터는 그대로 있으나 가시덤불이 숲을 이루고 아롱진 섬돌은 무너지고 깨져서 나무꾼이 손으로 어루만지니, 산마루에는 원숭이가 애달프게 울부짖고 산골짜기 새들도 슬피 울 뿐이었다. 이 산의 도사道士 의천義天이 터를 다지기 시작해 누각을 복원하고자 하였다. 다시 일을 경영하기 위하여 손수 편문片文을 지니고 다니면서 두 서울의 백성들에게 널리 시주를 권하였고, 본사本寺의 스님 계징戒澄에게 이 일을 주관하도록 위촉하니, 도끼를 든 사람은 나무를 다듬고, 톱을 든 사람은 목재를 베어 오는 등 기축년己丑年(1649)에 처음 공사를 시작하여 신묘년辛卯年(1651)에 그 일을 마쳤다. 그리하여 앞사람이 지은 것만큼 화려하지는 않지만 후세 사람들이 보기에 그리 초라하지도 않았다. 그래서 다시 유람하는 나그네의 마음을 씻어주고 거듭 선승의 은혜를 밝히며 아침저녁으로 향을 사르고 기도하였다. 요堯임금의 바람이 영원히 불어 위로는 난리의 근심이 없어지고, 순舜임금의 해가 오래도록 밝아 아래로는 〈격양가擊壤歌〉를 불러 구슬 같은 기반으로 하여금 땅처럼 오래가고, 임금의 자리로 하여금 하늘처럼 오래가기를 기원하니 나라의 수명을 늘리는 만세의 누각이라고 말하지 않을 수 없다.

아! 슬프다! 산은 스스로 나타내지 않는지라 땅으로 인하여 나타나며, 일이 저절로 이루어지지 않는지라 사람들로 말미암아 일을 이루는 것이다. 의천 스님이 누각을 중건한 것도 역시 전세前世에 인연을 심어 놓았기 때문이니, 이 산을 두고 진정 현명한 사람을 세울 때는 같은 무리인가 아닌가를 따지는 일이 없어야 한다고 한 말과 같다 하겠다. 이 일은 당나라 조정의 배裵 정승이 삼생三生을 기다려서 용흥龍興의 일을 이룬 것과 매우 흡사하다 할 것이다.

이른바 계징戒澄이란 스님이 직접 내 집을 찾아와서 나에게 이르기를 "쉽게 흘러가는 것이 세월이요, 쉬 잊히는 것은 공功입니다. 공을 기록해 남기지 않는다면, 오는 후세에는 영원히 끊어질 것입니다."라고 하기에, 내가 계징 스님에게 앉으라 하고는 그 스님에게 말하기를 "스님의 마음은 쑥대와 같습니다. 그래서 들어 드릴 수 없습니다. 큰 덕은 덕을 내세우지 않고 큰 공이 있는 이는 그 공을 내세우지 않는 법입니다. 그러니 스님이 또한 기문記文을 청하는 것도 옳지 못합니다."라고 하니, 계징 스님이 공경하는 태도(磬折)⁷로 재삼 간청하기에 내가 비록 표인朽人이긴 하지만 하는 수 없어서 우선 그 시말始末만 서술할 뿐이다.

寶盖山萬歲樓重建記
維我東國有五山。曰金剛。曰智異。曰九月。曰妙香。曰寶盖。其中獨寶盖山。盛有所稱引。山形百匝。千疊水源。萬回兆曲。森然林立之奇峯。遠近高低之泉壑。或怒唱之翏翏。畏佳之濠濠。前者唱于而隨者唱喁。乃大塊噫氣之作也。瑰偉絶特。四山之靈脉。摠萃乎寶盖。萬物之異氣。悉注乎寶盖。然則蓄萬物長於群品之場。藏萬物歸於一理之地。運行不息。應化無窮。太極天理無不周圓。煆凡成聖之兆。速於夜壑之負趍。寶盖之名。深源之號。各任其實寶盖之前。未有寶盖。寶盖之後。亦未有寶盖。丕哉。寶盖之寶盖。萬古寶盖。眞可謂盛有稱引者也。寺之南有高樓。曰萬歲樓也。樓之爲樓也。金仙降會之樓也。亦祝釐延國之樓也。歸然樓閣。狀若天宮樓閣。淸風吹醒。遊客之蓬心溪水之明月。照曜禪僧之惠灯也。由是名公巨卿遊翫之士。朝去暮來。暮去朝來。或吟風賞月。醉詩而留連。或抱琴宴樂。誼譁而忘歸。或息心之人。萬里風趍。或養氣之士。六合雲歸。坐於斯臥於斯。觀空樂道。行於斯。住於斯。探究密旨。湌朝霞而療飢。手揮三霄之日星。身遊九天之風露。飮月露而洗心。落霞蒼茫之外。湖上孤峰。半有半無。白雲紅樹之邊。數雙奇鳥。閑徃閑來。此亦萬歲樓之壯觀也。時運不幸。年當壬辰。倭賊蜂起。焚刦爲謀。焦基猶存。枳棘之林。文砌頹廢。樵人之手。嶺猿哀嘯。谷鳥悲鳴而已。山之道士。義天其名者。欲續肇基。重擧經營之役。手持片文。廣化兩京。使本寺僧戒澄者。主事而囑之。斧者斧之。鉅者鉅之。始役於己丑。斷手於辛卯。無侈前人。無廢後觀。再醒遊客之心。重明禪僧之惠。朝祝夕焚。堯風永扇。上無兵革之憂。舜日長明。下有擊壤之歌。使珠基而地久。令寶曆而天長。不可不謂延國萬歲之樓也。吁。山不自顯。因地以顯。事不自成。由人以成。義天之重營樓閣。亦因前世緣種。此山可謂立賢無方者也。正似唐朝裴相之待三生。而重營龍興之事也。所謂戒澄者。踵門而告余曰易流者歲。易忌者功。無以記功。永絶來後。余坐澄。語澄曰。子之心。猶有蓬也。夫不聽乎。大德不德。大功不功。君亦請記不可。澄也磬折再三而請。余雖杓之人也。不獲已。姑叙其始末云爾。

소요당의 시자 경흘을 대신해서 쓰다

　시자 경흘慶屹은 머리 조아려 본사인 지리산 연곡사燕谷寺와 여러 산문의 종문宗門 조실祖室 및 여러 어른들의 자리 아래 머리 조아려 절하고 한 말씀 올리나이다. 저 경흘이 좌하座下에 절을 올리고 떠나온 뒤로 천 리 머나먼 길을 걸어오면서 갈까 말까 주저하다가 차츰 보개산 영은사靈隱寺에 들어오니, 그때가 2월 18일이었습니다. 우리 스승의 사리를 나누어 달라고 간절히 비는 일을 하기 위하여 허백虛白 대사님 앞에 꿇어앉아 아뢰었더니, 대사께서 말씀하시기를 "소요逍遙 스님의 문정門庭에 선원禪苑의 높으신 손님들과 해문海門의 상사上士로서 탁월한 무리들이 거의 백여 명이나 된다. 그런데 무슨 까닭으로 그대 소아小兒 한 사람은 지난 가을에도 여기에 와서 열흘 동안이나 간절하게 빌었으나 일찍이 효과를 얻지 못했었는데, 금년에 다시 와서 나의 계획을 혼란하게 만드는가? 너무나 무리한 일이다."라고 하시면서 끝없이 경책하고 전혀 허락하지 않을 태세였습니다.

　그리하여 경흘과 현응玄應, 청안靑眼 등은 뜰아래 엎드려서 통곡하였는데, 그렇게 한 지 여러 날이 지난 뒤에 대사가 말씀하시기를 "만약 문인들의 정성이 부족하였다면, 심한 분노를 이기지 못했을 것이다. 그대 소아들의 정성을 보면 두 번씩이나 찾아와서 간절하게 청하니 정말로 매우 애틋하여 동정심이 간다. 다만 애틋한 동정심뿐만 아니라 너희 무리들의 이러한 정성도 또한 소요 대사 말후末後의 빛이기에 그러한 것이니, 나중에 완전하게 끊어지고 만다면 매우 애통한 일이요 두려운 일일 것이다. 그러니 너희들은 속히 정성으로 빌던 물건(소요 스님의 사리)을 챙기거라."라고 하셨습니다. 저희들은 펄쩍펄쩍 뛰며 크게 기뻐하면서 단량壇場의 궤칙軌則을 배설排設하고 난 연후에 대사가 종장宗匠들과 크고 작은 인원들을 모두 모아 2월 27일부터 밤새워 정근精懃하기 시작해서 29일 오경五更 초에 이르러 허백 대사가 몸소 향로를 들고 단 앞에 꿇어앉아 두어 차례 법을 설하였으나 조금도 영험이 없었습니다. 대사께서 격발激發하여 탄식을 하자, 좌우에 있던 사람들이 팔을 걷어붙이고 각각 열 곳에 일시에 불로 태우면서 목소리를 높여 큰소리로 말하기를 "소요 대사께서 법을 아끼시는 마음이 이와 같아서 굳게 고집하여 놓지 않으신다면, 서산 대사의 가풍은 거의 흔적도 없이 되고 말 것입니다. 그렇게 되면 뒷세상의 아손兒孫들은 무엇을 의지하여 믿고 따르겠습니까? 역대 조사님들께서 사리가 비처럼 쏟아져서 광명을 더하여 사람들을 이롭게 한 일이 말로는 다할 수 없습니다."라고 하면서 재삼 통곡하였습니다. 그리하여 자비로 적셔 주시기를 목마른 이가 물을 찾듯이 우러러 바랄 즈음 천지가 탁 트이면서 옅은 안개까지 말끔하게 걷히더니, 조금 있다가 상서로운 구름이 남쪽으로부터 일어나 영은사의 사방 산봉우리를 덮었습니다.

그 구름이 모두 눈처럼 하얀색으로 변하면서 큰 광명을 뿜어내고, 상서로운 기운이 허공에 서리더니 보개산이 대낮처럼 환해졌습니다. 그리고는 동풍이 크게 불어오니 온 천지가 성이 나서 부르짖는 듯한 소리를 내어 골짜기를 온통 떠들썩하게 하였습니다. 그러자 간절하게 기도하던 사람이 모두들 땅에 엎어지고 단 위의 등촉燈燭도 다 꺼져 버렸으며, 2매의 사리가 무쇠발우 속에 하나씩 떨어지면서 쟁그랑 소리를 내니, 그 소리가 구름 거리에 울려 퍼졌습니다. 그때 이 도량에 모인 대중들이 펄펄 뛰면서 무릎을 치고 기쁨을 이기지 못하였습니다. 또 천 리 밖에 살고 있는 스님들과 세속인들도 그 광명 속에 앉아서 풀과 나무, 모래와 돌을 낱낱이 보고는 하나하나 헤아렸다 합니다. 그리하여 한 암자에서 다른 한 암자를 찾아가 묻고, 한 가정에서 다른 한 가정을 찾아가 물었다고 합니다. 이렇게 하여 차례차례 물어 가면서 빛이 있는 곳을 찾아 이르니 영은사 기도하는 곳이었다고 하더이다. 그러니 이 일은 영취산靈鷲山 지승智勝 보살이 남겨 준 풍속이 바로 이 산속에서 기이한 가운데 아주 기이한 수승함으로 나타나 완연히 부절이 합하는 것과 같았다고 할 수 있겠습니다. 허백 대사께서 이렇게 애쓰면서 속을 태운 공로를 어찌 다 말할 수 있겠습니까? 허백 대사는 고달픔과 괴로움을 견디지 못하고 단상 앞에 누운 채로 우리 무리를 불러 앉히고는 저에게 말씀하시기를, "그대들은 속히 행장行裝을 꾸려 빨리 남쪽으로 떠나가서 부도浮屠를 세우고 문중 제자들의 답답해하는 마음을 열어 주는 것이 어떠하겠는가?"라고 하셨습니다.

저희들이 사리를 머리에 이고 남쪽으로 길을 떠나려 할 때에 심원본사深源本寺의 스님들이 사리를 빼앗으면서 말하기를, "사리 2매 중 1매는 이 산에 부도를 세우고 모셔야 할 것이니, 이 일은 족히 논할 필요도 없다."라고 하였습니다. 그러나 소요당 문정門庭의 온 나라에 두루 퍼져 있는 문도들이 몸을 던져 정성을 다한 뜻을 이야기했더니, 이를 보고 난 뒤에서야 보내 줄 것을 허락하며 말하기를, "여러분들이 말씀하신 이치는 너무도 지극하고 완전하니, 우리들이 무엇으로 거역할 명분이 없다."라고 하면서 겸손과 신중한 태도로 좌우를 돌아보며 대답하면서도 속마음이 삿되게 꾸며져 있는 저들은 저희들이 백반百般으로 애걸해 보았지만 모든 사람들이 마치 귀먹은 듯 머리를 흔들면서 들으려 하지 않았습니다. 그러던 차에 앞으로 해야 할 일을 곰곰이 생각해 보았더니 부도를 세우고 사리를 모시는 일이 형편상 매우 어려울 것 같았습니다. 모연문募緣文을 지어 여염閭閻에 시주를 권해 볼까 하면서 조용히 생각해 보니, 양쪽 서울에 옛날부터 알고 지내는 사람이 하나도 없고, 한낱 단신單身으로는 큰일을 하는 데 비용을 마련할 길이 없어 빗물처럼 쏟아지는 눈물을 닦습니다. 애걸하건대 아마도 사리를 본사에 봉안하도록 해야 할 것 같습니다.

다만 경흘은 우선 본사에 머물러 있으면서 사리를 모시고 향을 사르며 예배하고 있을 것이며, 지금 현응과 청안의 무리를 보내 저 대신 가서 본사인 연곡사와 여러 산문의 소요당 문하 여러분의 자리 아래 예를 올리게 하오니, 저 현응의 말씀을 들으시고 자세히 묻고 자세히 아셔서 낱낱이 굽어살피시고 낱낱이 자세하게 살피셔서 우리 문도에 광명이 있게 해 주시옵소서. 그것만이 바로 경흘의 큰 소망입니다.

만 가지 마음속의 일들을 아무리 글로 써서 다하려 해도 다할 수 없사옵니다. 엎드려 바라옵건대 대사 등께서는 특별히 마음을 써서 비추어 주옵소서.

代逍遙堂侍者慶屹書

侍者慶屹。稽首拜言智異山燕谷本寺及諸山宗門祖室僉位座下。慶屹拜辭座下之後。涉途千里趙趄於行。漸入寶盖山靈隱寺。時二月十八日也。爲吾師舍利愍禱之事。跪告于虛白大師。大師曰。逍遙門庭。禪苑高賓。海門上士卓越之輩。殆至百餘。何故你小兒一人前秋愍禱雙五日。曾未得效。今年再來勞我之計。萬萬無理。警策無垠。全不應諾。慶屹玄應靑眼等。伏於階下。痛哭數日之後。大師言。若以門人誠乏。則不勝劇怒矣。以汝小兒之誠見之。則再來乞請。正極可憐。非徒可憐。汝輩之誠。亦乃逍遙大師末後之光。於後頓絕。甚可痛恢。汝輩速備愍禱之物。吾等踴躍大喜。排設壇場範則然後。大師聚集宗匠及大小人員。始於二月二十七日。徹夜精勤。當於二十九日五更初。虛白大師。自執香爐。跪伏壇前。說法數度。小無靈驗。大師激發慨然。左右臂各十處。一時燒火。以杭[1]聲大言云逍遙大師慳法之心。若此堅執不捨。則西山之風。幾掃地矣。後代兒孫。憑何依怙。歷代祖師。舍利如雨。光沾利人之事。說也說盡。痛哭再三。渴仰慈潤之際。天地廓然。蕩無纖靄。須臾祥雲從南而起。覆於靈隱四面峰頭。盡作雪色。大放光明。瑞氣盤空。寶盖山中。皎如白晝。東風大作大塊怒呺之聲。遍滿洞壑。愍禱之人。盡爲顚伏。壇上燈燭俱爲熄滅。二枚舍利散落。鐵鉢中。錚錚之聲。聲振雲衢。道場集衆。灼躍打膝。不勝喜悅。復有千里之外所居僧俗。坐臥光明中。草木沙石。一一見之。一一計之。從一菴問一菴。從一家問一家。次次問之。尋光而至。卽靈隱祈禱之處。宛若合符。可謂靈鷲山智勝之遺風。於斯可驗異中之異勝也。虛白大師。勞身焦思之功。何足道哉。虛白大師。不勝悃苦。壇前顚臥。召吾輩坐之。語吾曰君等速治行裝。促去南方。樹浮屠。以破門弟欝陶之情如何。吾輩頂戴舍利。欲向南方之時。深源本寺僧等。奪取曰舍利二枚中一枚。則樹浮屠于山中。事不足論矣。逍遙門庭。遍滿一國。門輩投誠之意。見之然後。許送云。僉位所說之理。至矣盡矣。吾輩無以拒逆。顧答之理。中心詐飾。百般哀乞。僉等似若耳聾。掉頭不聽。觀其所爲。事勢極難。欲作募文。勸化閭閻。靜而思之。兩京中。素無舊識之人。一介單身。大事難辦。揮淚如雨。哀乞。而舍利則奉安于本寺。獨屹。姑留本寺。侍舍利。焚香禮拜。今遣玄應淸眼之輩。代徃致禮于燕谷本寺及諸山。逍遙門下籌室僉位座下。聽其玄應之言。祥問祥知。一一下鑑。一一詳察。使吾門有光。是慶屹之大望也。萬端情事。書不可及。伏惟大師等。特垂心照焉。

1) ㉑ '杭'은 '抗'이 아닐까 의심된다.

백련산 상승암[8] 권선문

　금선金仙의 법이 서쪽 나라에 넘쳐흐르고 동쪽 나라까지 가득 메워서 승가와 속가가 모두 공경하고 우러릅니다. 이러한 도가 천하에 널리 퍼졌으니, 그 도는 적연寂然하고 매우 조용하며 환하게 밝고 영명靈明해서 하늘도 덮어 가리지 못하고 땅도 다 싣지 못하며, 온갖 사물이 다 가서 의지해도 넓고도 섬세한 방원方圓은 다함이 없으니, 그 가운데에 어느 것 하나 포용되지 않는 게 없습니다.

　지금 여기 상승암上乘庵은 팔표八表[9]의 스님들이 선禪의 계단에 폭주輻輳[10]하고, 삼오三吳[11]의 덕 높은 스님들이 진리의 굴에 바람처럼 몰려들곤 합니다. 용과 하늘이 지켜 보호해 주고 사람의 혼령들도 저승에서 도우며, 하늘이 만들어 내면 땅이 그것을 간직하니, 진실로 이른바 승과僧科 시험에 스님들이 급제하던 도량이요, 상서로운 일을 맞이하고 복을 기원하는 곳이라 말할 수 있습니다.

　아! 슬픕니다! 이 절을 지은 지가 너무 오래되고 세상을 겪어 온 지 숱한 해를 지냈기에 사물도 낡으면 사람이 싫어합니다. 지붕은 새고 바닥은 축축하게 습기가 차며, 대들보와 기둥은 기울고 무너졌으며, 서까래와 평고대는 어긋나 제자리를 벗어났습니다. 산마루에는 원숭이가 애달프게 울부짖고 골짜기에는 새들이 슬피 우니, 시주들이나 거기 살고 있는 이들 모두가 탄식하지 않는 이가 없습니다. 빈도貧道가 무진년戊辰年 가을에 행장을 차리고 이곳에 와서 임시로 살면서 살펴보니 가시덤불이 울창하고 질려蒺藜 넝쿨이 울창하게 뻗어났으며, 불상의 상호에는 이끼의 흔적만 남아 처연悽然한 마음 견딜 길 없습니다. 중창重創을 해 볼까 하여 헤아려 보니, 일은 너무 크고 힘은 보잘것없어서 저 혼자 감당하기에는 너무 어려우므로 시주님들께 널리 알리오니, 주머니나 상자 속에 쌓아 둔 세속 재물을 아끼지 말고 장래의 복과 지혜를 짓는 일에 쓴다면, 어찌 해로운 일이라 할 것이며, 어찌 싫어할 일이겠습니까?

　부처님의 작위作爲가 없는 넓고 큰 도에 오르려고 하면 오직 선한 일을 해야 이를 수 있고, 넓고 넓은 큰 바다를 건너 저 열반의 언덕에 가려면 또한 뗏목이 있어야만 가능한 일입니다. 그런 까닭에 선한 군자들이시여! 아끼고 탐하는 마음을 깨뜨려 없애고 좋은 밭에 복을 심는다면 매우 다행한 일이며 아주 행복한 일일 것입니다.

白蓮山上乘菴勸文

金仙之法。溢于西乾。盈于東震。緇素敬仰。道播天下。其道則寂然寥廓。炳煥靈明。天不覆。地不載。萬物徃資。不賾洪纖方圓。莫不容於其中者也。今此上乘者。八表雲衲。輻輳於禪階。三吳高人。風趍於理窟。龍天守護。人靈幽贊。天作而地藏之。眞所謂選佛及第之場。迎祥祈福之地也。嗚呼。創之久矣。閱世多秋。物老人非。上漏下濕。梁棟傾頹。椽桲差脫。嶺猿哀嘯。谷鳥悲咽善者。居者。莫不嘆息焉。貧道丁戊辰之秋。以杖屨。來寓此處。荊棘欝欝。蒺藜蔓蔓。佛面苔痕。不勝悽然。擬欲重搆。事巨力微。難以獨辦。普告檀那。毋恪囊箱之塵財。以作將來之福慧。豈可妨也。豈可厭也。上金仙無爲廣大之道。唯善而臻。汪洋大海。彼岸之邊。且筏而到。是故有善君子。破除慳貪。植福良田。幸甚幸甚。

통틀어 사용하는 모연문

천지가 열린 이래로 삼재三才[12]가 처음 나뉘어서 비로소 온갖 사물이 생겨나게 되었는데, 그 가운데 가장 신령한 것은 사람입니다. 저 사람의 사람됨이 비록 가장 귀한 것이라 하나 제각기 그 지은 업業을 따라서 여러 가지 형태의 몸을 받고 제각기 그 과보를 쫓아 사는 곳도 천 가지나 됩니다. 그리하여 호걸과 천한 사람, 지혜롭고 어리석은 것이 이로부터 발생하고, 존귀함과 비천함, 윗사람과 아랫사람이 되는 것도 이로부터 만들어지게 됩니다. 심지어 1품의 존귀하고 영화로운 몸으로 오래도록 안락하게 잘 사는 이도 있고, 혹 몸이 병에 걸려 고통을 겪으면서 신음하고 괴로워하기도 하며, 혹은 군대의 장수나 군졸로서 전쟁 중에 괴롭게 죽기도 하고, 혹은 고독하게 살거나 비실거리고 다니면서 괴로움을 안고 살다가 죽는 이도 있어 천 가지 자태와 만 가지 형상으로 인과因果가 똑같지 않습니다. 그것은 다 과거 세상에 지은 업으로 인해서 그렇게 되는 것이요, 다른 사람이 그렇게 만든 것이 아닙니다.

아! 참으로 슬픈 일입니다. 선악은 따로 문이 있는 게 아니요, 오직 사람이 초래하는 것입니다. 착한 일을 하면 온갖 복을 얻게 되고 악한 일을 하면 온갖 재앙을 받게 되는 법이니, 하늘의 도리는 변함이 없어서 자연히 이치가 으레 그러한 것이며, 그 호응도 밝고 분명해서 터럭만큼도 어긋나는 일이 없습니다. 그런 까닭에 한 자 한 치만큼의 선행을 지으면 한 자 한 치만 한 복을 받는 것이고, 한 자 한 치만 한 악을 지으면 한 자 한 치만 한 화禍를 당하며, 한 자 한 치만 한 은혜를 베풀면 한 자 한 치만큼의 경사가 있기 마련입니다.

몸으로 착한 일을 하고 나서 하늘에 보답의 책임을 맡기면, 그것은 마치 형체를 따르는 그림자와 같고, 소리를 따르는 메아리와 같습니다. 그렇다면 온 천하 사람들이 악한 일을 하고 선한 일을 하지 않는 게 옳겠습니까? 또 선한 일이 선이 되는 것이 어찌 한 가정이나 한 고을의 사물에만 적용되는 것이겠습니까? 이는 곧 천하 어디에나 적용되는 공언公言입니다. 전쟁을 그치게 하여 태평을 이루는 일에 착한 일을 하는 것보다 더 나은 것은 없습니다. 그러니 우리 조선의 360여 고을에서 모두 착한 일을 하는 데 힘써서 나라를 위하고 가정을 위한다면 우리 거룩하신 국왕으로 하여금 오제五帝에 하나를 더해 육제가 되게 할 수 있을 것이요, 틀림없이 삼왕三王에 하나를 더해 사왕이 되게 할 수 있을 것입니다. 그러한즉 세상을 위하여 선한 일을 하도록 권유하는 일이 나만을 위한 것이 아닐 것입니다.

또한 세상을 현혹하고 백성들을 속이는 일로써 구실口實을 삼아서는 안 될 것입니다. 맹자가 말하기를, "부지런히 선한 일을 하는 사람은 성인의 무리이다."라고 하였으니, 어찌 사람을 속이는 것이겠습니까? 사람이 진실로 착한 일을 하면 하늘이 복을 주고 수명도 길게 합니다. 그러니 보시하는 일에 근심하다가 요절해 죽거나 막히는 일이 있도록 하지 마시옵소서. 주머니 속의 금붙이나 상자 속의 재물을 보시하려고 하면서도 좀 더 있다가 해야겠다는 생각을 말끔히 버린다면 참으로 다행한 일이며 정말로 다행한 일일 겁니다.

通用募緣文

開闢以來。三才肇判。萬物始生焉。其中最靈者。唯人歟。其人之爲人也。雖曰最貴。而各隨其業。而稟類萬形。各逐其報。而栖處千般。豪賤智愚。自此以發。尊卑上下。自此而作者。至於一品尊榮。而長安長樂。或身纏病痛。而呻吟苦亡。或兵陣將卒。而干戈苦死。或孤獨竛行。而抱苦歸魂。千態萬狀。因果不一。皆因其夙世所作之業而使然也。非餘人之所使也。嗚呼。善惡無門。唯人所召焉。爲善以得之百福。爲惡而得之萬禍。天道之常而自然理固然也。其應昭昭毫末不忒者也。是故有尺寸之善。則有尺寸之福。有尺寸之惡。則有尺寸之禍。有尺寸之澤者。有尺寸之慶。脩善於身。責報於天。若隨形之影。如隨聲之響。則凡天下之人。可爲之惡。而可不爲之善可乎。且善之爲善。豈用一家一鄕之物。乃天下之公言也。息干戈。致太平。無越乎善哉。而我朝鮮三百六十餘州。皆以積善爲務。而爲國爲家。則致使聖主。可六於五帝。必四於三王也。然則爲世勸善。非爲己也。且莫以惑世誣民爲口實也。孟子曰孜孜爲善者。聖人之徒也。豈欺人哉。人苟作善。則天與之福而且壽也。以莫愁行施而夭閼也。囊金箱財。欲施未來之際。決意爲之。而毋慮其餘。幸甚幸甚。

석종 모연문

  엎드려 생각하건대, 우리 부처님께서는 일찍이 연등부처님으로부터 수기를 받으시고 현겁賢劫에 차보次補[13]의 임무를 띠고 신이 내려와 연설로 교화하고 자유롭게 방편을 쓰셨으니, 녹원鹿苑에서 교화를 시작하여 학림鶴林에서 마친 다음, 삼매의 불로 스스로 그 몸을 불살라 사리가 비처럼 쏟아졌습니다. 사리를 거두어 보니, 무려 여덟 섬 하고도 네 말이나 되었다고 합니다. 아육왕阿育王[14]의 발원으로 이 세간에 산산이 흩어 나누어 금탑金塔을 세우고 석종石鐘을 세우게 하였으며, 많은 중생들에게 은혜가 미치도록 현묘玄妙한 문을 천양闡揚하여 바른 믿음을 내게 하고, 널리 인간들과 천인天人들을 제도하였습니다.

  지금 여기 휴운休雲 대사는 바로 부처님의 4,5천여 대의 후손입니다. 과거의 유촉遺囑으로 인하여 지금 법의 도낏자루가 되어 지극한 마음으로 선정의 희열喜悅을 느끼고 강론講論의 자리에서는 교리를 연구하여 깊은 진리를 널리 펴서 후학들을 깨우쳐 인도하였습니다. 이제 자취가 사라짐을 당하여 몸을 받들어 사유闍維[15]하였더니, 상서로운 광명이 통하여 사무치고 상서로운 기운이 허공에 서렸습니다. 한 조각 정골頂骨에서 사리가 나오기를 빌었더니, 신비한 구슬 여러 매가 공중에서 흩어져 떨어졌습니다. 이 휴운 대사의 사리가 세존의 사리와 어찌 다를 것이며, 세존의 사리가 휴운 대사의 사리와 어찌 다르겠습니까? 그러한즉 어찌 한 부처님의 사리와만 같겠습니까? 곧 항하의 모래알처럼 많은 부처님의 사리가 다 바로 휴운 대사의 사리일 것입니다.

  이상에서 말한 것은 이른바 세존의 말후末後 광명이 이에 이르러 다시 빛나는 불꽃을 내게 된 것이니, 그 사이에 어찌 시비가 끼어들 수 있겠습니까? 바라건대 모든 선사善士들이시여, 우월하다 하열하다는 마음을 내지 마시고 쌓아 둔 재물을 다 기울여 휴운 대사와 함께 썩어 없어지지 않는 인연을 함께 맺는다면 천만 다행한 일이겠습니다.

石鐘募緣文

伏以我佛。以受然燈之夙記。當賢刼之次補。降神演化。方便自由。始於鹿苑終於鶴林。以三昧火。自焚其身。舍利如雨。收舍利八斛四斗。以阿育王之發願。布粟散之塵利。建金塔。樹石鍾。湿沾群品闡玄門。生正信。廣度人天者也。今此休雲大師者。是金仙氏四五千。餘代之後裔也。前因遺囑。今爲法柯。冥心禪悅。探賾講肆。敷暢玄猷。誘導後學。當此跡滅。奉身闍維。詳光洞徹。瑞氣盤空。一片頂骨。乞出舍利。神珠數枚。散落空中。此休雲師之舍利。何異於世尊之舍利。世尊之舍利。何別於休雲之舍利耶。然則豈同一佛之舍利也。乃恒沙佛之舍利。皆是休雲之舍利也。上所謂世尊末後之光。至此更生光焰歟。何容是非於其間哉。願諸善士。勿生優劣之情。盡傾所儲之物。與休雲大師。共結不朽之因。千萬幸甚。

허백집 제3권 끝

虛白集 卷之三 終

주

1 순상巡相 : 조선 때 임금의 명을 받고 사신使臣으로 나가는 재상宰相의 종2품 임시 벼슬.
2 윗사람 농락(指馬) : 지마指馬는 지록위마指鹿爲馬를 줄인 말로서 사슴을 가리켜 말(馬)이라고 한다는 뜻. 곧 윗사람을 농락하여 권세를 마음대로 휘두른다거나 사실이 아닌 것을 강압으로 속여 인정하게 하는 것을 말한다.
3 일미선一味禪 : 참선하여 부처님의 참뜻을 문득 깨닫게 되는 경지를 이르는 말. 참선하여 돈오頓悟에 이르는 경지.
4 이식里息 : 1리里는 2,100자이고, 1식息은 30리이다.
5 가죽나무 언덕(椿坡) : 대춘大椿이라는 나무는 수명 1만 6천 년이라는 전설 속의 나무이다. 그래서 오래 사는 것을 춘수椿壽라 한다.
6 밤에 골짜기에서~것과 같다 : 『莊子』「大宗師」편에 "배를 골짜기에 감추어 두고 어살을 연못 속에 감추어 두면 든든하게 감추었다고 생각할지 모르지만, 밤중에 힘 센 사람이 그것을 짊어지고 달아날 수도 있을 터인데 어리석은 중생들은 그것을 모른다.(夫藏舟於壑。藏山於澤。謂之固矣。然而夜半有力者。負之而走。昧者不知也。)"라고 한 데서 인용한 말이다.
7 공경하는 태도(磬折) : 경절磬折은 경쇠와 같이 구부러진 것을 뜻하였으나 뜻이 바뀌어 몸을 굽히어 삼가 공경하는 모양을 비유하는 말로 되었다.
8 상승암上乘庵 : 강원도 인제군 한산사 옛터의 동쪽에 있던 절. 상승암上勝庵이라고도 쓴다.
9 팔표八表 : 온 세계를 말한다.
10 폭주輻輳 : 수레의 바퀴통에 바큇살이 모이듯 한다는 뜻으로, 한곳으로 많이 몰려듦을 이르는 말이다.
11 삼오三吳 : 원래는 오흥吳興·오군吳郡·회계會稽에서 나온 말로, 강소성 남부와 절강성 북부를 총칭하는 말이다. 여기에서는 온 나라를 의미하는 말이다.
12 삼재三才 : 천天·지地·인人.
13 차보次補 : 다음에 책임을 맡을 분이라는 뜻이다.
14 아육왕阿育王 : 아육은 [S] Aśoka의 음역. 중인도 마가다국의 왕 이름. 공작孔雀 왕조의 제3세 왕. 재위 연도는 대략 기원전 269년~232년경으로 추정한다. 전다라급다왕旃陀羅笈多王의 손자이며, 빈두사라왕賓頭沙羅王의 아들. 불법에 귀의하여 8만 4천기의 불탑을 세운 것으로 유명하다. 무우왕無憂王·아수가왕阿輸柯王·아서가왕阿恕伽王이라고도 한다.
15 사유闍維 : 다비茶毘, 즉 화장을 함.

대저 도는 본래 아무 말이 없으나 말로 인하여 이치를 나타내는 것은 곧 옛사람들의 찌꺼기이다. 어찌 언어와 문자로 실상을 말할 수 있겠는가? 이제 우리 선사先師께서는 선을 닦는 여가에 저 문묵文墨으로 희롱한 글이 수삼백 편이나 되었다. 그래서 우리들이 공과 힘을 다해 살펴보아 백 편은 버리고 하나만 뽑아내어 그 대개大㮣를 쓰고 조각해서 우리 문중의 후배들에게 전한다. 그러니 고기를 얻고 나서는 그물을 버려서 아주 현묘한 경지에 이르기를 바랄 뿐이다.

문인 각관覺觀이 발문을 쓰다.

夫道本無言而因言現理者。乃古人之糟粕也。豈以言語文字而爲實耶。今我先師爲禪之隙。弄其文墨者數三百之篇。而我等勳力示之。故去百抄一。聊書大㮣。以傳吾門之後輩也。庶冀乎得魚忘筌。以極玄妙之是云爾。

門人覺觀書之跋。

주상 전하 수명이 만세를 누리시고 법륜法輪은 항상 굴러 다함이 없으며 국가는 항상 만년토록 편안해지이다.

산중 석덕碩德 : 종현宗顯, 현준玄俊, 현기玄機, 변운卞雲, 성린性獜, 운제雲濟, 해정海正, 해침海沉

당시 주지住持 : 보암寶岩

삼강三綱 : 학조學照, 삼운三雲, 인준印俊

제자질弟子秩 : 의흠義欽, 보은寶訔, 광혜廣惠, 인유印裕, 정특挺特, 회옥懷玉, 의해義海, 삼인三印, 보원普願, 석철釋哲, 숭헌嵩軒, 정읍挺揖, 상민尙敏, 상름霜凜, 태희太熙, 경한敬閑, 자순自淳, 옥태玉兌, 철운哲雲, 명택明澤, 각해覺海, 설매雪梅, 경진敬眞, 일진一眞, 석민釋敏, 임가任加, 막금莫金, 김주동金奏同, 김응선金應善, 신현信玄, 강낙선姜乺先, 여자인 논장論莊, 성현性賢, 청원淸遠, 일능一能, 여자인 몽승夢昇, 김막남金莫男

집무시자执務侍者 : 남인南印, 문달文達, 설해雪海, 신휴信休

각수질刻手秩 : 성률性律, 광계廣界

공양주供養主 : 혜규惠圭

연판鍊板 : 영인靈印

강희康熙 8년 기유己酉(1669) 3월 일 묘향산妙香山 보현사普賢寺 유진留鎭

主上殿下壽萬歲。法輪常轉於無窮。國界恒安於萬歲。

山中碩德宗顯。玄俊。玄機。卞雲。性獜。雲濟。海正。海沉。時住持寶岩。三綱學照。三雲。印俊。

弟子秩義欽。寶訔。庣惠。印裕。挺特。懷玉。義海。三印。普願。釋哲。嵩軒。挺揖。尙敏。霜凜。太熙。敬閑。自淳。玉兌。哲雲。明澤。覺海。雪梅。敬眞。一眞。釋敏。任加。莫金。金奏同。金應善。信玄。姜乺先。女論莊。性賢。淸

遠。一能。女夢昇。金莫男。

执務侍者南印。文達。雪海。信休。

刻手秩性律。庬界。供養主惠圭。鍊板靈印。

康熙八年己酉。三月。日。妙香山普賢寺。留鎭。

찾아보기

가야산伽耶山 / 417
가지사迦智寺 / 453
각준 어산覺俊魚山 / 360
경경 스님 / 460
경한敬閑 / 266
경흘慶屹 / 491
계선桂禪 / 268
계정戒淨 / 421
계징戒澄 / 488
공림사空林寺 / 297
공민 장로公敏長老 / 326
근식勤息 / 254
김준金俊 / 324

남이흥南而興 / 323
남인南印 / 239, 386
『남화경南華經』 / 357
노몽수盧夢脩 / 242
늑륵 스님 / 347, 349
능 판사能判事 / 361

대장전大藏殿 / 418

대흥사大興寺 / 331, 440
도영道英 / 420
동산東山 / 414

만세루萬歲樓 / 487
만폭동萬瀑洞 / 303
망고대望高臺 / 449
망해사望海寺 / 255
명주明珠 / 370
목우자牧牛子 / 305
무위사無爲寺 / 306

박병朴炳 / 273
발연사鉢淵寺 / 400
방름方凜 / 291
배휴裵休 / 313
백련산白蓮山 / 496
백빈白彬 / 369
백의자白義子 / 316
백헌百軒 / 315, 383, 422
법심法心 / 389
변운 장로卞雲長老 / 296
보개산寶盖山 / 487
보은普誾 / 357

보 화상寶和尙 / 302
부벽루浮碧樓 / 447
부석사浮石寺 / 424
불영대佛影臺 / 284, 286, 426, 428
불일암佛日菴 / 304
불정대佛頂臺 / 275, 338

사명四溟 / 240
사선정四仙亭 / 269
산복 거사山福居士 / 315
산영루山影樓 / 278
산영루山暎樓 / 467
삼각산三角山 / 448
상승암上乘庵 / 496
새심賽心 / 292
서산西山 / 269
석옥石屋 / 241
석왕사釋王寺 / 308
성암性菴 / 373
성원性圓 / 368
성일性逸 / 372
성진 선자性眞禪子 / 343
소보巢父 / 282
소요당逍遙堂 / 483, 491
송광사松廣寺 / 305
송월松月 / 240
승정勝淨 / 387
식式 스님 / 342
신기信機 / 388
신흥사神興寺 / 452
심잠 스님 / 263, 264, 281, 316, 332, 397

심오心悟 / 378
쌍계사雙溪寺 / 451

엄엄嚴嚴 스님 / 362
연곡사燕谷寺 / 491
영관靈觀 / 240
영관 장로靈寬長老 / 258
영영英英 스님 / 425
영은사靈隱寺 / 491
오오悟悟 스님 / 327, 381, 384, 410, 412
옥옥玉玉 스님 / 419
운수암雲水庵 / 462
운운雲雲 스님 / 398
원원元元 스님 / 377
원신 상인元信上人 / 348
월정사月精寺 / 432
유점사楡岾寺 / 467
의상義湘 / 424
의천義天 / 488
인 선자印禪子 / 392
인학印學 / 374
인한印閑 / 330
일현日玄 / 366
임경당臨鏡堂 / 251
임제臨濟 / 486

정 선자正禪子 / 423
정심正心 / 241

정양사正陽寺 / 395
정인正印 / 391
주 장로珠長老 / 295
지엄智嚴 / 240
진표 율사眞表律師 / 400
징 장로澄長老 / 469

청간정淸澗亭 / 287
청清 스님 / 385
청신淸信 / 267, 446, 466
청심 장로淸心長老 / 265, 301
청안靑眼 / 491
청허淸虛 / 240, 353
총석대總石臺 / 339
최고운崔孤雲 / 249
취적봉吹笛峰 / 417
칠불사七佛寺 / 250
침계루枕溪樓 / 302

탑사塔寺 / 456
태고太古 / 241
태전太顚 / 313

팽조彭祖 / 313
평부 스님 / 280, 399, 438

한문공韓文公 / 313
해운 선자海雲禪子 / 279
해인사海印寺 / 418
행行 스님 / 408, 413
행준行俊 / 355
향성사香城寺 / 387
허유許由 / 282
현玄 스님 / 367
현응玄應 / 491
혜관 장로慧觀長老 / 371
호연浩然 / 387, 390
호 판사浩判事 / 459
홍득일洪得日 / 415
환암幻菴 / 241
황매산黃梅山 / 486
황벽黃檗 / 313
회기誨機 / 446
휘 장로輝長老 / 257
흠欽 스님 / 276, 375
희비화嬉悲花 / 424
희 장로熙長老 / 407

찾아보기 • 509

한글본 한국불교전서

조·선·출·간·본

조선 1 작법귀감
백파 긍선 | 김두재 옮김 | 신국판 | 336쪽 | 18,000원

조선 2 정토보서
백암 성총 | 김종진 옮김 | 4X6판 | 224쪽 | 12,000원

조선 3 백암정토찬
백암 성총 | 김종진 옮김 | 4X6판 | 156쪽 | 9,000원

조선 4 일본표해록
풍계 현정 | 김상현 옮김 | 4X6판 | 180쪽 | 10,000원

조선 5 기암집
기암 법견 | 이상현 옮김 | 신국판 | 320쪽 | 18,000원

조선 6 운봉선사심성론
운봉 대지 | 이종수 옮김 | 4X6판 | 200쪽 | 12,000원

조선 7 추파집·추파수간
추파 홍유 | 하혜정 옮김 | 신국판 | 340쪽 | 20,000원

조선 8 침굉집
침굉 현변 | 이상현 옮김 | 신국판 | 300쪽 | 17,000원

조선 9 염불보권문
명연·정우영·김종진 옮김 | 신국판 | 224쪽 | 13,000원

조선 10 천지명양수륙재의범음산보집
해동사문 지환 | 김두재 옮김 | 신국판 | 636쪽 | 28,000원

조선 11 삼봉집
화악 지탁 | 김재희 옮김 | 신국판 | 260쪽 | 15,000원

조선 12 선문수경
백파 긍선 | 신규탁 옮김 | 신국판 | 180쪽 | 12,000원

조선 13 선문사변만어
초의 의순 | 김영욱 옮김 | 4X6판 | 192쪽 | 11,000원

조선 14 부휴당대사집
부휴 선수 | 이상현 옮김 | 신국판 | 376쪽 | 22,000원

조선 15 무경집
무경 자수 | 김재희 옮김 | 신국판 | 516쪽 | 26,000원

조선 16 무경실중어록
무경 자수 | 성재헌 옮김 | 신국판 | 340쪽 | 20,000원

조선 17 불조진심선격초
무경 자수 | 성재헌 옮김 | 신국판 | 168쪽 | 11,000원

조선 18 선학입문
김대현 | 성재헌 옮김 | 신국판 | 240쪽 | 14,000원

조선 19 사명당대사집
사명 유정 | 이상현 옮김 | 신국판 | 508쪽 | 26,000원

조선 20 송운대사분충서난록
신유한 엮음 | 이상현 옮김 | 신국판 | 324쪽 | 20,000원

조선 21 의룡집
의룡 체훈 | 김석군 옮김 | 신국판 | 296쪽 | 17,000원

조선 22 응운공여대사유망록
응운 공여 | 이대형 옮김 | 신국판 | 350쪽 | 20,000원

조선 23 사경지험기
백암 성총 | 성재헌 옮김 | 신국판 | 248쪽 | 15,000원

조선 24 무용당유고
무용 수연 | 이상현 옮김 | 신국판 | 292쪽 | 17,000원

조선 25 설담집
설담 자우 | 윤찬호 옮김 | 신국판 | 200쪽 | 13,000원

조선 26 동사열전
범해 각안 | 김두재 옮김 | 신국판 | 652쪽 | 30,000원

조선 27 청허당집
청허 휴정 | 이상현 옮김 | 신국판 | 964쪽 | 47,000원

조선 28 대각등계집
백곡 처능 | 임재완 옮김 | 신국판 | 408쪽 | 23,000원

조선 29 반야바라밀다심경략소연주기회편
석실 명안 엮음 | 강찬국 옮김 | 신국판 | 296쪽 | 17,000원

| 조선 30 | 허정집
허정 법종 | 성재헌 옮김 | 신국판 | 488쪽 | 25,000원

| 조선 31 | 호은집
호은 유기 | 김종진 옮김 | 신국판 | 264쪽 | 16,000원

| 조선 32 | 월성집
월성 비은 | 이대형 옮김 | 4X6판 | 172쪽 | 11,000원

| 조선 33 | 아암유집
아암 혜장 | 김두재 옮김 | 신국판 | 208쪽 | 13,000원

| 조선 34 | 경허집
경허 성우 | 이상하 옮김 | 신국판 | 572쪽 | 28,000원

| 조선 35 | 송계대선사문집·상월대사시집
송계 나식·상월 새봉 | 김종진·박재금 옮김 | 신국판 | 440쪽 | 24,000원

| 조선 36 | 선문오종강요·환성시집
환성 지안 | 성재헌 옮김 | 신국판 | 296쪽 | 17,000원

| 조선 37 | 역산집
영허 선영 | 공근식 옮김 | 신국판 | 368쪽 | 22,000원

| 조선 38 | 함허당득통화상어록
득통 기화 | 박해당 옮김 | 신국판 | 300쪽 | 18,000원

| 조선 39 | 가산고
월하 계오 | 성재헌 옮김 | 신국판 | 446쪽 | 24,000원

| 조선 40 | 선원제전집도서과평
설암 추붕 | 이정희 옮김 | 신국판 | 338쪽 | 20,000원

| 조선 41 | 함홍당집
함홍 치능 | 성재헌 옮김 | 신국판 | 348쪽 | 21,000원

| 조선 42 | 백암집
백암 성총 | 유호선 옮김 | 신국판 | 544쪽 | 27,000원

| 조선 43 | 동계집
동계 경일 | 김승호 옮김 | 신국판 | 380쪽 | 22,000원

| 조선 44 | 용암당유고·괄허집
용암 체조·괄허 취여 | 김종진 옮김 | 신국판 | 404쪽 | 23,000원

신·라·출·간·본

| 신라 1 | 인왕경소
원측 | 백진순 옮김 | 신국판 | 800쪽 | 35,000원

| 신라 2 | 범망경술기
승장 | 한명숙 옮김 | 신국판 | 620쪽 | 28,000원

| 신라 3 | 대승기신론내의약탐기
태현 | 박인석 옮김 | 신국판 | 248쪽 | 15,000원

| 신라 4 | 해심밀경소 제1 서품
원측 | 백진순 옮김 | 신국판 | 448쪽 | 24,000원

| 신라 5 | 해심밀경소 제2 승의제상품
원측 | 백진순 옮김 | 신국판 | 508쪽 | 26,000원

| 신라 6 | 해심밀경소 제3 심의식상품 제4 일체법상품
원측 | 백진순 옮김 | 신국판 | 332쪽 | 20,000원

| 신라 12 | 무량수경연의술문찬
경흥 | 한명숙 옮김 | 신국판 | 800쪽 | 35,000원

| 신라 13 | 범망경보살계본사기 상권
원효 | 한명숙 옮김 | 신국판 | 272쪽 | 17,000원

| 신라 14 | 화엄일승성불묘의
건등 | 김천학 옮김 | 신국판 | 264쪽 | 15,000원

| 신라 15 | 범망경고적기
태현 | 한명숙 옮김 | 신국판 | 612쪽 | 28,000원

| 신라 17 | 대승기신론소기회본
원효 | 은정희 옮김 | 신국판 | 536쪽 | 27,000원

| 신라 18 | 미륵상생경종요 외
원효 | 성재헌 외 옮김 | 신국판 | 420쪽 | 22,000원

| 신라 19 | 대혜도경종요 외
원효 | 성재헌 외 옮김 | 신국판 | 256쪽 | 15,000원

| 신라 20 | 열반종요
원효 | 이평래 옮김 | 신국판 | 272쪽 | 16,000원

고 · 려 · 출 · 간 · 본

고려 1 일승법계도원통기
균여 | 최연식 옮김 | 신국판 | 216쪽 | 12,000원

고려 2 원감국사집
충지 | 이상현 옮김 | 신국판 | 480쪽 | 25,000원

고려 3 자비도량참법집해
조구 | 성재헌 옮김 | 신국판 | 696쪽 | 30,000원

고려 4 천태사교의
제관 | 최기표 옮김 | 4X6판 | 168쪽 | 10,000원

고려 5 대각국사집
의천 | 이상현 옮김 | 신국판 | 752쪽 | 32,000원

고려 6 법계도기총수록
저자 미상 | 해주 옮김 | 신국판 | 628쪽 | 30,000원

고려 7 보제존자삼종가
고봉 법장 | 하혜정 옮김 | 4X6판 | 216쪽 | 12,000원

고려 8 석가여래행적송·천태말학운묵화상경책
운묵 무기 | 김성옥·박인석 옮김 | 신국판 | 424쪽 | 24,000원

고려 9 법화영험전
요원 | 오지연 옮김 | 신국판 | 264쪽 | 17,000원

고려 10 남명천화상송증도가사실
□련 | 성재헌 옮김 | 신국판 | 418쪽 | 23,000원

※ 한글본 한국불교전서는 계속 출간됩니다.

운곡집
운곡 충휘雲谷冲徽
(?~1613)

정관 일선靜觀一禪의 법사法嗣로 알려져 있으나 자세한 기록은 전해지지 않는다. 각성覺性·태능太能·응상應祥과 함께 수학하였고 임진왜란 때 승병으로 수차례 참전하였다. 시에 매우 능하여 당대의 문장가인 차천로車天輅·이안눌李安訥·이수광李睟光·장유張維 등과 교유하였다. 문집으로『운곡집雲谷集』이 전한다.

옮긴이 김재희
전남대학교 중어중문학과를 졸업하고 한학자 만취晩翠 위계도魏啓道 선생으로부터 가르침을 받았다. 현재 광주 백천서당百千書堂에서 학생들을 지도하고 있으며 연세대학교 국학연구원 전문연구원으로 재직 중이다. 역서로『삼봉집』,『무경집』등이 있다.

증의
김치온(진각대학 교수)

허백집
허백 명조虛白明照
(1593~1661)

속성은 이李씨이고 본관은 홍주洪州이다. 13세에 사명 유정四溟惟政 밑에서 구족계를 받았고, 사명당의 적사嫡嗣인 송월 응상松月應祥의 법을 이었다. 정묘호란 때 팔도의승대장이 되어 크게 전공을 세웠으며, 병자호란 때에도 의병장으로 활약하였다. 금강산과 지리산 등지를 순례하면서 불경을 강설하며 후학을 지도했고, 묘향산 보현사普賢寺의 불영대佛影臺에서 입적했다. 저서로는『허백당시집虛白堂詩集』과『승가예의문僧家禮儀文』등이 있다.

옮긴이 김두재
민족문화추진회와 동국대학교 교육대학원을 수료하고 동국역경원 역경위원을 역임하였다.『능엄경』,『시왕경』,『제경요집』,『정본수능엄경환해산보기』,『광찬경』,『해동고승전』,『당호법사문주림별전』,『작법귀감』등 다수의 저·역서가 있다.

증의
심경숙(전 동국역경원 역경위원)